心灵猎人

FBI神探的心理侧写术

THE ANATOMY OF MOTIVE

[美] 约翰·道格拉斯（John E. Douglas）
[美] 马克·奥尔谢克（Mark Olshaker）/著
王绍祥 林 臻/译

中国法制出版社
CHINA LEGAL PUBLISHING HOUSE

献给挚爱的

多洛雷丝·道格拉斯（Dolores Douglas），

特尔玛·奥尔谢克（Thelma Olshaker），

莫莉·克莱门特（Molly Clemente）

目录

PROLOGUE
引　子

邓布兰（Dunblane）惨案

他为什么这么做？

听闻这场大屠杀时，我碰巧在苏格兰。

那是1996年3月13日的早晨，星期三。我应英国出版商之邀，在格拉斯哥（Glasgow）的一个电视演播室为我的《心理神探》（*Mindhunter*）一书做宣传。在最后的一小时里，英国独立电视台（ITV）的《今晨》栏目（*This Morning*）派出了由理查德·梅德利（Richard Madeley）和朱迪·芬尼根（Judy Finnigan）组成的一个非常惹人喜欢的主持团队，他们就犯罪侧写问题对我进行了专访。他们问我是如何开始该领域的工作的？我是如何获得现在的这些知识，又是向谁学来的？我那位于弗吉尼亚州匡提科（Quantico，Virginia）的调查支援科（Investigative Support Unit）如何在嫌疑人身份不明时做出心理侧写并使之为我所用，就仿佛联邦调查局和执法部门对嫌疑人了如指掌一般。此次宣传之旅让我深受鼓舞，因为英国人表现出了对这个话题的神往与喜爱以及对我职业的兴趣——研究和追捕杀人犯、强奸犯、炸弹客，这些人的邪恶堕落行径挑战着人类想象力的极限。幸运的是，对于英国人民而言，他们所处的社会远不像美国那般暴力；但他们对此类话题的兴致是可以理解的。我们所知的第一个连环杀手——开膛手杰克（Jack the Ripper）——使伦敦东区陷入了恐怖之中，留下了令人毛骨悚然的谜团，100 多年都没能解开。此次宣传之旅中，采访者们仍然问到，能否对开膛手杰克进行心理侧写，以便了结此案。我告诉他们，时至今日，要对其确切的特点进行心理侧写并不容易，但是尽管已经过了一个世纪，我们仍然能够合理地对不明身份的嫌疑人进行心理侧写，并且有十足的把握说出他究竟**属于哪一类人**。实际上，我告诉他们，就开膛手杰克的案件而言，我已经多次做过心理侧写，包括在匡提科的培训课上以及几年前在和彼得·乌斯季诺夫（Peter Ustinov）共同参与的一档国际电视节目中。

我刚回到电视台的休息室，制片人就走了进来。我猜想她是打算对我的到来表示感谢，但我发现她表情严肃、声音急促。

“约翰，你能再做一次现场演播吗？”

我刚结束了一小时的录制——他们还想干啥？“为什么？”我问道，“出什么事了？”

“邓布兰发生了一起可怕的凶杀案。”

我从未听说过此地。原来它此前一直是个宁静祥和的传统村庄，位于格拉斯哥和爱丁堡（Edinburgh）之间，人口约 7300 人，其历史可以追溯到中世纪。此时距离制片人要求我再次登台仅剩 5 分钟，她迅速将通稿交到我的手中。

据称邓布兰小学（Dunblane Primary School）发生了一起屠杀。报道铺天盖地，细节却语焉不详。大致情况是，大约早晨 9 点半时，一名持枪歹徒进入校园，开始在操场上射杀 4 岁至 6 岁的儿童。现场发生了多次枪击，一些孩子当场罹难，一些孩子负了伤，一名老师受了致命伤。新闻中并未提及歹徒的姓名或年龄，但显然歹徒持有不止一种武器，似乎是大口径军用武器。

从新闻简讯看来，场面应该极为恐怖。即便我见过不计其数的谋杀案，可作为三个孩子的父亲，一想到那些孩子在自己学校的操场上惨遭屠杀，我仍然难以抑制胸中的不适。

以上就是我们掌握的所有信息。几分钟后，我们重新投入了节目录制，但我依然觉得天旋地转。惨剧播报结束后，理查德·梅德利转过身来对我说："约翰，我们现在能知道些什么？"

"首先，**我们面对的是一个大屠杀凶手（mass murderer）**。"我说道，随后我向他们解释了此类人与连环杀手（serial murderers）、狂欢杀手（spree killers）的区别。连环杀手杀人是为了寻求性刺激，并且会一而再再而三作案，他们认为自己的智慧和手段在警方之上，从未觉得自己会落网。狂欢杀手在短时间内（数小时或数天）会在不同地点屠杀多名受害者。但大屠杀凶手是亡命之徒。一旦他开始实施犯罪，他就没想着能活下去。通常，他要么在"发表临终遗言"后了结自己的生命，要么"假警察之手自杀"（suicide by cop）——与警方对峙，使得警察或特警队无计可施，只能开火。我猜想后续报道中将会提到此人当场死亡。此类凶手人格扭曲，他们是一群无赖，明知自己逃脱不了法律的制裁，也绝不让别人从控制或逮捕他们中得到满足。

但什么样的人才会做出这种事？朱迪·芬尼根想知道答案，她困惑极了。

“这个嘛，”我回答，“首先你必须知道的就是动机，了解动机的关键是研究受害者。”谁是他选择的受害者，为什么？这些受害者的选择是随机的，还是经过了深思熟虑才决定的？

“通常来说，大屠杀凶手是白人男性，年龄在35至39岁或45至49岁之间。在贵国，黑人的比例没有那么大，因此猜测凶手为白人男性有理有据。但哪怕是在黑人数量比英国多得多的美国，凶手仍然会是一名白人男性，而且他会是一名不善社交的孤僻者。最终我们会发现该名持枪歹徒的形象果真如此。”

这些预测都不是空穴来风。尽管当时我们手头几乎没有任何具体细节，但我非常清楚，随着我们获得更多信息，其犯罪模式便会逐步显现，而我感觉自己已经知道了此次犯罪的模式。我指出，**这名罪犯的身份不会让其所在社区的人们感到惊讶**，此人曾在居住地引发一片混乱。同时，他选择了学校作为目标，就表明他和学校里的其他孩子、学校本身、家长的关系不佳，其中必定有某些联系。

“在这个案件中，”我说，“罪犯之所以对学生们下手，一定有某种原因——在他的生活中将学生和他联系起来的某种原因。并且**他会选择一个熟悉的、让他感到舒适的作案地点。**”

儿童有时候会成为大规模杀戮的牺牲品，但通常他们是由于偶然（如凶手在快餐店开枪射击）或者作为灭门案凶手的目标家庭的成员而受害。这是一种完全不同的犯罪类型，据我预测，罪犯会遵循一种明确的犯罪模式。

犯罪前，这些人相当沮丧，同时极其愤怒。要想在邓布兰寻找此人，你可以通过查阅写给校长、当地报纸、市政当局的书信获得线索。书面形式的交流让这类人更自在，因此他们会在日记中表达自我，抒发自己对一切烦心事的愤怒或仇恨。当得不到满足时，他们的情绪表达可能就会升级，试图在更高的层面宣泄自己的不满。在美国，他可能会向总统投诉；在英国，他可能会向女王或首相投诉。此后，他们的人生便进入另一个阶段——感觉自己遭到冷遇。于是他们就自己采取行动，犯下此类罪行。

我告诉电台主持人，**这起犯罪在我看来是一种报复**。因为受害者都十分年幼，我怀疑凶手是由于某种曾经发生在自己身上的不公——真实存在或臆想出来的不公——而实施了报复行为。孩子们都太过年幼，不可能单独成为凶手的目标，凶手也不可能认为其中某个孩子曾让他受了委屈。然而，主要目标并不是老师。如果主要目标是老师，他完全可以在射杀老师后离开。女老师大概只是为保护她的学生们而挺身而出，凶手除掉她仅仅是为了完成主要目标。在我看来，似乎纯真本身就是凶手的目标——他似乎决定从学生家长、学校领导或两者手中夺走非常珍贵的纯真。

我指出，**此人一定是单身，也没有和同龄女性谈情说爱**。他曾和年幼的孩子有过交集，可能当过老师，更有可能是童子军领队或某种志愿者。只有承担那些工作才能让他感到自在；他没法和同龄人相处，或者同龄人和他处不来。他可能偏爱男孩，但这并非绝对，因为目前看来受害者都离进入青春期还有较长一段时间。但是家长或老师开始对他表现出怀疑或警惕，甚至于他被免去了照管孩子们的职务。他认为自己无端遭受了不公正的对待，毕竟他所做的一切不过就是给予孩子们爱护和关心。这便是他的书信的内容：抱怨自己名誉受损。

当无人聆听时，他意识到自己的生命已没有意义。别人曾从他身边夺走那些宛若珍宝、天真无邪的孩子，给他带来痛苦，他要以其人之道还治其人之身。他会以惩罚权威人物和自己的同事为己任。这天早上邓布兰小学的男孩和女孩们是不是他表达痛苦的确切目标，其实无关紧要。在他看来整个社会都是罪魁祸首，所有的同龄人都脱不了干系。所有家长和校领导都不信任他，因此这些人应该付出代价。这是一场报复。我们将其归于“人格原因型凶杀”（personal cause homicide）。最可能的情况是，由于突然出现了某种具体的压力源，从而导致他实施犯罪。

他从来不曾融入过集体。在美国，通常连环杀手被缉拿归案时，邻居、熟人或同事会感到震惊，表示他们打死也不会相信此人会是凶残的杀手。因为他看上去或是魅力十足，或是平平无奇。他看上去和妻子或女友相处得十分融洽。

此人不是这样。大屠杀凶手不同于连环杀手，周围的人都觉得他是个怪人，他会让别人产生一种说不清道不明的不适感。在美国，武器的选择不会引起我过多的注意。因为枪支太容易获得了，杀手可能有枪支收藏癖，也可能是不久前才为了这个特定目的而购入枪支。而英国对于手枪和步枪的管控更为严格。如果他不是军队或警方特殊部门的一员，他必须加入枪支俱乐部才能获取这些武器。鉴于此人个性“古怪”，他对枪支的过度关注本身就该成为危险信号。他像个即将爆炸的高压锅，无辜的孩子们付出了生命的代价。

当大屠杀的确切信息公之于众时，我已经离开了苏格兰。

那天早上，16 名 4 至 6 岁的儿童丧生，其中 15 名当场死亡，1 名在医院抢救无效死亡。45 岁的格温 · 梅厄（Gwen Mayor）老师也不幸离世。在凶手走进校园、向正在体育馆上活动课的孩子们走去时（案发地并非我们先前以为的操场），她曾挺身而出，试图阻止凶手的行动。12 名儿童受伤。只有一个孩子顺利逃脱，毫发无损。承蒙上帝保佑，另外两个孩子当天请了病假。凶手原本打算趁数百名学生在体育馆参加晨会时到达学校，但他事先在向一名学生询问学校活动安排时打听到了错误的消息，因此他到达体育馆时，只有一个班级在场。他随身携带了四把枪，包括两把左轮手枪和两把 9 毫米半自动手枪。校长罗纳德·泰勒（Ronald Taylor）在千钧一发时拨打了报警电话，当枪声响彻整栋大楼时，他让这所有着 700 名学生的学校中的其他人保持镇定并保证了他们的安全，他功不可没。大屠杀共持续了三分钟。

持枪歹徒托马斯·瓦特·汉密尔顿（Thomas Watt Hamilton），43 岁，白人，未婚，曾是一名童子军领队，据说他痴迷小男孩，对社会对他的排斥感到愤慨。1973 年 7 月，他曾担任童子军领队，但此后人们对他的行为多有怨言，来年 3 月他便被辞退。他再三尝试重返岗位，都以失败告终。除小男孩以外，他最感兴趣的便是枪支。他是当地一家枪支俱乐部的成员，并持有开枪许可证明。

根据邻居们的描述，高大、秃顶的汉密尔顿性格孤僻，总是独来独往。有人把他比作《星际迷航》（*Star Trek*）中的斯波克先生（Mr. Spock），所有人都认为他行为怪异。据他们所言，他永远身穿白色衬衫和派克大衣，头戴一顶平顶帽，正好遮住了他逐渐后移的发际线。他最初经营一家名为“木制工艺”（Wood Craft）的自助商店，后来决定成为一名专业摄影师。两位女性邻居称，在斯特林（Stirling）附近的布雷黑德（Braehead）区的两居室公寓内，此人在墙壁上挂满了衣着清凉的小男孩的彩色照片。

由于无法重新加入正规童子军，汉密尔顿组建了自己的男孩俱乐部——“斯特林流浪者”（Stirling Rovers），他会带着 8 到 12 岁的孩子外出游玩或短途旅行，其间他会拍摄大量的照片、家庭影片，后来逐渐演变为录制视频。他的两位女性邻居之一曾受邀观看家庭影片，影片中的小男孩穿着泳衣嬉戏。1988 年，他再次尝试重返童子军，但同样以失败告终。1993 年到 1994 年间，当地警察在发现他现身红灯区后，向童子军机构调查了他的情况。大约在同一时间，他向邓布兰的家长们致信，否认关于他猥亵小男孩的传闻。在大屠杀发生前的几周，邓布兰小学拒绝接受他成为志愿者。他写信给媒体，控诉警方和邓布兰小学的老师散播对他不利的谎言，写信告诉女王童子军败坏了他的名声。

总而言之，每个重要细节都与我对该罪犯的侧写相吻合。几家苏格兰报纸的头条刊登了类似字眼，如“联邦调查局专家让我们洞察疯子的心理”（*G–man shares insight into mind of a maniac*），或“专家称：加大警察培训力度，发现潜在凶手”（*Train Police to Spot Potential Killers, Says Expert*）。

那么我是怎么做到的呢？我是如何在自己的生活和工作场所数千公里外，在对凶手几乎一无所知的情况下，仅仅依靠其最终的狂暴行径对其进行精准刻画的？这是因为我有觉察犯罪和罪犯的特异功能吗？我倒是也想有这样的天赋，不过事与愿违，我从来没有过这种天赋。我能够做到这些，是因为在 20 多年的 FBI 探员生涯中，我直接接触专业犯罪——各类杀手和其他暴力罪犯，对他们实施追捕和犯罪心理侧写。这些都是我的经验之谈。

此外，这是因为行为能反映个性。如果你和我一样，对这个群体进行过长期、深入的研究，你就会明白，虽然每起犯罪各不相同，但犯罪行为可以归为特定的模式。为什么像托马斯·瓦特·汉密尔顿这样的人成为大屠杀凶手不足为奇，而当其成为连环杀手或炸弹袭击者

（二者通常也被认为是反社会的孤僻者）时，人们会大吃一惊。

如果你的见识和经验足够丰富，能够从这些模式中找出重点，那么你就可以开始弄明白发生了什么，更重要的是，你可以回答这个问题：**为什么？**然后你可以进一步回答：**谁是凶手？**每个警探和 FBI 探员都会刨根问底。每个小说家和读者都想一探究竟。是什么驱使凶手采取某种特定方式实施犯罪？

这就像是 20 世纪 30 年代黑帮电影中老掉牙的主题：为什么一个人成了罪犯，另一个当了牧师？或者从我的角度出发，为什么人们会成为连环杀手、强奸犯、暗杀者、炸弹客或猥亵儿童犯？在这些犯罪类型中，为什么罪犯会选择特定的方式实施暴行？答案存在于适用每起犯罪的基本问题中：

他为什么要这样做？

谁是凶手？这是紧随其后的问题。

这是我们要解开的谜题。

CHAPTER I

第一章

WHAT I LEARNED FROM THE BAD GUYS

见微知著——从细节对嫌疑人进行心理侧写

谁是凶手？为什么？

我们都想知道这两个问题的答案。

让我们来看两个相对简单直观的案件。这两个案件表面上十分相似，但其实有很大的区别。它们的案发地点十分接近，而我就是其中一个案件的受害者。

当时我刚从联邦调查局退休不久，正在和家人一道重新装修房子。

我们几乎跟在外露宿一样，在地板上接连睡了几个星期。我们大部分家具和几乎所有物品都存放在车库里。最后在铺设地板时，我们只得搬出来到附近的一家汽车旅馆暂住。

一天晚上，联邦调查局接到了当地警方的一个电话，说他们正在寻找探员约翰·道格拉斯（John Douglas）的下落。局里联系上我之后，一名探员接过电话说道："在一次抓捕行动中，我们发现了一些你的物品。"

我说："什么物品？你在说什么？"

他回答道："我们并没有找到被偷的所有东西，但是发现了一个带有联邦调查局封条的木盒。"

"是的，那是我的。"我确认道。木盒里有一把特制的 9 毫米口径马格南（magnum）左轮手枪，枪上刻着我的探员证件号码。该枪由史密斯·威森（Smith & Wesson）[1]公司生产，以纪念联邦调查局探员携枪法令通过 50 周年。许多探员都有这样一把枪。“你们找到枪了吗？”我着急地问道。

“没有。”他说，“枪不在盒子里。”

糟糕，我心里想。尽管那只是一个纪念品，但还是可以射击的啊。看过其他书的读者可能记得我刚加入联邦调查局时是底特律（Detroit）的街头探员，刚开始工作不久我就弄丢了我的史密斯·威森 M10 左轮手枪。它是直接被人从我的大众甲壳虫汽车的杂物箱里给偷走的。这绝对是一名新探员所经历的最糟糕的事情之一，尤其是那时 J. 埃德加·胡佛[2]（J. Edgar Hoover）还在世。然而，当我从奋斗了 25 年的光荣事业上退休之后，我还是愚蠢地向敌人提供了武器！

我甚至完全不知道自己丢东西了。我问了问嫌疑人的名字，三个

1 史密斯·威森是美国最大的手枪军械制造商，由美国人贺拉斯·史密斯（Horace Smith）与丹尼尔·B. 威森（Daniel B. Wesson）于 1855 年建立。总部位于美国麻省的斯普林菲尔德。史密斯·威森公司以制造左轮手枪闻名于世。——译者注

2 J. 埃德加·胡佛是美国联邦调查局的首任局长。——编者注

人中有两个人的名字听起来很熟悉：他们都是给我家装修的工人的儿子，年龄都在十几岁。其中一个我不是很熟悉，是一名 19 岁的大一新生，在高中时是一名出色的运动员。我对此感到惊讶、失望和愤怒。

警察让我回家看看，列一份丢失物品的清单。除了枪，我还丢了一台电视机、一套立体音响，等等。尽管还没有抓到犯罪嫌疑人，但我们也可以通过丢失的物品判断出他们不过是普通小偷罢了。警方发现了一个规律，即本案中所有入室行窃案的报案者都互相认识，而且这三个人只从他们熟悉的或是感觉舒适的那些地方偷东西。警方搜查了他们的公寓后，还发现了许多赃物。

他们的动机是他们想要装饰自己的公寓。

我确实很生气，但远没有那个 19 岁男孩的父亲生气。

他冲着儿子大声嚷道："你是不是疯了！这个人不但是我的客户，而且还是联邦调查局探员。他不但有持枪证而且枪法很准，如果你晚上偷东西的时候被他撞个正着怎么办？你都有可能丢了自己的性命！"

"我没有想那么多。"年轻人怯懦地回答。三个犯罪嫌疑人中年纪最大的那个是头，我很清楚这个年轻人只是跟班罢了。

审讯时，他发誓说他们都害怕枪，所以把我的那把 0.357[1] 口径手枪扔进了河里。其他的物品都找回来了。他认了罪，并归还了失窃物品。我想，他肯定吓得够呛。

从我所用的犯罪心理侧写的角度来看，在调查入室行窃案时，你要问的第一件事应该和上述案件中的警察问的一样：什么东西失窃？

如果失窃的只是普通的东西，比如现金、信用卡、珠宝，或是电视、立体音响、录像机，那么你面对的就是一个单纯的入室行窃案。你要

1　1 英寸约为 2.54 厘米。——编者注

做的唯一一件事就是通过盗窃者的下手目标和失窃物品来判断其入室行窃的老练程度与经验。如果你还是不能把他找出来，你就要等到他在另一起相似的盗窃案中露面时才能抓住他，这和我经历的那个案子如出一辙。

我们姑且把这个案子和发生在几公里之外的另一个入室行窃案作一个对比吧。

在那个案子中，一名女子声称有人闯入了她的公寓。警方问她丢了什么东西，她能确定丢失的就是她的内衣。在这个案子发生前不久，住在同一个花园式公寓大楼的几位女性就怀疑有个偷窥狂通过自家窗户偷看她们。警方在几次调查中发现了证据，证明有人曾在上述窗户外手淫。

我们在上文提到了两起入室行窃案。在第一个案子中，罪犯（或者说“罪犯们”）偷走了一把手枪和一些贵重物品。在第二个案子中，情况却不太一样。尽管这两个案子都让我们感到不快，但是我们中的大多数人还是会本能地认为第二个案件更加危险。但我们又是如何得出这样的结论呢?

因为动机不同。那么，在还没有将罪犯捉拿归案、不知道其身份和个人信息的情况下，我们又是如何从他的动机中得知他的潜在危险性更大呢？这是我们从做过的研究和处理其他类似罪犯的经验中得知的。“谋财型入室行窃者”——为了谋财而入室行窃的罪犯，或在我与家人牵扯其中的那个案件中，罪犯充其量就是因为想要得到别人的东西而行窃，他们要么会在犯罪道路上越走越远，要么会改过自新。我觉得第一个案子中的孩子会洗心革面，因为他已经面临被逮捕的后果了，而且很明显他并不想自己的生活中出现这样的转折。

另外，警方往往只把那些偷内裤的贼或有着恋物癖的入室抢劫犯当作“下作之士”，无伤大雅，但是往往他们不只是“下作之士”。第二个案件中的罪犯偷女性的内衣并不是为了遮羞，也不是因为他买不起内衣。很明显，他的动机与女性内衣所传达的性形象和其引起的欲望有关。这种动机也与性幻想有关。既然证据已经表明这个罪犯从偷窥癖发展到了入室行窃这种风险更高的犯罪行径，我们就有理由认为他不会就此满足。一个有恋物癖的盗贼是不可能自行停止犯罪的。

有时，近乎相同的案子，如入室行窃，其实是出于不同罪犯截然不同的动机。搞清楚这些动机是弄清案件和罪犯并衡量其对社会危害程度的关键。我在工作中还碰到过一起入室行窃案。盗窃者是德怀特（Dwight）。他 16 岁的时候就因为入室行窃被捕，那时他的动机显然是为了钱。最近他又因为袭击他人被捕了。事实上，他第一次被捕是在 10 岁，原因也是入室行窃。14 岁的时候，他的犯罪记录上已经有了更多入室行窃的记录，还有一些恶意伤害、严重盗窃（偷车）的记录。在他还没有达到能持有临时驾驶许可，更别提持有驾照时，他就偷了第一辆车。被送进少管所之后，德怀特一直都存在行为问题。治疗专家和心理咨询师认为他充满敌意，好斗冲动，缺乏自制力，并且没有半点悔过之心。他总是将自己的问题和不当行为怪罪于他人，他还承认曾经酗酒和吸食大麻。大家都说德怀特具有反社会型人格。

我亲身经历的那个入室行窃案的罪犯来自一个稳定的双亲家庭，他的父母在得知他的罪行后十分震惊，都想着让他立刻改邪归正。然而，德怀特的家庭有很大的问题。他的妈妈出于某种原因在离家时带走了另一个儿子而抛弃了他，把他留给他的外公外婆抚养。在他 4 个月大的时候，他的外公外婆就正式收养了他。他的外公在空军工作，因此他们经常搬迁。在他 9 岁时，他的外公外婆分居了。在这之后他就和外婆住在一起，从此，他的生活里没有了男性做榜样。

德怀特在学校里常常制造麻烦，初中阶段就多次被勒令停学。不幸的是，在这个例子中，时间真的证明了许多人一早就从他身上窥见的端倪。在与法律背道而驰数年之后，他最终因一起恶性强奸杀人案被判处死刑。

相似的入室行窃案，截然不同的犯罪分子。一个是因为偷窥看起来简单，所以没想太多就做了。另一个是觉得谁都不重要就做了。

早在 1978 年的时候，我就意识到了解犯罪现场发生了什么的唯一途径就是弄清楚“戏剧”主角，即犯罪分子的所思所想。而弄明白这一点的唯一方法就是直接问犯罪分子本人，这种方法同样适用于其他场景和其他案件。令人惊讶的是，在所有犯罪学研究中，除了零星研究之外，尚未见系统性研究。

我 32 岁时在联邦调查局国家学院行为科学科（Behavioral Science Unit）任讲师，那时我在底特律和密尔沃基（Milwaukee）做了一段时间的街头探员后回到了匡提科。我给新探员和国家学院的同行们教授应用犯罪心理学。教新探员通常对我来说是小菜一碟，因为他们比我年轻，见识也没我广。但是国家学院的同行们就不一样了，他们都是来自全美或其他国家的经验丰富的高级警官和探员。他们由各自部门选送，来匡提科参加为期 11 周的高级训练课。如果我说站在这些工作时间比我长、接触案件比我多得多的老练学员面前，仗着自己有联邦调查局的权威侃侃而谈时，我一点也不紧张，那肯定是假的。不过，我有一套自我保护机制：每次在谈到一个新案子的时候，我都会问在座的学员是否有处理过类似案件的经验。如果有，我就会邀请这个学员来分享经验，这样我就不会说错话了。

但问题是，我还能教给他们哪些新东西呢？

首先，犯罪过程或内在逻辑包括暴力犯罪分子**如何**决定犯罪？**为**

什么会选择某种犯罪类型？犯罪动机**从何**而来？犯罪分子是**谁**？我想，如果我们能够和执法人员分享一些洞见，我们就会为学员提供难得的工具，就会为他们解决终极问题（何人所为？）提供有利的工具。

简而言之，这个过程就是：**为什么 + 怎么做 = 谁做的**。

怎么做？为什么？在哪里？谁做的？这些是小说家和心理学家所探寻的问题，正如陀思妥耶夫斯基（Dostoyevsky）的《罪与罚》（*Crime and Punishment*）与弗洛伊德（Freud）的《超越快乐原则》（*Beyond the Pleasure Principle*）中所揭示的那样。这些也是哲学家和神学家要问的问题，是社会工作者在评估案例时要问的问题，是法官在审判听证会上要问的问题。事实上，这几个问题组成了我们所说的核心问题，苦于找不到一个更合适的用语，我们姑且称之为"人为因素"（the human condition）。

但是我们不得不从我们的视角，即对执法和犯罪侦查工作**有益的**视角，来认真处理这个问题。严格地说，检察官不需要通过证明犯罪分子的动机来定他的罪，只要证据确凿足以定罪即可。但在实际情况中，大多数检察官都表示，除非他们能够给陪审团一个符合逻辑的犯罪动机，否则他们将得不到一个合理的裁决，比如过失杀人会被判为蓄意谋杀。

不论你是否这么认为，应用犯罪心理学研究归根结底都是从以下问题入手的：为什么犯罪分子会以那样的方式来犯罪呢？

我认为这是我们必须破解的谜题。

当时，我经常和罗伯特·雷斯勒（Robert Ressler）"送教下乡"。论经验，他比我更丰富，在成为联邦调查局探员前，他是一名宪兵。"送教下乡"确实恰如其名。来自匡提科的讲师们下到基层，送教上门，到地方警察局和治安官办公室教授简要课程。这种课程为期一周，内容都是我们在国家学院教过的。讲师们周末休息，紧接着到外地授课一周，然后提着满是脏衣服的行李箱回家。

在“送教下乡”的过程中，我们有了很好的机会可以尝试我的想法，即采访被监禁的暴力犯罪分子。不论我要去哪里，我都会先看看附近有哪个州监狱或联邦监狱，然后再看看里面关押着哪些我们感兴趣的罪犯。

在接下来的几年中，我和同事一共采访了美国监狱中的 50 多名暴力犯罪分子，这些人包括了我们在一项具有重大意义的研究中提到的 36 名出于性冲动而犯罪的杀人犯。这项研究由国家司法研究所（National Institute of Justice）资助，最后于 1988 年出版成书，书名为《与性有关的凶杀案：模式与动机》（*Sexual Homicide*：*Patterns and Motives*）。该研究报告的合著者是安·伯吉斯（Ann Burgess）博士，她是宾夕法尼亚大学的一名精神病护理学教授。她从一开始便参与了本研究工作，帮助我们分析、整理数据，让我们从收集到的、浩如烟海的信息中提取有意义的信息。此外，她还制订了参数和严格的标准，让我们在这个未知领域的初次尝试成了一项真正有用的研究。

在监狱采访时我们没有做记录，因此我们一离开就要飞奔回酒店写报告、填写问卷上的空白处。有些东西我们可以通过提前翻看卷宗和有关采访对象的档案来填写，但关键的细节，即那些让我们感觉与众不同的部分，是我们必须要从采访对象本人那里获得的。

起初，我要做的就是想方设法让这些人跟我说话，问他们一些问题，通过这些问题我希望我们能进一步了解真正的应用犯罪心理学，但这并非学术意义上的了解，而是有助于外勤探员、有助于将真正的罪犯绳之以法、有助于破案的了解。

即使许多年后的今天，这次经历还是让我感到惊喜连连、不可思议。那么多态度强硬的犯人（他们大多服刑时间长，接受采访也捞不到什么好处）不仅同意与我们交谈，而且和盘托出了很多他们作为暴力犯的个人生活、成长和演变。为什么他们愿意和我们交谈呢？原因因人而异，但我认为可归结为以下几点：好奇、无聊、懊悔，或想要一个能从情感上重现当年暴力犯罪情形的机会。对于有些犯罪分子而言，那可能是他们一生中最满意的经历之一。我个人感觉，我们迎合了某些自视颇高的犯罪分子的虚荣心。他们有着大把的时间，但他们对自己的生活和外界其他人的成就都没有很大的兴趣。

并不是所有人在情感上都适合从事这种研究。因为就算是浸没在一些十分可怕的犯罪细节之中，你也要全神贯注，既不能表现出胆战心惊的样子，也不能评头论足，否则你什么结果都得不到。你必须是个好听众，好演员——精通表演之道。

至于为什么有这么多人愿意和我们谈私人问题，把他们的痛处展现给我们，我认为这和我们采访的深度和全面性有关。当一个人由于暴力犯罪被监禁时，他往往要面对许多面谈：探员对他的审问，律师对他的提问，量刑前的评估，以及狱中精神病医生和心理学家的面谈。在第一种情形中，探员审问的目的在于寻找破绽或不实之处。除此之外，其实只涉及自我报告：犯罪分子告诉询问者的往往不是他们内心真实的想法，而是他觉得可为其所用、对其有利的想法。

我们的做法和那些心理学家有两处不同。第一个不同是我们埋头于卷宗之中，这样我们就不会受到犯罪分子的欺骗与误导，以至于他说自己做了什么、怎么做的我们就偏听偏信。除了犯罪细节外，我们还要仔细查看犯罪分子的精神病报告、监狱考评记录、智商测试和一切可获得的有关材料。你获得真相的唯一途径就是问凶手一些问题，比如："等一下！一刀足以毙命，你却捅了受害者整整 27 刀，你怎么还好意思说对她仍有爱和同情这种话？”要提出这样的问题，首先你要对案件的前因后果了如指掌。

第二个不同是采访需要多少时间我们就花多少时间：闲聊、扯一些有的没的、偶尔虚情假意地表示认同，把他们磨得差不多了，我们才能知道他们心里真实的想法。有时他们会直截了当地说出来，但有时我们要通过他们说的话找到线索。但是我们听得越多，能够串起来的线索就越多，明白得也就越多。

谁是我们要找的人？有些是“名人罪犯”，比如查尔斯·曼森（Charles Manson）、萨拉·简·莫尔（Sara Jane Moore）和曼森的门徒、绰号“嘎吱鬼”的琳内特·弗罗梅（Lynette “Squeaky” Fromme），后两位都曾试图通过杀害总统杰拉尔德·福特（Gerald Ford）来改变美国历史的进程。我们和阿瑟·布雷默（Arthur Bremer）谈过，他曾跟踪理查德·尼克松（Richard Nixon）总统并试图暗杀他，但他最终沮丧地放弃了，并把目标转向了1972年的总统候选人乔治·华莱士（George Wallace）。他并没有成功杀死这位亚拉巴马州（Alabama）州长，但让其陷入了终生的瘫痪和痛苦之中。我们还见过大卫·伯科威茨（David Berkowitz），就是所谓的“山姆之子”（Son of Sam）“0.44 口径杀手”，在 1977 年 6 月被捕之前，他让整个纽约市陷入恐慌达一年之久。我们也和理查德·斯佩克（Richard Speck）交谈过，这个人渣般的小偷在1966 年登上了国内头条，因为他闯入芝加哥（Chicago）的一个住着一群实习护士的小洋房，杀死了 8 个人。

还有许多同样狠毒但不太出名的罪犯，他们一样教会了我们许多此等人的内心活动。这类人的主要目标就是杀人或伤人，或者像我在工作中常提到的那样，**操纵、支配和控制**他人。比如埃德·肯珀（Ed Kemper），他因母亲为人尖刻，就在母亲熟睡时杀害了她。其实，在他鼓起勇气杀害自己的母亲之前，他早已把愤恨和懊丧一股脑儿撒在祖父母身上了。几年后，居住在加利福尼亚大学圣克鲁兹（Santa Cruz）分校校内的6个年轻女子也惨遭他的毒手。杰尔姆·布鲁多斯（Jerome Brudos）住在俄勒冈州（Oregon）、已婚，有两个孩子。他自小就迷恋女性的鞋子，曾杀过4名女子，在给她们穿上他收集的女性服装后，还割下了她们的脚和乳房。理查德·马凯特（Richard Marquette）从强奸未遂、恶性伤害、抢劫发展到谋杀并肢解一名女子，而他只是在俄勒冈州波特兰市（Portland，Oregon）的一个酒吧里邂逅过这名女子而已。12年后，他获得了假释，在再次被捉拿归案前，他又杀害并肢解了两名女子。以上作案者均为男性，女性很少犯这种罪。他们的罪行令人毛骨悚然，但他们确实也能教我们一些东西，如果我们知道如何破解他们的言行那该有多好啊！

决定要采访这些人是一回事，但和他们面对面交流又是另一回事。埃德·肯珀身高2.1米，体重远超过270斤。如果他想的话，他完全可以把我们的头拧下来放在桌子上等着守卫找上门来。采访过程中，他还真的这样暗示过我们。当我们到巴尔的摩市（Baltimore）监狱采访阿瑟·布雷默的时候，我们不得不穿过一个院子，因暴力犯罪入狱的囚犯都可以在那儿自由走动，这场景让我想起了但丁（Dante）《神曲》（*Divine Comedy*）中的地狱篇（*Inferno*）。在我们进入任何一座监狱前，我们都得交出手枪，签署免责声明，表示如果我们受到任何伤害，都不会追究监狱方面的责任。如果我们被当作人质的话，那也是我们自己的事。就拿埃德·肯珀来说，他的余生都得在监狱里度过，所以就算他杀了我们其中一个人，监狱方面又能拿他怎么样呢——不让他吃甜点吗？在他的狱友们眼中，相比于杀死一名联邦调查局探员的“威名”，什么样的惩罚都不值一提。

因此，虽然我们起初也不能确定能从这项研究中收获什么，但我们知道一旦着手去做了，我们会面对什么。

在进行这项研究的过程中我们一直在调整、完善我们的行为方式。我们发现如果我们穿着随意一些，采访对象可能就会更快放松下来。当犯罪分子开始谈起犯罪经历时，我能从他的眼神中感觉到他似乎处于一种灵魂出窍般的恍惚状态。在这种时候，我常常就能断定我马上要从他那里得到我需要的信息了。犯罪分子的犯罪过程是他对另一个人施展权力和控制的过程。这个过程是他一生中最激动、最刺激、最难忘的经历。通过这种方式重温这一经历，他再次体验了那些巅峰般的感觉，也把我带入了他的内心世界。

我们知道得越多，我们的采访水平也就越高。比如，我们发现**暗杀型罪犯往往极端偏执，而且不喜欢眼神交流**。像曼森那种狂妄自大型的罪犯总想要支配你，因此你要坐得比他们矮一些（曼森都坐在桌子上），这样他们就可以居高临下地和你说话。还有一些罪犯只是需要同情。正如我前面说的那样，你要暂时隐藏自己的情绪，而且要遵守游戏规则。罪犯们泪流满面地哀叹着自己被毁掉的生活时，我们要同情他们。在他们的心中，生活被毁并不是因为他们的所作所为，而是因为他们被抓住了。这也让我们明白了很多东西。

我们认为这些采访展现了罪犯们生动有趣的共同之处。后来，我在和暴力罪犯打交道时，也能从他们身上看到这些共同点。这对犯罪心理侧写、抓捕、审讯和起诉工作都有所帮助。我认为，第一步是找出大多数犯罪分子的基本共同点；第二步是要了解他们的个性、犯罪经验和**动机**方面的不同，了解这些不同是如何发挥作用的，比如让一个人成了行凶抢劫犯，另一个却成了杀人狂魔。首先，我必须知道他们有着什么共同的品性和经历：他们来自何方？他们为什么会变成今天这个样子？

从某种程度上来说，所有犯罪分子的成长环境都有些畸形。有时是显而易见的：他们遭受过身体上的虐待或性虐待（或两者都有）；父母或监护人酗酒成性；他们遭人嫌弃，被踢皮球似的从一个寄养家庭送到另一个寄养家庭。有时则隐而不宣：缺乏爱或有益身心发展的成长环境；没有始终如一的教导或者说根本没有人教导；孩子无论如何都无法适应或融入环境。在埃德·肯珀小的时候，他的父母就常常激烈地争吵，后来他们就离了婚。在那之后，他那嗜酒如命的母亲就会成天奚落他、指使他。在他青春期的时候，他的母亲把他关进地下室，让他在里面睡觉，还说什么担心他会对妹妹不利。大卫·伯科威茨一出生就是私生子，他的养父母告诉他，他的生母在生他的时候因为难产死了，所以他十分愧疚自责。后来得知自己的生母和姐姐还活着时，他前去探望她们，而她们却不想和他扯上任何关系。崩溃至极的他后来就沦为了连环杀手。

后来，我们在联邦调查局国家学院研究其他连环暴力犯罪分子的背景时，发现他们都符合我们在监狱采访项目中构建的模式。阿尔伯特·德·萨尔沃（Albert De Salvo）是 20 世纪 60 年代早期的“波士顿扼杀者”（Boston Strangler），他那酗酒成性的父亲成了他的榜样。他的父亲在一次发怒时折断了他母亲的手指，还经常打骂他和他的 6 个兄弟姐妹，而且会带妓女回家。约翰·韦恩·盖西（John Wayne Gacy）是芝加哥地区的建筑工人，他曾对 60 多名男孩和年轻男子进行了性侵和谋杀。不作案时，他会在医院里扮演小丑，逗那些生病的孩子们玩。他经常遭到酗酒父亲的殴打和耻笑。这样的例子不胜枚举。

为什么一个小男孩长大后会成为一个强奸犯或杀人犯，而另一个会成为炸弹客或勒索者呢？而另一个家庭环境同样很恶劣的人为什么会成为一名令人钦佩的、对社会有贡献的人呢？我们要深入研究才能解开这个谜题。不稳定的、被虐待的或是贫苦的家庭环境会导致自尊和自信严重缺乏，这不无道理。除了这一点外，我们还发现大多数性侵者都有相对较高的智商，他们的智商比你所预计的一般犯罪人群的智商要高得多。

监狱采访也表明，表面上十分相似的案件可能有着很大不同。你可以再回想一下本章开头那两个截然不同的入室行窃案。

这里还有一个例子：在我们这个社会里，强奸和谋杀年轻女子的案子十分常见。所有强奸犯都表现得像一个怒气冲天且颇具攻击性的精神病患者。我当然不会否认这种评价，但这种评价并不能告诉我们**为什么**该罪犯要犯下这种罪行，也无益于我们做好其心理侧写。因此，让我们来看看犯罪现场的**行为线索**吧。

首先，**尸体被发现时是什么样的状态？**我并不是指被分尸的状态（虽然那也能告诉我们很多线索），而是凶手用尸体或是对尸体做了什么。如果死亡的原因是刀伤而且尸体上有很多集中的刀伤，特别是在脸部周围，这就是我们说的"过度杀害"。接着我就可以判断出凶手很可能和受害者十分熟悉，这起案件是由私人原因引起的。这就把我们引向了凶手的动机——**为什么？**比如，如果尸体是用床单或是毯子裹好的或是明显被保护得很好的，那就说明这个杀手对受害者还存有些许温情，甚至可能是忏悔。再如，如果尸体被毁坏之后放在显眼的地方或是随意丢弃在路边，这表明凶手对受害者心怀蔑视，甚至可能蔑视所有女性。

我是怎么知道这一切的呢？不是因为作为犯罪心理侧写师，我有什么超自然的能力。这一切都是犯罪分子自己告诉我的。屡屡听闻同样的事情后，**我们**就可以自行判断。如果一起强奸杀人案的受害者躺在地板上、盖着床单，我们就可以知道凶手这么做并不是为了掩盖尸体，至少一个心智健全的凶手是不会这么做的。他是为了给受害者以尊严，或是不想让无关人等看到尸体，但这种做法显然无济于事。类似的事情我们只是听得多了，所以一听就知道真相了。

我最近的一次经历证实了我们有“预测”凶手在想什么的能力。那时我已经从联邦调查局退休几年了，这一天我又来到了东部一个很大的州监狱。我要代表州假释委员会和一个杀人犯面谈。委员会希望我能够就这个罪犯是否适合假释给出意见。我告诉他们，就我而言，这就意味着一个问题：在假释后，他会不会再犯案？我花了很多时间来打消这个罪犯的抵抗情绪，让他越来越脆弱以便我可以接近真相，然后找出我要的答案：（a）他知不知道自己的罪行有违道德，是否真正悔悟；（b）他是否仍然从操纵、支配和控制来决定他人生死的行为中获得巨大的情感满足。他告诉我的每件事都符合我了解的一种模式，我是从很多和他境况相同的人中推导出的这种模式。我已经研究这些人的想法、罪行和动机 20 多年了。因此，我在给假释委员会提出建议时，我确定我给出的都是可靠的信息。犯罪学或法医心理学领域的专家如果告诉你他们无法预测未来的暴力时，他们的言下之意其实是**他们能力有限**，因为他们没有做过直接研究，也没有直接的经验。我不敢说我可以确定每一名暴力犯罪分子如果有机会还会不会再犯案，但是我可以非常确定假释的风险值不值得冒。

在做过一些研究后，我们发现大多数暴力犯罪分子心中都有两种因素在斗争。一种因素是优越自大的情绪：社会公序良俗与我何干？我聪明如斯，岂能从底层做起，一步步往上爬？又何必遵循各种条条框框。另一种因素是同样强烈的情感障碍，他们觉得自己永远低人一等，觉得自己无论怎么努力都是失败者。情感障碍通常使他们做啥啥不行，他们不愿意学习、工作、努力。因此，能带给正常人真正满足感的工作和情感却让他们无所适从。这就让他们更像是个局外人了。

对权力和控制的欲望刺激了他们中的许多人（如果不是大多数的话），这种欲望来自于让他们感到无能为力、无法控制的环境。大多数被虐待或忽视的孩子都有了应对技巧和策略以渡过难关，他们有些人没有变成愤怒、充满敌意、丧气的成年人，但有些人还是成了暴力犯罪分子。不可否认的是，情感的创伤和包袱会一直伴随着小时候受过虐待的大多数人。但是，一个孩子可以通过别的方式疏导自己的沮丧、伤痛和愤怒，比如说参加竞技体育活动，成为一名出色的中学运动员。这样的孩子往往拥有一本剪贴簿，里面满满当当全是地方媒体报道的剪报和年鉴照片，记载着他的点滴成就。这样的孩子一定会成长为一个更加坚强、更加健康的人。如果没有这么一个发泄的方式，这个孩子可能会通过伤害他人或是折磨小动物来释放自己的负面情绪，那他长大了可能就会走上犯罪的道路，而他的剪贴簿里一定会贴满更多令人毛骨悚然的故事。对于一些人来说，通过操纵、支配和控制受害者来决定他们的生死或是死亡的方式可以暂时抵消他们的情感障碍，平衡他们的心理。这还给了他们优越感、自大感，因为他们觉得自己有权力去感受。换句话说，强奸和谋杀才会让他们觉得这个世界终于对得起他们了。

你肯定会注意到我一直只在描写男性犯罪分子的形象。按照定义来说，此乃性别歧视，而在这个词的定义中，问题就出在男性身上。无论是联邦调查局行为科学科，还是安·伯吉斯（她在此方面着力颇多）及其同事都对女性做过研究，这些女性和监狱中的男性犯罪分子有着同样被虐待和忽视的经历。但是，不论有什么复杂的原因，女性都不会用激进的方式来表达她们的失望沮丧和情感创伤。她们可能会通过吸毒和酗酒自我摧残，或接近那些虐待成性的男人，早已习惯受虐的她们任由这些男人对她们施暴，并且认为这是自己罪有应得的。她们也可能会去卖淫，或者自杀，甚至虐待自己的孩子。但是除了极少数情况外，女性都不会像男性那样成为四下寻找猎物的罪犯，也不会把情感上或性方面的愤怒发泄在陌生人身上。其中一些原因可能是男性和女性的大脑“线路”与生俱来就不同，或是因为女性主要受雌激素影响，男性主要受雄激素影响。女性（往往）不是四下寻找猎物的罪犯，也不会制造麻烦。因此，我们大都在说男性犯罪的演变和动机，但如果女性对这些过程与问题了解得越多，她们就能更好地认识这些行为并与之斗争。

这里我必须说明一个贯穿我的执法生涯和写作过程的概念。我们研究中的所有犯罪分子基本上都有这样或那样的精神问题。一想到他们犯下的滔天罪行，你甚至会说他们疯了。但是“发疯”是一个带有主观的词，“精神失常”才是法律术语。在我所在的调查支援科的同事们看来，关键词在于“选择”。除了极少数真正精神失常（一般表现为妄想）的人，这些人的所作所为都是他们自己选择的。他们可能会一直想着去伤害女性，也会因为受到刺激而采取行动。但事实上，他们**不必**这么做，也没有人**强迫**他们这么做。他们这么做是因为这样可以让他们感到满足。我十分同情那种从小就遭到打骂、性虐或者缺爱的人，我能理解这种人在成年之后会有严重的心理问题，但是我不能接受这种人因为成长环境恶劣就猎取、伤害或杀害他人，特别是妇女和儿童。我们是否要对自己**变成什么样的人**负责，这个问题还有待讨论。但是在大多数情况下，我们都要对自己的**行为**负责。

因此，这种暴力行为是从哪里来的呢？在采访了很多连环杀人犯之后，我们建立了一个“与性有关的凶杀案动机模型”（Sexual

Homicide Motivational Model）。这个模型是通过分析环境和情感方面的影响因素建立起来的，这些因素都对犯罪分子的整个生命历程和犯罪生涯起着决定性作用，通常就是这些因素产生了施暴的**动机**。我们记录了每个案件中的犯罪分子是如何被各种因素影响的，以及他们最后都做了什么样的事情。例如，其中 50% 的犯人在 12 岁至 14 岁之间就幻想过强暴他人！这一数据非常令人震惊。仅从这个事实中我们就可以看出，如果我们想要拯救这些孩子，早期干预十分重要。更重要的是，这样才能保护自己和所爱的人免受摧残。

许多孩子会发展出一些可能被认为反社会的特征，但他们中的大多数人都成长为老话常说的那种正直守法的人。我们在采访中要寻找的是能够和研究对象所犯案件的最终结果相联系的**行为模式**。我们发现，研究中的一些犯罪分子在幼年甚至在还是个很小的孩子时就意识到操控别人给了他们一种控制感，而这种感觉正是他们生活中非常缺乏的。

这种控制感会发展为幻想。我们发现这种幻想对了解强奸犯的变化至关重要。首先，他幻想着克服生活中的痛苦和失败。当然，这些幻想也包括获得成功，报复那些他认为曾经伤害、轻视或者不尊重他的人。接着就是性幻想。我们可以确定的一点是，在任何强奸案中，幻想都是先于行动的。因此，如果有人在 12 岁就开始幻想强奸别人，结果可想而知。

我们还要明白，一个表面上看起来与性无关的案件并不意味着它就不是建立在性幻想基础上的。在纵火和爆炸这两种案件中，凶手和受害者之间没有直接的身体关系，但这往往是变态的性呈现。比如，大卫·伯科威茨会埋伏在纽约情侣巷地区，寻找车里的情侣，然后用他那 0.44 口径的半自动手枪杀了他们。他告诉我当他晚上找不到合适的下手目标时，他会回到之前犯罪的地点手淫，以此来回味扣下查特武器公司出品的斗牛犬左轮手枪（Charter Arms Bulldog）扳机那一刻得到的性满足和超强的权力感。

我们采访的犯罪分子回想起的从青春期开始的性幻想涉及了许多方面，值得注意的是，这其中有哪些包括了暴力、施虐、奴役等与支配和控制有关的情节。在我们的研究中，79% 的人表示自己频繁手淫，72% 的人说自己很喜欢偷窥，81% 的人说自己常常接触色情作品，这些都是早期的犯罪指示性行为。

一提起色情作品，我们就知道什么是“有因必有果”了。1989 年，西奥多·“泰德”·邦迪（Theodore “Ted” Bundy）在佛罗里达州（Florida）被执行死刑前，同意接受我们的采访。在采访中，他似乎把自己所有的罪行（他在全国范围内绑架并谋杀漂亮的年轻女子，从华盛顿州（Washington）到佛罗里达州都留下了他的犯罪踪迹）归咎于对色情作品的沉迷。接触色情作品，特别是暴力色情作品，会刺激一个男人实施暴力或性侵行为吗？还是说在这一方面已经有动机的人会自然而然地被色情作品吸引呢？这个问题没有单一的、绝对的答案，但是我可以从之前和暴力犯罪分子的交往经验和所做的研究中得出一些可靠的结论。

首先，我是否相信，**如果没有色情作品**，“泰德”·邦迪就不会成为一名连环杀手呢？答案断然是否定的。这只是证明了邦迪这样的人总是试图把犯罪的责任归咎于其他人或事物。邦迪之所以那么做是因为他**想**通过这么做来获得一种满足感，也让他觉得这是生活中最美好的事。我并不是凭空猜测，这是我通过采访像他一样的犯罪分子得到的结论。

因此我想说，色情作品，甚至是十分暴力、仇视女性、有施虐倾向的色情作品，并不会把一个正常人变成一个暴力性侵者。但是我们发现，研究中采访的那类犯罪前已经有性幻想倾向的人，他们的欲望确实能被色情作品点燃，而且他们会从中得到一些犯罪灵感。我们起初是从采访对象那里得知这个结论的，之后我们又通过比对不同的案件加以证实。在这些案件中，我们发现犯罪分子确实会仿照读过的色情小说来作案。我认为，任何一个正常的男人在其成长过程中都可能接触过女性杂志或不那么露骨的色情作品，而且我认识的人当中有一大批都是为人正直的公民，所以，显然无论是过去还是现在，他们总是能够控制色情作品的影响。正如老话所说的一样，90% 的男人会承认自己手淫过，而剩下 10% 的男人是在撒谎。但是，如果有人沉迷其中，全然不顾其他所有可以让人满足的东西，我们就要警惕了。

从许多接受采访的犯罪分子的经验来看，接下来就是犯罪分子如何将其执念付诸不同的实践了。我们的采访对象除了无一例外地沉迷于频繁手淫、偷窥、色情读物外，还患有恋物癖。根据美国精神医学学会编撰的《精神疾病诊断与统计手册（第四版）》（DSM-IV）[1]，恋物癖包括对无生命或非人类物体产生幻想、性冲动和其他表现的行为。对那些处于萌芽状态的杀手来说，这正是事态逐渐变得危险的预兆。

在精神病学界，恋物癖被定义为一种性反常行为或性目标紊乱症。性反常行为是多种多样的，有些实质上只是一种偏好，没有危害；有些却是有害的或可能致命的，比如恋童癖（涉及对幼童的性行为）和性虐待。大多数性反常行为都是长期不间断的，恋物癖就是一个很好

1 精神疾病诊断与统计手册（*The Diagnostic and Statistical Manual of Mental Disorders*，DSM）由美国精神医学学会（American Psychiatric Association，APA）出版，是一本在美国最常用来诊断精神疾病的指导手册。——译者注

的例子。可能女性的内衣是我们这个社会中最容易被恋物癖患者盯上的东西了。

在我们的研究中，72% 的受访对象在成长期间都曾迷恋着某种物品。这里我们再次论及了恋物癖的持续性。毫不夸张地说，很大一部分正常的美国男性都会因为黑色蕾丝内裤而兴奋，而特定年龄段的男性则会因为渔网长筒袜而兴奋不已。根据精神病专家，比如我的朋友兼同事帕克・迪茨（Park Dietz）博士的分析，一个人是否同样会受到更多如连裤袜一类事物的影响，取决于当时的时间和环境，还有个人性意识觉醒和性成熟之间的特定关联。

此外，我们研究犯罪动机要关注性幻想或性行为的重点、关注的对象和整体模式，这十分重要。换句话说，某些东西给你的兴奋感是暂时的还是持续一生的？对蕾丝内裤的恋物癖可能还挺常见，恋脚癖就比较少见了。恋脚癖本身是无害的，但想想我们前面提到的杰尔姆・布鲁多斯，他杀害女性后会砍下她们的脚，用来展示他收集的女鞋，你就会意识到这些幻想可能有着真实的心理基础。我们在这本书里要探讨的一个关键主题是两种动机之间的区别：一种是隐藏在儿童时期或青春期时对脚的那种并无危害的关注和欣赏中的动机，另一种是杰尔姆・布鲁多斯一类的犯罪分子的动机。

与性有关的兴趣和行为是犯罪分子们处理压力的方式，是情绪外化的表现。像我们前面提到的那样，适应性更强的男性和几乎所有的女性不同，他们会内化自己的问题和遭遇的挫折。而有暴力或犯罪倾向的人会对同伴表现出攻击性。他会有一些如入室行窃、纵火、从父母或其他家人那里偷窃、虐待动物、考试作弊的反社会行为。无论聪明与否，他都可能从高中辍学，通过吸毒或饮酒来缓解压力。他会对自己和他人可能造成的后果不管不顾而冲动行事。他会感觉离同伴和整个社会越来越远，以至于他觉得怎么发泄都是理所应当的。

那么，一个进入我的车库行窃的孩子和一个年轻的、正在成长的未来犯罪分子有什么区别呢？一次愚蠢的经历就能让一些孩子吓得魂飞魄散，但是在这个过程中，第二类孩子发现他的攻击性行为能让他处于亢奋状态、得到快乐和满足，所以他没有因为自己的行为感到羞愧和悔恨，而要寻找放大这种感觉的方法。我们称这种现象为“反馈过滤”（feedback filter）。他开始尝试更多让他感到强大和满足的方法，排除那些妨碍自己体验的因素或行为。他会逐渐发现更多的领域和情况来控制他人。他用自己的经验完善作案手法从而避免被发现或被惩罚。他得到的成就感和满足感越多，反馈循环就会收得越紧。

这就是恋物癖和其他性反常行为变得日益危险的原因。当犯罪分子了解到越来越多能让他感觉良好的东西时，他的性反常行为就会加剧。一个年轻人可能会从偷窥癖发展到进入偷窥对象的屋子里行窃。一旦他对入室行窃感到满意并且知道如何逃脱惩罚，入室行窃就会演变成强奸。这也取决于案发情况，比如说，如果他意识到不采取预防措施，就会被受害者认出来，那强奸最后可能会演变成谋杀。如果他发现杀人可以让他处于更加亢奋的状态、得到更多的权力感和满足感时，他就会进入一种控制的新维度，杀人行为也很可能会变本加厉。这与杰尔姆·布鲁多斯的情况类似。

我绝不是说每个偷窥狂（或大多数）最后都会变成连环杀手。我想说的是，如果你像我们一样研究了强奸犯中最有暴力倾向的那些人，你会发现几乎每个案子中都有犯罪行为层层升级的现象，哪怕一开始是多么的不起眼。

我们还有什么其他的线索可以研究呢？如果我们要搞清楚为什么

一个成年罪犯会犯某种罪，我们就需要弄清年轻的、成长中的反社会犯罪分子的动机。

有三种年幼时的行为构成了现在我们所知的凶杀犯三要素：在某个年龄段后还会尿床、纵火、虐待动物或更小的儿童。同样地，并非每个有这三种行为的男孩长大后都会变成杀人犯。但是，这三种行为的组合在我们的研究对象中很常见，所以我们建议，如果孩子有其中任意两种行为且已经形成一种模式（而非独立个案），家长和老师的心中都应该敲响警钟。

我们应该从整体着眼。如果一个六七岁的小孩子常常在人行道上用放大镜烧蚂蚁，而且这个小孩来自一个除此之外一切都很正常的家庭，而且他没有别的犯罪征兆，那么这个孩子很可能没什么大问题，只要父母适当干预就好。或者说，如果一个小孩常常尿床但没有别的需要警惕的行为，他只要做个身体检查即可。如果确实有问题，只要对症下药就好了。但是如果一个小孩有着以上两种行为，而且总是霸凌或奚落比他更小的孩子，对自己的兄弟姐妹表现出攻击性，或者不和任何人交往，从用火烧蚂蚁发展到烧狗、猫或是仓鼠，他就真的有问题了。这些是反社会行为的最初体现，而且这些问题不会自我纠正。这并不是一个“阶段”。

老师也可以有所作为。除去学校里的霸凌和破坏性行为之外，老师们会觉得这是一个聪明但是什么都不在乎的孩子，是一个没有动力的、自作聪明的人。其实他可能有动力，只是没有往老师希望的那个方向发展罢了。

在全国各地面对不同社会群体做访谈或发表演讲时，我都曾经提到过：根据我的个人经验来看，连环杀手是后天形成而不是天生的。人们常常问我，是不是某些孩子“天生就会杀人”呢？换句话说，“坏苗子”存在吗？他们天生就很邪恶吗？这更多的是一个理论上的问题，我其实不具备相关资质来回答这样一个问题。但是，如果你很早就发现有的孩子比别的孩子更具有攻击性，控制冲动的能力也更差，那很明显他们具有反社会人格，这一点毋庸置疑，但这并不意味着他们一定会犯罪。但是，无论是我们的研究，还是全国乃至世界顶尖心理研究学者所做的研究均表明：如果你把一个天性如此的小孩放在一个极其不正常的环境中，然后不做任何干预，他很可能成长为一个具有暴力倾向的成年人。这可能就是为什么有的家庭虽然有两个或两个以上男孩，但只有其中一个会堕落为犯罪分子或其他类型的违法者。三个孩子可能会受到同样的影响，但其中一个天生就比另外两个脆弱一些。

在此我要稍事停顿，重申我的观点，这一点非常非常重要。我能够解释某些行为并不代表我原谅这一行为。我们或许知道某个犯罪分子是受了什么样的影响从此走上了犯罪和实施暴力的道路，但是并没有人强迫他去伤害别人。缺爱或受虐的环境会让一个人难以抵制这些诱惑，而且几乎没有一个生来就能控制冲动的人会沦落到如此地步，会难以抵制所有诱惑。如果是这样，抓这种人应该易如反掌。然而，在我的职业生涯中，我所追捕的都是些很难绳之以法的人。在我近30年的执法生涯里遇到的案子中，没有一个犯罪分子会就算当着警察的面也要实施暴力犯罪。这就是“身边的警察”原则。

让我们回顾一下本章开头提到的抢劫案中的职业罪犯德怀特。也许没有人能够预测到他最后会因为虐待和杀人被判刑，但是在看到这段文字时你或许会脱口而出：“这不是明摆着吗？”他就是一枚等待爆炸的定时炸弹。

如果说他是在人们允许的情况下“爆炸”的罪犯，人们对他的早期干预、治疗、监禁等行为矫正手段都不足以让他远离犯罪，现在回想起来，这个结果在当时就是不可避免的。这一点很容易理解，但随着研究的深入，有些犯罪分子的行为变得更加难以捉摸。

某些成年人的行为也和儿童早期的一些征兆一样预示着犯罪。这些行为本身不一定是犯罪，但它们是很明显的危险信号，比如德怀特早期的犯罪活动。我来给大家举几个例子，这些例子中的主人公都迷恋着同一种物品，它们展示了一个有经验的犯罪心理侧写师是如何通过这一物品来推断动机、预测犯罪的。

芭比娃娃是美国20世纪下半叶经久不衰的时尚标志之一。我有两个女儿，所以我习惯了房子里到处摆满了芭比娃娃，它们有的盛装打扮，有的赤身裸体；有的修好了，有的还处于破损状态。

芭比和肯以及它们的朋友们伴随着一代又一代的女孩长大，这很正常。但当这个时尚、魅力无穷和美丽女性的标志性象征被邪恶之人利用时，我觉得从专业角度研究它就很有意思了。

20世纪80年代末，一家相片冲印店在接到一组照片后联系了联邦调查局。照片上有一个30岁上下的男人在树林里穿着迷彩服，和芭比娃娃在他的跑车的后挡板上摆着各种姿势，芭比娃娃被他摆出受虐、受折磨的样子。他的脸涂黑了，在他旁边是一条白色的毛茸茸的爱斯基摩犬。在接下来的一些照片中，金发碧眼的芭比娃娃们被拧断了头，满身是血。这个男人没有犯罪记录。毁坏芭比娃娃并不违法，但我认为我们还是得留意一下这个人。他花了那么多精力做这些事情，说明这对他很重要。他是一个玩布娃娃的成年人，这表明他并没有很好地适应或融入同龄人的环境。他拥有一辆车以及狩猎装备，这说明他有造成伤害的行动能力、经济能力和武器。但是这时候，他只是在演戏。我觉得此时他尚未对真正的女性实施犯罪。常识告诉我们，一个人不可能从强奸杀人退化成摆出虐待布娃娃的场景。

要记住一点，幻想总是先于犯罪。很快，当布娃娃再也无法满足他的时候，他就会渴望、幻想一种真实的经历。当机会摆在他面前时，他很可能会抓住这个机会。比如，他刚在树林里拍完照片，正处于极度亢奋的状态，两个漂亮的女性露营者正好走过。出于冲动，这个男人可能会突然把自己的幻想变成现实。因为他有相机，所以他甚至会用相机拍下自己的罪行，来看看这和他对芭比娃娃做的事有多么相似。

这个男人让我十分担心。我感觉他受到了严重的刺激，但是我们还不能够对他采取法律手段。我只能建议当地警方记住这个男人，如果有其他案件发生，而这个案件符合我们先前预测的更严重的罪行，他很可能就是那个嫌疑人。更为理想的做法是，警方能够在他做出更严重的事情之前，就把他抓起来严加看管。

另一个例子说的是中西部精神病医院里的一个男人。我们发现他在裸体芭比娃娃身上扎了几百根大头针，他没比第一个男人正常多少，但我认为他没那么危险。他并没有把自己折磨的那个芭比娃娃想象成一个人。在我看来，他的行为表明他在与同龄成年女性交往中存在更严重的问题。他可能和第一个男人一样对她们怀有敌意，好在他住在医院里，有人监视，而且他没有那个男人那么老练，也不具备做坏事所需的手段。像我们接下来会提到的某些类型的纵火犯和炸弹客一样，这个男人是一个怯懦、不合群的人，他甚至连一条和他做伴的狗都没有。

这两个人在动机方面有何不同呢？第二个男人用一个布娃娃替代了他迷恋、向往却永远都无法得到的物品，他通过惩罚这个布娃娃来发泄自己的愤怒和沮丧。（如果他是对一个婴儿娃娃，而不是对成人娃娃做同样的事，结论就完全不同了。）然而，无论是真是假，第一个男人是因为蒙受了冤屈要报复某个女人或全体女性。尽管他还没有将他的幻想付诸实践，但在他的心中，他正在毁灭所有女性。如果他希望操纵、支配和控制他人的意愿得到释放，他很可能会杀人。

还有另外一个例子。20 世纪 80 年代中期，我参与了一个移交到联邦调查局的勒索案的侦破工作。这个案子发生在美国南部地区。一位有着两个孩子的单亲妈妈收到了两封信，信里要求（其实是命令和恳求）她拍 72 张自己的黑白裸照，然后把胶卷送到一个购物商场里的指定地点。如果她不按要求做，她的孩子就会死于非命。

在分析了这封信之后，我认为这个勒索者可能是一个有情感障碍的人。这种人接下来通常会直接观察被勒索者是否按照他的要求送照片。因此，我告诉当地警方，这个人可能还会想方设法去她家，比如假装问路。

我还告诉警方，他指定要的 72 张照片是黑白的，说明他可能会在自己的暗室里亲自冲洗照片。

就在两名探员在这位女子的家收集信息的时候，一辆洗衣店的卡车在她家门前停了下来。两名探员往窗外一望，看到了一个穿着制服的男人，他的名字就写在衬衫上。这个男人正盯着这户人家看呢。因为我告诉过他们勒索者可能会到被勒索的女子家里看看，要他们多加留意，所以他们就把这个男人请进了屋。面对两名探员，他十分慌乱，主动承认勒索信是他写的。

警方搜查了他的住所。他独自一人居住，家里有个暗室和几套女性照片，照片上的女性正在更衣，这些照片都是嫌疑人在受害者不知情的情况下在她们的窗户外拍的。他们还从放在三脚架上的相机中发现了另一套黑白照片。照片中，这个男人在用小刀折磨一个相当壮实的少女。在这一套照片中，他的“威胁”逐渐升级，女生的衣服也被逐渐脱去。在最后的场景中，他跨坐在女生身上，手抬在空中，作势要扇她耳光。

尽管这听起令人不寒而栗，但是，从他们僵硬的姿势和木讷的表情中，我们很明显可以看出来这组照片都是摆拍的。我立刻怀疑，为了实现自己的幻想，男人可能给了这个倒霉的女生钱，让她配合拍了这组照片。

事实是这样的：勒索者在观察受害人，并从当地的购物商场一路尾随她回家，此后他将其锁定为勒索对象。这个家伙很显然又是一个有情感障碍的失败者，他不会真正去计划强奸和谋杀，甚至不会接近小孩。但他仍然是很危险的，因为他的幻想过于强烈，我们可以推测一下他会有什么样可怕的行为。首先，他喜欢偷看女性和偷拍女性在自己家里的照片，而她们却浑然不知。当这一切无法再满足他的欲望时，他就会和一个听话的同伴一起把自己的幻想付诸行动。接着，他就会勒索那些不配合的人。然后他会强行进入受害女性的家中，寻找能满足他的恋物癖的物品，比如女性内衣，或者受害女性的丈夫或男朋友为她拍的照片。假设他正在作案时碰巧被这位女士撞见了，他会无比尴尬、不知所措，他无处可逃，只得想方设法做点什么来解决问题。他的脑海中已经有了幻想出来的详细场景。更可怕的是，这个场景他已经拍出来了，尽管是花钱请人演的。我想我已经把他潜在的危险性说得够清楚了。

有的案件非常离奇，恐怕你绞尽脑汁也无法解释，亦无法评价，只能目瞪口呆地摇摇头。

一天晚上，两个开着巡逻车的警察在路边一辆车旁停下了车，一对夫妇正在这辆车里亲热。

“怎么了，警官？”那个男人问道。

“你们不应该在这里做这种事。”其中一个警官厉声说道。

“你这是什么意思啊？”男人愤怒地说，“你应该去看看我们从这条路下来时碰见的那个人。我们本来打算在那儿停车的，然后我们看见了他在车里和鸡亲热。”

“什么？”警官大吃一惊。他和搭档顺着这对夫妇指的方向在另一辆车里找到了那个人。果不其然，他正在和鸡亲热，尽管这从生理意义上来说完全是不可思议的。不仅如此，他还边做边录像。

当他看见警察时，马上试图掩饰自己的行为，但是警察阻止了他。

我知道这是真人真事，因为我看过那个录像带。到目前为止，很多人都看过了。不论这种行为正确与否，但它就是这么发生了。那两位警察算是见多识广了，什么恐怖的事情没见过，但是见了这种情景，他们会怎么想呢？

尽管它很荒谬，但是这并不是一件搞笑的事情。在看录像带的时候，我简直不敢相信一个人会对鸡充满激情。他说话时就像真的在和一个女人发生侮辱性、强制性的性行为。我觉得如果他的幻想容易实现，他就不会用这种毛茸茸的替代品了。很明显这个男人举止怪异，他甚至可能是个傻子，没办法，警察别无选择，只能将他的行为界定为妨碍公序良俗了事。他们所能提出的最合适的指控就是虐待动物和不雅暴露。但是，他明显受到了幻想的刺激。我不知道还需要多久鸡就无法再满足他了，就像芭比娃娃不再能满足另一个犯罪分子一样。

在匡提科的科室里，我们常常应邀分析、协助解决一些“无动机犯罪”案件。当我们给予帮助时，我们心知肚明，其实根本没有什么“无动机犯罪”。每个案件都有动机。我们的工作就是充分了解犯罪分子的脑子里在想什么，以便我们能知道他**为什么**这么想，如果原因足够清晰，我们就能知道是**谁**犯了案。

CHAPTER Ⅱ
第二章

PLAYING WITH FIRE
恶意纵火——利用心理侧写术识别纵火犯

具有暴力、反社会倾向的儿童常常虐待动物或年纪更小的其他儿童，这一点也不奇怪。这类孩子可能过了正常年龄还在尿床，这就更不足为奇了，因为据我们了解，**这些孩子由于缺乏控制力而带有深深的挫败感**。这是凶杀案三要素的第三部分，同时对我们关于犯罪心理的认识而言是最具吸引力的挑战。对于数目众多的潜在纵火犯而言，纵火如何满足他们的想象力？各个纵火犯都有所不同，当分别看到一个 8 岁的孩子和一个 16 岁的少年拉下火灾警铃的把手时，我们所接收到的信息可能并不一致，即便二者的动机看起来是类似的。在我职业生涯的早期，我就知道，如果我们真的要了解这类人，就必须弄清为什么动机在他们的犯罪过程中如此重要。

很早以前，我在我们的监狱访谈项目中第一次听闻关于纵火的故事。

大卫·伯科威茨，自称“山姆之子”，在成为连环杀手前，曾在纽约城纵火 2000 多起，这在他的个人日记中有所记载。我们称他为“纵火狂”（fetish arsonist），警方则称他为“妨碍型纵火犯”（nuisance arsonist），因为他会在垃圾桶、空旷的垃圾堆放地或废弃建筑中放火，主要纵火地点在皇后区（Queens）和布鲁克林区（Brooklyn），然后观察消防部门的反应。他的记载是如此完整、细致，甚至记下了用于扑灭每场火灾的设备类型、火灾发生时的大气条件，比如是否有风助长火势等。

伯科威茨在阿提卡（Attica）接受采访时告诉我们，在旁观火灾时，他常常站在一旁手淫，这表明纵火通常是一种和性相关的犯罪。他谈了许多关于手淫的事，我询问他是否“手淫成瘾”。（这个问题在调查问卷中有。）

“是的。”他回答。

“直到今天？”我追问。

“对，直到今天。”一天无数次。他说他永远无法满足自己，虽然手淫能让他达到多重高潮。

由此，我立即回忆起进入监狱会议室以来发生的一切。我做的第一件事就是和他握手！尽管我知道还有好几个小时的采访等待我完成，但我已经迫不及待要出去把手洗干净了。

随着我开始理解纵火与自慰的关系，我建议探员们让犯罪现场摄影师（crime scene photographer）在可疑的大火中拍下人物群像，进而对这些照片进行研究。如果你看到一名男子正在手淫、表情呆滞，极有可能他就是你要找的纵火犯。

有一次，我向纽约警察局的探员提起这事。“这方法或许在美国其他地方也能奏效，道格拉斯。”其中一个人对我说，“但是在纽约，工作量实在太大了！在几乎任何一场大火中，观察周围人群，都会看到几个人在手淫，一些人在小便，谁知道还有什么别的恶心事！”

抛开犯罪地点不谈，将纵火作为犯罪生涯起点的危险罪犯仍然不在少数，因而我们需要以此作为工作的开端。

与公然的性犯罪一样（强奸和先奸后杀），纵火往往也是为了控制他人，取得权力，获得成就感。看看纵火犯操控的所有人吧：受害者、消防员、警方及警察局其他人员、媒体，甚至整个社会。

1980 年，我在英国的布拉姆希尔警察学院（Bramshill Police Staff College）教授一门犯罪心理侧写课程。该学院距离伦敦约一小时车程，相当于英国的联邦调查局国家学院。巧合的是，总部位于匡提科的联邦调查局国家学院距离华盛顿也约一小时车程。（不过，该学院具有英国特色，比在匡提科的联邦调查局国家学院要正式得多，这让我备感惊讶。课堂上全体学生都穿着各自的制服或警服。）我们所涉及的材料大部分都基于学生们参与过的案例，其中一个案例尤其吸引我，因为它证实了我关于连环纵火犯的早期形成、发展演变、犯罪动机的许多结论。

彼得·乔治·丁斯代尔（Peter George Dinsdale），1960 年生，出生时家庭环境极度阴郁、消沉。他的母亲是个妓女，他则患有癫痫，右臂畸形。起初，他和他的祖母住在一起，直到三年后，他的母亲才为自己和同居男友赢回了他的共同监护权。但结果不尽如人意。丁斯代尔 9 岁时放火烧了一家购物中心，后来他在一份供词中说，每次手指“痒痒”时他都会放火。13 岁时，他再次纵火，致使一人丧生。四年后，他将目标锁定为一所养老院，11 名老人葬身火海。

他个性中的其他细节与连环纵火犯完全吻合。他曾经和一名老人发生争执，因为老人指责他惊扰了自己的鸽子。后来丁斯代尔将鸽子全部掐死，然后趁老人在扶手椅上睡着时放了一把火，活活把老人烧死。此类纵火犯多数都带有强烈的幻想。19 岁时，丁斯代尔改名为李小龙（Bruce Lee），以此纪念这位自己崇拜的电影武打明星。第二年，他点燃了赫尔（Hull）的一座房子，一位母亲和她的三个孩子命丧黄泉。李在案发后的一次大规模搜捕行动中落网。他对一系列过失杀人指控供认不讳，被终身软禁在精神病院。

当被问及犯罪动机时，李回答："我献身于火。火是我的主人，所以我要放火。"

负责此案的检察官对他的评价也许更有说服力："可悲的是，这是他此生真正完成的唯一一件事情。"

我们经手的最耐人寻味的连环纵火案之一发生在 20 世纪 90 年代初的西雅图（Seattle）。

格斯·加里（Gus Gary）是烟酒枪支爆炸物管理局（Bureau of Alcohol，Tobacco and Firearms，ATF）的一名调查人员，参与我所在调查支援科的工作。他在联邦调查局地下 18 米的无窗套房里有一间办公室。

一旦犯罪侧写成功建立，且因其在破解暴力犯罪案件（如谋杀、强奸、绑架——特别是关联、连环、暴力犯罪）中所起的作用获得了尊重，我就想进一步拓展其应用领域，在其他的调查机构中推而广之，如特勤处（Secret Service）和烟酒枪支爆炸物管理局。

烟酒枪支爆炸物管理局纵火调查专员戴恩·惠索尔（Dane Whetsel）参加过一个研究连环纵火的课程。西雅图发生纵火案后，他灵机一动，认为犯罪心理侧写可能有所作用，所以他向格斯提供了犯罪现场信息，格斯再把信息提交给调查支援科。一个星期天的清晨，位于西雅图北侧郊区的两座教堂起火，华盛顿州林恩伍德市（Lynnwood）消防队特地请求戴恩·惠索尔支援。惠索尔曾担任过辩护律师，也是一名见多识广的调查员。

我们希望能通过侧写来获悉纵火犯下一次作案的场所。如果做不到这一点，或许我们可以想出一个主动出击的办法来逼他现形或迫使他犯错。格斯·加里立刻意识到，我们是在和一名老奸巨猾、经验丰富的罪犯打交道。

第一宗连环纵火案发生于 1992 年 8 月 6 日，当时遭殃的是几座施工中的住宅。调查人员后来确认，火灾是由袖珍打火机点燃沾了焦油的纸引起的。在消防部门应对这场火灾时，该罪犯又三度纵火，其目的在于把消防员们要得团团转，他想“叫”消防队去哪儿消防队就得去哪儿。

三天后，也就是 8 月 9 日，两座教堂先后着火——先是林伍德联盟教堂（Lynnwood Alliance Church），随后是三一路德教堂（Trinity Lutheran Church）。当天早上，另一栋正在施工的房屋被焚毁。

惠索尔正是在那时加入了案件调查。两个多星期后，又有两所教堂在三天内起火。劳工节（Labor Day）时，一幢办公楼着火。此后又发生了多起纵火案，目标从面包店到木材公司不等。9 月 19 日，纵火犯趁一户人家睡着时点燃了他们的房子，好在大人、9 岁的儿童和一个小婴儿都及时逃生。但这仅仅是当晚四间目标居民住宅中的一间，当时住户都在家中。

由于犯罪目标广泛，案情错综复杂。如果罪犯单单将以黑人为主的浸礼会作为主要纵火目标，哪怕不一定能得知其确切的、深层的动机，也一定能知道其显而易见的动机，然后你就可以利用侧写来缩小嫌疑人的范围。但在本案中，罪犯的目标几乎囊括了你能想到的一切建筑类型，同时最让我们警觉的是，他的犯罪呈现出一种逐步递进、不断演变的趋势。

通常来说，当警探和纵火探员挖掘出几起纵火案之间的关联时，不明嫌疑人的连环犯罪已经进行到了一定阶段。当然，我们认为，罪犯早在童年或青少年时期已经有过纵火的经历，只是无人知晓，或没有涉案人员而已。

随后，在 9 月 22 日，局势发生了进一步变化。

四自由之家养老院（Four Freedoms House）起火，三名老年妇女死亡。这场火灾最初被判定为意外事件，但在了解火灾模式及当晚发生的另两起疑似纵火案件后，我们无法排除四自由之家火灾有蓄意纵火的可能。若果真如此，且不明嫌疑人又是同一个人，我们的使命就不再是摆平房产破坏者，而是缉拿杀人凶手。

由于四自由之家火灾尚未被裁定为纵火，警方还不能确定这个不明嫌疑人是否造成了人员死亡，但财产损失已经达到了数千万美元。随着调查的展开，警方成立了一个特别调查小组，由惠索尔和西雅图消防局（Seattle Fire Department）的兰迪·利奇菲尔德（Randy Litchfield）警官担任领导。该小组由多个辖区的警察和消防部门人员构成，被称为“斯诺金纵火专案组”（Sno-King Arson Task Force），因为本案中大多数火灾都发生在斯诺霍米什县（Snohomish）和金县（King）。专案组设立了一个免费举报热线，甚至还配备了一架装有红外热成像设备的警用直升机，试图在罪犯实施犯罪时将他当场拿获。专案组将“幽灵”（Specter）作为这名罪犯的代号，并悬赏 2.5 万美元以获取抓捕该罪犯所需的信息。

不到一周的时间，即 9 月 28 日，安德森养老院（Anderson Retirement Home）发生火灾，这下警方开始怀疑四自由之家的火灾可能是一起与之相关的纵火案。幸运的是，该养老院的自动喷水灭火系统控制了火势，调查组终于获得了一些实质性线索。证据表明，纵火犯拆下纱窗，爬进房间，点燃了一条床单。纱窗上有两枚指纹，但二者都无法与指纹库中的指纹成功匹配。

在 10 月至 12 月间，罪犯加快了作案的步伐。10 月，林恩伍德市的另一栋房子发生火灾，当时这户有七个孩子的人家正在睡觉。当天夜里，斯诺霍米什县一号消防区（Snohomish County Fire District Number 1）又爆发了 6 起火灾。凌晨 3 点左右，邻居看到 93 岁的海伦·艾伦（Helen Allen）的房子着火了，于是破门而入，顺利救出了海伦。在四个小时内，一共发生了 12 起火灾。

不过当晚还有另一个潜在的突破。一辆轿车内的夫妇注意到，一名衣冠楚楚的男子下了一辆轿车，一边在两栋房子间来回走动，一边用手机打着电话。后来他回到原地，驱车离开，几分钟后，那里就发生了火灾。那对夫妇拨打了消防局的电话，并向警探报告了该男子的体貌特征。利奇菲尔德警长意识到，嫌疑人根本没有使用移动电话，而是在窃听警方的对讲机通信。

11 月 2 日，另一处住宅和两个仓库发生火灾。同一天晚上，一名男子离开酒吧，发现一辆轿车（据他描述，这是一辆克莱斯勒轿车）突然掉头，躲进了一条小路。几分钟后，他看到消防车赶到现场。目击者说，那辆车看上去是新车，车窗上有临时牌照和一张克莱斯勒广告单。在戴恩·惠索尔的指挥下，警探们跟踪调查了该地区的每一家克莱斯勒经销商以及可能制作这张广告单的所有广告公司。结果一无所获。

另一起可能的目击事件发生在 11 月 17 日。一位女性在西雅图东南约 160 公里处的电话亭中，注意到一栋空置大楼附近有一名男子。和此前的目击事件一样，烟雾和火焰很快开始滚滚而出，这名男子迅速离开了现场。女士报了警，警方立即将该男子驾驶的车辆特征分发给各警察局，随后克利埃勒姆（Cle Elum）附近有一名警官看到了这辆车开进了埃克森美孚加油站（Exxon station）。司机衣着考究，警官觉得不像纵火犯。另一名目击者邦尼·斯珀里尔（Bonnie Spurrier）称，在她旁观消防员灭火时，一名男子下了车，站到她身边。由于该男子举止可疑，她便报告了探员，探员根据她的描述勾勒出此人的心理侧写。

11 月底，一对老年夫妇家的车库起火。12 月，一座船屋发生火灾。经营该船屋的那对夫妇住在楼上，险些命丧黄泉。火灾范围超过 48 公里，一直蔓延到塔科马（Tacoma）。当地的人们成立了社区巡逻队，任何人一旦发现任何可疑行径都必须上报。

当地的探员有了一些不同寻常的重大发现。他们认为，在这起连环纵火案中，几乎每场火灾的起火高度都介于腰部和胸部之间，凶手不是直接在地板或地面上点火。同时，没有一场火灾是在天气恶劣时发生的。从这两个事实中，探员得出结论，罪犯有洁癖。根据目击者向警探的描述，罪犯驾驶的是美国轿车。由于此类轿车大多为汽车租赁公司的车辆，所以有人认为不明嫌疑人可能是一名旅行推销员。

当戴恩·惠索尔联系匡提科，请求格斯·加里和调查组介入后，我们便在某次定期案情分析会上提及了这起连环纵火案。我们全力动员了众多探员，大家围坐在一起，倾听案情分析，提出问题，对探长的分析发表批评意见，各抒己见，畅所欲言。和其他连环犯罪一样，我们尝试弄明白这种犯罪模式意味着什么——换言之，我们如何看待犯罪的演变过程。

在连环纵火案中，首先应引起注意的是目标建筑内是否有人居住，或者罪犯每次放火时是否确信目标建筑内是有人居住的。如果他的目标是无人居住的建筑，那你面对的更可能是个妨碍型纵火犯，无论他造成了多少损失。如果他的目标从无人居住的建筑转向有人居住的建筑，那么他就和犯罪手段不断升级的其他犯罪者别无二致了。他的纵火行为并没有特定的受害者，因为如果他脑海中确实有一名或多名明确的受害者，那他就不会长时间满足于这种小打小闹。任何一名纵火犯，当他确信自己纵火时目标建筑物中有人居住，他就表现出一种对社会的愤怒和敌意，要么是因为感觉受到了某种伤害，要么仅仅是因为没有得到应有的关注。与爆炸和其他的恐怖活动一样，纵火是懦夫的罪行。**纵火犯（通常是男性）想要重拳出击却缺乏勇气，甚至不具备相关的人际交往能力去和目标受害者面对面接触。**纵火案中，在罪犯眼中，受害者通常无关紧要、毫无个性、没有性别之分，而不是一个活生生的人。

相对于外发者（externalizers）而言，我们将这类罪犯称为"内化者"（internalizers）。两者的犯罪都始于幻想。区别在于，外发者直接由幻想开始行动。而对于内化者，如纵火犯、炸弹客，他们的犯案过程比外发者多了一步。内化者是独来独往的、反社会的，他们一定要将自己和其他人在情感上、位置上都隔离开来。你们要知道，犯罪没有简单或绝对的形式，内化者也可能是强奸犯或一对一作案的杀手。但如果他恰好是这两类罪犯之一，那么受害者将明显比他本人更瘦小、更孱弱且/或更脆弱——总之无力与他抗衡。另一种可能是他会谨慎地选择受害者和犯罪现场，以便发动闪电式袭击，在受害者没有防备时发动攻击，或者使受害者失去知觉或防御能力，如此一来，便不用将受害者视为活生生的人了。我常常说，所有的掠夺型罪犯在某个重要层面上都是懦夫。但是内化者是其中最懦弱的之一。

西雅图不明嫌疑人在一个晚上纵火数起，我们的结论是，这是在用他自身的优越感来嘲弄当局。据我们分析，在该犯罪模式中，罪犯会等待消防车离开消防局前往火灾现场，随后立即在这个空荡荡的消防局附近再次纵火。

后来，他成了媒体关注的焦点，开始相信自己的力量，而这种力量恰恰是他在生活的其他方面都完全不具备的。大多数情况下，他将受害者视如草芥，所以当纵火行为可能危及他人生命时，表明他对权力的渴望愈演愈烈。他并不憎恨那些人，但操控他人的生死会让他得到满足。此后的火灾更加声势浩大、更加壮观，他也会因为每一次“成功”而变得越来越危险。

每当一系列不断升级的犯罪发生时，不论是强奸、谋杀、爆炸还是纵火，都应该从早期的犯罪行为中寻找蛛丝马迹，推断出凶手可能住在哪里。这当然有助于缩小调查范围。

犯罪初期，罪犯会在自己的舒适区内作案，作案地点通常在工作地或居住地附近。他们必须确保自己感到舒适：了解地理环境，清楚逃跑路线，能混入街头人群，能回到避风港（家或其他安全的地方），必要时能用自己的方式编出一套说辞摆脱困境。如果屡屡得手，他们会逐渐自视为犯罪专家，他们的技术也会更加精湛。他们的自信和对自身力量的迷恋与日俱增，作案地点会离自己的舒适区越来越远。这就是为什么分析初期犯罪如此重要。

当地烟酒枪支爆炸物管理局的探员指出，在开头的那些火灾中，不明嫌疑人将现场获取的可燃物搭成了一个空心圆锥体，并用打火机将其点燃。探员把它称为该纵火犯的“识别标记”（signature），即这名罪犯区别于其他罪犯的特殊之处。但在联邦调查局，我们习惯将它称作“作案手法”（modus operandi，M.O）。作案手法的意思一听就明白：犯罪是以何种方式展开的。因此它是动态的。随着罪犯越发深谙犯罪之道、愈加得心应手，作案手法不断提升。如果你持枪抢劫银行，枪就成为你的作案手法的一部分。而另一方面，真正的识别标记，指的是犯罪行为给罪犯带来的情感上的满足，因而相差无几。例如，折磨几乎在任何时候都是一种识别标记。无论罪犯实施何种罪行，都无须通过折磨受害者来完成。他这么做是出于满足自身暴虐成性的情绪需求。因此，如果一名罪犯用枪胁迫受害者从而对她进行折磨，作案手法和识别标记便都明朗了。理解二者之间的差异至关重要，因为它们会反复出现在我们的工作中。随着罪犯经验不断累积、技巧更加娴熟，作案手法也会发生变化。但是，在研究不明嫌疑人的个性和动机时，识别标记是一条关键线索。

纵火犯的识别标记可能是一个特定的目标或一组目标，但西雅图纵火案的罪犯似乎没有任何特定目标，因此在这方面我们无法获得任何线索。假设除了纵火以外，他还在地上大小便，或者破坏私人财物、涂鸦，又或者公然入室行窃（特别是如果他偷走了某些能证明他具有恋物癖的东西）——以上任何一点都会成为帮助我们查案的识别标记。而此时我们手头上唯一掌握的只有案件数量以及权力表现欲的不断升级。

不过，我们对犯罪侧写信心十足，因为本次侧写是在格斯·加里的分析和我们与其他类型连环罪犯的接触上建立起来的。目击证人称，罪犯是一名二三十岁的白人男性，这与我们的预期不谋而合。纵火大体上是白人男性所为，黑人、西班牙裔或亚洲人犯案的情况不多，至少在美国是如此。根据犯罪的演变趋势，这名纵火犯如此老谋深算，年龄应该在二十大几到 35 岁之间。他对火的兴趣由来已久，可以追溯到童年早期，当时他第一次在自家附近引发了一些小小的妨碍型火灾。小时候，他会残忍地对待动物和 / 或其他孩子，还可能较晚才停止尿床。他会使用警用对讲机我们并不奇怪。他或许曾是一名警察或消防局的专家，或者曾经设想将两者之一作为自己的职业，但由于种种原因他未能如愿以偿，或被迫离开岗位，这让他对生活更加沮丧。你时常会看到这类人申请成为志愿消防队员或担任辅警，或从事其他一切能赋予他们某种身份和权威的职业。他孤独寂寞，无法维系两性关系，这也可以追溯到童年时期。在学校，他可能没什么朋友，被同学叫作怪胎，老师则说他造成了破坏性的影响，把他称作从未发挥潜力的后进生。

为了弥补自卑心理，他非常注重个人形象，总是想展现出良好的外表。如果这层外表被人捅破或自行破裂了，他整个人很容易就会崩溃。与他共事或交往的人会发现他有时候会因鸡毛蒜皮的小事大发雷霆。他会迅速责备他人，但从来不会发现或不愿承认自己做错了任何事情。据我们推断，他还对虐待类的色情作品情有独钟，特别是与奴役及其他各种类型的控制相关的色情作品。

如果目击者的证词准确无误，那么不明嫌疑人有一份体面的工作，能支撑他购买漂亮的衣服。他有一辆新车。他能够行动自如，而且十分聪明。生活中，他不是可悲的失败者，他的主要问题是自我认知出了差错。不管实际的外部环境如何，只有在统率当地警察与消防资源、将公众恐惧玩弄于股掌之间时，他才会感到自己掌控了一切。从纵火的频率和安排来看，我们认为他可能利用白天进行踩点，晚上返回现场并迅速完成纵火。这再次证明了他可能从事销售相关的工作，因为他在白天可以自由活动、自主安排时间，如此一来，既不会耽误工作，也不会引起怀疑，同时又能完成必要的踩点工作，让他成功纵火 100 多起。

我们得出结论，这一轮火灾可能是由某种创伤引发的。最常见的两个事件莫过于失业和失恋。就目前的行为而言，他周围的人或许会注意到他格外关注新闻和媒体关于火灾的报道。与此同时，他操控警方和公共设施的欲望也不断攀升。媒体的关注是一种对他的认可，但也会给他带来压力。在过去，他会通过吸毒、酗酒来缓解压力，现在他可能会重拾这些恶习。如今专案组已经蓄势待发，调查也正如火如荼地展开，他或许会找个借口离开。同时，法医学和行为证据表明，他可能是一名旅行推销员，找个借口想必并不需要费多大力气。不仅目击者称在现场看到了推销员驾驶的车辆类型，而且连环罪犯常常会选择能让他们进行远途自驾的工作。通过研究，我们发现，在罪犯的脑海中，这样的驾驶体验和狩猎极为相似，尤其是夜间驾驶。随着调查的持续推进，不明嫌疑人周围的人会觉察到他的情绪状况明显恶化。

因此，目前专案组对该纵火犯的作案手法有了清晰的了解，此外还有罪犯的大致心理侧写、对犯罪车辆的大致描述、格斯从匡提科送来的犯罪侧写。接着，格斯来到我的办公室，我们一道商量该对探员处理侧写信息的方式提出哪些建议。

侧写信息最重要的用途之一是帮助当地警方缩小嫌疑人范围，更为精确地锁定嫌疑人，如此一来，他们就可以将警力用在刀刃上，取得最大收益。在一些情况下，侧写信息的另一个关键作用是让警方得以采取更积极主动的方法，让公众成为破案的伙伴。正如我们所见，罪犯（尤其是炸弹客）会向身边的人表现出某种行为，暗示他们和犯罪有所牵连，这几乎不可避免。只要能够让人们注意自己看到的行为、知道这些行为背后蕴含着什么、愿意站出来发声，你就能成功破案，终结这一系列的犯罪。

我们认为在西雅图纵火案中也该使用这一方法。1993 年 1 月 27 日，斯诺金纵火专案组召开了一次新闻发布会，发布了行为侧写得出的大体结果和各项要素。

“此人缺乏自信心。”戴恩 · 惠索尔称。

“他的家庭状况可能不太正常。有迹象表明他可能患有精神疾病，如精神分裂，也可能只是根深蒂固的情绪障碍。”惠索尔补充说，“放火让他大为振奋、备感刺激。”

这场新闻发布会后来还指出，导致罪犯纵火的情绪创伤可能发生在 7 月底的某个时间。“或许有人认识这个罪犯。勇敢地站出来吧。”兰迪·利奇菲尔德说道。

21 岁的本·凯勒（Ben Keller）是西雅图太平洋大学（Seattle Pacific University）的一名学生，他恰好在电视上看到了这则新闻，而且他越看越紧张。罪犯的心理和行为侧写都像极了他的哥哥。哥哥保罗·肯尼斯·凯勒（Paul Kenneth Keller）是父亲开办的当地广告公司中的一名旅行推销员。第二天他给姐姐露丝·瓦克尔（Ruth Wacker）打了电话。姐姐也在同一家公司就职，她的丈夫普雷斯顿（Preston）恰好是斯诺霍米什县的副治安官。本建议她查看保罗的加油小票，看看他在 11 月 17 日有没有经过克利埃勒姆。

露丝惊慌失措地说出了“**有**”。

同一天，他们的父母乔治·凯勒（George Keller）和玛格丽特·凯勒（Margaret Keller）正在阅读《埃弗雷特先驱报》（*Everett Herald*）关于上述新闻发布会报道。其中一则报道的标题为“警官称：有人认识这个罪犯”（*Officials: Someone Knows This Person*）。他们同样为儿子保罗和警方心理侧写的相似之处而忧心忡忡，更因为他与行为侧写高度契合而如坐针毡。保罗 27 岁，离异。1992 年 7 月，申请破产给他的情绪带来了沉重打击，乔治称之为对他“个人的致命一击”。即便如此，保罗依旧打扮整洁。他自幼便对火兴趣浓厚，却两度在想要成为志愿消防员时遭到拒绝，他知道西雅图市区中每一个消防局的位置。

当天，乔治·凯勒勇敢地走进了埃弗雷特消防局（Everett Fire

Department)，并与探员沃伦·伯恩斯（Warren Burns）进行了交谈。这恰恰如我们所愿，并且证明了一定有人拥有解开谜团所需的信息。伯恩斯又联系了斯诺金纵火专案组，并让老凯勒与惠索尔和利奇菲尔德取得了联系。我读过一份乔治·凯勒写给探员的证词，其中讲述了他的担忧因何而来，他告诉探员保罗小时候就有种种情绪问题，八九岁时他便在自家附近一栋闲置的房子纵火。他曾经在商店行窃时被抓获，欺负弟弟妹妹，还和父母大吵大闹。他过去在埃弗雷特一家公司做会计，直到五六年前，在他的办公桌离奇着火后，他被辞退了。汽车的疑团解开了：保罗确实开了一辆克莱斯勒出品的新车，但那是道奇牌，不是克莱斯勒牌。目击者说看见了克莱斯勒广告单是因为记错了。事实上，车窗上的广告单是凯勒广告公司自己制作的，这辆车是从他们的一个客户那里租来的。

乔治·凯勒和探员没有向保罗透露任何消息。但在乔治的全力配合下，专案组开始将保罗作为嫌疑人进行严密审查。保罗的手机记录显示他曾在多场火灾发生地附近出现。目击者看见罪犯对着形似手机的物体说话，警方认为那是个对讲机，而我们则觉得他可能同时把二者拿在手中。保罗也告诉过父亲，在本案中的一些房屋起火时，他就在现场亲眼见到了火灾。我们认为这一切都十分可疑。

乔治·凯勒向专案组提供的信息大有作用，对在匡提科的我们来说也是十分振奋的。他说，大约在一年前，自家的广告公司购置了一台昂贵的相机，保罗要求将其用于个人项目——主要是自驾环游整个华盛顿州，拍摄老火车、现代消防和急救服务设施——这是他的两大爱好。过去他总是把照片拿给父亲看，但在追捕纵火犯的细节信息公之于众后，他便收手了。乔治说这与儿子的个性极不相符。

保罗开车次数很多，车子磨损严重，还常常因为交通事故和超速收到罚单。除了热衷于寻找消防局和收听警方对讲机里的紧急广播外，他还在后备厢里放了一件黄色的消防员出勤外套。乔治说，当对讲机中传来发生大火的消息时，保罗会放下手头上的一切事情奔赴火灾现场。他的几名朋友和家人都指出曾经在多场火灾中看见过他，而且他为了快速抵达火场，至少有一次差点开车撞上别人。

乔治·凯勒对保罗的描述几乎可以成为我们的心理侧写结果，和我们所提出的犯罪发展模式契合得天衣无缝。据乔治所言，他的儿子虽然聪明伶俐，却极度缺乏自信。无论是工作时还是生活中，保罗都穿着得体，对头发和胡子的打理达到了近乎痴迷的地步，但他却常常忽略刷牙等基本个人卫生。

他对任何可能损害自身公众形象的事情都非常敏感，如果发生丝毫让他形象受损的事情，他可能会瞬间勃然大怒，对恰巧在附近的人进行辱骂。接着，在转瞬之间，他就可以扭转情绪，变得迷人至极。尽管他不擅长处理挫折，但他可能有着温柔体贴的一面，尤其是对老年人。他是教堂唱诗班里的一员。

保罗打小说谎功夫一流。他十分好动，时常做出父亲眼中不合时宜的举动，比如在其他孩子摔倒受伤时哈哈大笑。他总是折磨自己的弟弟妹妹，从伤害他们中获得满足。有一次，他把高尔夫球撒在地板上，然后让年仅一岁的本在球的缝隙间行走。本摔断了腿，很长一段时间半身都打着石膏。乔治回到家中时经常发现玛格丽特因无力管教保罗而泪水涟涟。似乎所有的管教和惩罚对他都起不了任何作用。他宛若对自己的行为问题视若无睹。相反，他总是指责父母站在露丝和本那一边。尽管乔治觉得随着年岁的增长保罗有所长进，但他发现保罗还是会和弟弟妹妹争吵并辱骂他们。别人都是错的，他永远错不了。

在校期间，保罗始终独来独往，没有任何交心的朋友。乔治记不得他在高中有没有交往过女朋友。他虽然很聪明，但学习成绩很差。他常在课堂上捣乱，公然捉弄同学。有一次，他用铅笔捅了前桌的后背。

由于对儿子的行为感到绝望，凯勒夫妇寻求了专业咨询，但却没有效果。他们将他送去参加一个针对问题少年的男孩农场项目（Boy's Farm program），但在经历了一次严重的食物过敏后，他只好离开。

他从八九岁时便开始放火，对弟弟妹妹和其他孩子的残忍行为开始得就更早了。那是凶杀案三要素中的第二点。从侧写的角度来看，其他细节同样具有趣味性和可预测性。保罗对上大学不感兴趣，高中毕业后他便在西雅图北部的安保公司找了一份工作。他有了自己的制服，开上了闪着警灯的车，感到非常自豪。但他丢掉了这份工作，此后又屡屡被辞退，都是因为和同事处不好关系。之后，他在光骑士雨篷公司（Light Rider Canopy Company）担任会计时，办公桌神秘着火。

1989 年夏天，保罗在教堂遇到了他未来的妻子，尽管他没有接触过多少女性，但他还是决定娶她为妻。她的叔叔在埃弗雷特消防局工作。不过，蜜月过后不久，保罗就告诉父亲，自己做了错误的决定。两年后，保罗和妻子离婚，他再次感到非常孤独。

乔治在自己的家族广告公司中给他安排了一个岗位，他成了一名成功的推销员，但他还是动辄大发脾气。因此，1992 年 8 月，情况变得十分严重，乔治给他写了一张便条，说如果他再不寻求心理咨询以平息自己的怒气，他的饭碗可就不保了。玛格丽特支持乔治的做法，还和保罗进行过一次针锋相对的通话。这可能是加速凶手犯下系列纵火案的压力源。作案时机自然与之吻合。

现在，掌握了这些侧写信息和个人经历，我们必须扪心自问：**为什么？**这是本书的核心问题。凯勒夫妇看上去是关心孩子、充满慈爱的优秀父母，他们三个孩子中的另外两个都成长得很好。但如果我们仔细观察保罗的背景，我们确实会发现一个早期的创伤，它可能影响了保罗今后的人生走向。

在埃弗雷特总医院（Everett General Hospital），保罗出生后不久，玛格丽特的母亲（保罗的外祖母）便注意到孩子浑身是血。由于脐带过早脱落，保罗发生了大出血。急诊手术虽保住了他的性命，但后来他也因此患上了多动症。多年的专家治疗和各种类型的药物均收效甚微。

这场医疗紧急事件是不是保罗极度渴望掌控自己人生的关键，从而导致他与人为敌、做出反社会行为呢？我不知道。没有人知道，但这是我们会持续面对和思考的问题。我们所知道的是，尽管保罗的父母已经竭尽全力，保罗还是和周围环境格格不入，无法控制自己的愤怒和沮丧。诚然，他无法控制自己的冲动情绪，但同样肯定的是，他所做的事情确实是他自主的选择。依我所见，他父亲说的那番话应该引起重视：他可以在极短的时间内完成从对人恶语相向到可爱迷人的转变。他之所以有这种表现、之所以犯下那些罪行——背后动机，如果你不介意我这么说的话——是因为它们给了他某种程度的满足感，让他从沮丧和愤怒中抽身，而这是其他任何东西都无法给予的。

通过对保罗·凯勒的生活进行秘密调查，我们发现了与该类型罪犯的侧写相符的其他细节。他在酒吧、按摩店和成人录像店花费了大量的时间和金钱——导致他遭受了破产的毁灭性打击。但即便凡此种种，加上犯罪发展过程的连贯性，探员仍然缺乏确凿证据定保罗的罪。没有罪犯的自白，检察官们一筹莫展。因此我们帮助专案组的探员制定了一项策略，希望能促使罪犯认罪。

正如我们所预测的那样，凯勒夫妇注意到儿子的情绪日趋恶化，他们开始担心他可能会自残或自杀。与此同时，不出我们所料，1993

年 2 月 5 日，他告诉父亲他打算去加州探望一名认识的女性。探员不得不闻风而动。

1993 年 2 月 6 日早上 6 点 30 分左右，斯诺金纵火专案组成员在保罗·凯勒位于林恩伍德的住所内将其逮捕。虽然专案组成员认为他对近 100 场火灾都难辞其咎，但他们以其中证据最为确凿的三场作为逮捕理由：1992 年 11 月 2 日的仓库纵火案和住宅纵火案，以及新年当天的另一起仓库纵火案。

在警车开道和警笛鸣响中，他被带到了专案组的总部。换言之，他们要让他觉得自己在某种程度上很重要。总部大楼内，县消防局局长里克·伊斯特曼（Rick Eastman）盛装相迎，换上了他通常只在官方葬礼上才穿的正式制服。就像我过去常常建议的那样，为了达到最佳效果，审讯地点经过了一番布置。布告栏上贴着警方的画像，旁边是保罗的照片和一个写着“已确认”（IDENTIFIED）字眼的标识。

但是，我们建议中的关键因素是确保保罗的父亲在场。如果说保罗的一生中有什么权威人物，那便是父亲乔治。乔治在审讯室与儿子见了面，并拥抱了他。然后乔治说了一些话，大意是：“一切都结束了，孩子。他们知道发生了什么，所以你必须说出真相。”我们认为，如果保罗觉得他不必再对父亲隐瞒真相，他在向探员坦白时会更没有负担。

下一个阶段是让探员表达他们对他的钦佩之情——他多么出色，他真是个纵火大师——此举是为了进一步强化先前警车开道带来的效果。这个策略奏效了。一开始，他承认了专案组清单上的一些火灾是自己所为。渐渐地，在此后的几个小时里，他开始吐露了越来越多的纵火细节。在坦白的过程中，他说他并不以自己的所作所为为荣，请求不要将他送进监狱。他说自己是受到了酒精的影响，怪罪蒙受火灾的业主将可燃物随意放置。你可以想象出我的看法：这就好像一个强奸犯为了开脱自己狡辩说是受害者自己想要被强奸一样。

“我不该被关进监狱。”保罗在认罪时如是说，“我的意思是，我可以用保险或者其他东西来赔钱。”

一个月后，保罗·肯尼斯·凯勒正式承认 32 项纵火罪，又承认放火 45 起，并被斯诺霍米什县高级法院法官凯瑟琳·特朗布尔（Kathryn Trumbull）判处 75 年监禁。后来当有证据表明四自由之家那场烧死三名女性的火灾和他脱不了干系时，金县高级法院法官吉姆·贝茨（Jim Bates）判处其附加刑 99 年（数罪并罚）。

检察官克雷格·彼得森（Craig Peterson）指出，“显而易见，让保罗·凯勒逍遥法外并非安全之举”。我只希望每个对本案能施加影响的人都能形成和彼得森一样的认识——虽然惩罚和改造似乎同等重要，但最重要的是不能让这样的人流窜街头。

保罗因连环纵火被判刑，当他大声朗读道歉信时，他至少在一定程度上表现出了负责的态度。

他对受害者们说：“我不否认我的任何行为，也不否认它们的严重性。但是在读了你们的一些证词后，我才知道你们觉得我是想伤害你们、杀掉你们。没有比这更离谱的了。我目前处于发现和诊断自己内心矛盾的过程中。”他继续说道，“对自己的失望让我做出这一系列举动，与你们无关。”

后来他说：“我请求消防局和警察局的原谅。在你们当中，没有一百个也至少有几十个人，知道我对于火灾和紧急医疗服务（EMS）的关心和兴趣是很合理的。我从来没想扭曲这两种兴趣。对于你们承担的风险和付出的代价，我深感抱歉。失去众多挚友也让我十分痛苦。对那些始终把我当作好友的人来说，谢谢你们还感念旧情，深入我的内心。”

如我所言，他承认了部分责任，也表现出了一定的见地。但当他说伤害和杀害都不是他的本意时，实际上向我们传达的消息是，他完全没有把潜在的受害者当作人来对待，以至于可能造成的死亡对他来说都不是问题，哪怕在他朝养老院放火时也是如此。如果他属于一种不同类型的犯罪分子，更加自信、更加勇敢的那种，那我认为他会更具破坏性——比如，剥夺被强暴女性受害者“人”的属性，将其肢解、杀死，而不会把她和“人”联系在一起。同样的道理，如果他有着不同的生活经历，如技术或军事背景，他或许能成功把纵火应用于制造和安置炸药。如果他成为大卫·伯科威茨那样的神射手，那么一把威力强大的手枪可能会成为他的首选武器，而不是一个简简单单的打火机。

在接受独立电视节目制作人布赖恩·哈尔奎斯特（Brian Halquist）的采访中，谈及为自己的罪行承担责任时，保罗声称他在 12 岁时曾遭一名志愿消防员性侵，似乎想以此来解释并开脱自己的罪行。需要注意的是，保罗的父亲说他是从八九岁开始纵火的。

此案中真正的英雄之一乔治·凯勒一收到 2.5 万美元悬赏就立即将它转赠给林伍德三一路德教会的理查德·劳斯（Richard Rouse）牧师，那是保罗烧毁的教堂之一。“我失去了儿子。生意亏损了数十万美元，”乔治在新闻发布会上说，“我为做正确的事付出了代价。”

我向他的正义之举致敬。

罪犯的背景、受教育水平、职业经历会反映在犯罪类型上，罪犯的个性也会体现在具体犯罪细节之中。例如，我们可以把归类和分析强奸罪的方法运用到纵火案上。

我们可以将人格不全的“妨碍型纵火犯”和“权力确认型强奸犯”

进行类比。此类强奸犯患有性功能障碍和社交障碍，通过强奸使他确信自己的力量和价值，常常在事后立刻感到内疚。他甚至可能在离开现场前向受害者道歉。另外，如果一名纵火犯在人口密集的居民公寓纵火后，看着人们夺窗而出、奔走逃命，感到了快乐和满足，那么他就相当于“权力宣扬型强奸犯”，顾名思义，即他对别人的侵犯源于他痴迷权力、喜欢控制他人。他会是非常暴力的强奸犯，并以看到受害者哭泣和受苦为乐。

与其他任何暴力犯罪一样，纵火的细节会引导你找到犯罪动机，你也会因此了解罪犯的人格类型。但是，请记住，任何妨碍型纵火犯，当他的生活状况或情绪发生恶化，他的犯罪行为都有可能升级。首先发生改变的是他的幻想，这也解释了为什么强奸犯和纵火犯通常一开始都是偷窥狂（Peeping Toms）。

我发现探员和其他执法相关人员经常混淆“动机”（motive）和“意图”（intent）两个词，意图只是指做出某种行为是深思熟虑的结果，即有意识地选择犯罪。动机则是指罪犯纵火的原因。**我们频繁遇到的纵火的基本动机有七种：欺诈；纵火狂；掩盖其他罪行；虚荣纵火；恶意或报复；政治；青少年纵火。**

这些动机中的每一种都代表了具有鲜明侧写要素的不同罪犯。

欺诈（Fraud）纵火多是专业人士的勾当——通过制造看似偶然的火灾谋取不义之财。欺诈纵火最常见的目的是骗取保险金，动机很明确：金钱利益。其他欺诈纵火的动机也一样明了，如消除竞争、进行恐吓或保护。有时候，从事欺诈纵火的老手会让火灾看起来像是儿童无意引发的，从而让人们不再关注真凶及其真正动机。在调查一个疑似欺诈纵火的案件中，你首先要注意的是可能的动机：焚毁这栋建筑能让谁获得什么好处？举例说明，是不是房东觉得制造一场火灾能让自己不待见的租客或廉租客搬走，然后再转手卖掉这栋楼，从而获得更可观的收益？你必须仔细观察，考虑所有的可能性。

纵火狂（Pyromania）被定义为无法抑制的纵火冲动。与大多数暴力犯罪或潜在暴力犯罪不同，男性和女性都可能成为纵火狂，尽管二者的犯罪特征不同。男性纵火狂的犯罪地点通常远离住所及其周边，其犯罪行为具有一定的模式。女性纵火狂引发的火灾通常规模更小，且发生在自己的住所内或周边，作案时间多为白天。有趣的是，这些差异也与男性和女性在不适应行为方面的差异有关。如前所述，男性倾向于引人注目，把火撒在别人身上，而女性倾向于自我惩罚和自我毁灭。不同于其他的纵火犯，真正的纵火狂极少具有攻击性。他们也许想找人倾诉，如果处理得当，可以让他们认识到自己患有精神疾病，需要专业帮助。

用于掩盖其他罪行的纵火（Arson to conceal other acts）可能是白领犯罪，也可能是暴力犯罪。腐败的商人或公司高管可能想烧掉那些反映股票亏损或其他欺诈行为的会计记录。纵火可以用于快速转移人们对其他犯罪活动的注意力，比如越狱。纵火也可能用于掩盖入室行窃，让警探偏离正确的探案轨道。或者，最严重的情况下，通过烧毁犯罪现场或尸体，可以掩盖谋杀并 / 或销毁谋杀证据。当汽车的熊熊大火被消防员扑灭后，显现出受害者烧焦的尸体，这也是毁尸灭迹。如果有人通过烧毁自己所在的房屋自焚，我们认为这也属于用于掩盖其他罪行的纵火。有时，一起纵火案具有多重复杂性，举例来说，当一场欺诈纵火（如骗保）被设计成看起来像是为了掩盖入室行窃的纵火时，将导致调查工作偏离真正的重点。这和其他类型设计好的犯罪现场一样，通常也会留下线索。如果怀疑一所私人住宅可能是业主为了骗保而故意烧毁的，我会做的第一件事就是查看那些无可替代的个人物品（如相册）是被一起烧毁了，还是已经被提前转移了。

就在我们进行本章的写作时，华盛顿特区郊区乔治王子县（Prince Georges County）发生了一起骇人听闻的案件。周三，凌晨 3 点半刚过，两名男子和一名女子进入安德鲁斯空军基地（Andrews Air Force Base）附近的一家通宵营业的甜甜圈店，强迫三名店员蹲在地上，再用猎枪把他们击毙。两人当场死亡，一人身受重伤，靠装死捡回一条命。罪犯非常冷静，当中枪的三名店员在后台一动不动地躺在地上、血流不止时，一位女顾客走进店里，罪犯伪装成工作人员，把甜甜圈卖给她，然后让这位（幸运至极的）女士离开。从犯罪的行为证据可以看出，罪犯原本就计划在抢劫过程中将店员杀害。但他们的计划不止于此。他们动身离开前还烧毁了店面，试图掩盖自己的罪行。最终将当局引到现场的是火灾警报。

近日，发生在拉斯维加斯的一起案件以一种极为可怕的方式将我们目前谈论的许多内容联系在一起。一名 45 岁的男子被捕，其罪名包括谋杀、绑架、性侵、纵火及骗保（烧毁自己的房车，企图伪造自己的死亡，从而骗取人寿保险金）、性侵儿童而后逃避法律制裁。他搬到另一个州，还改变了身份。当时在房车中被烧死的另有其人。

我们所说的“虚荣纵火”（vanity arson）有两大类。第一类是“利益虚荣”（profit vanity），它同时是一种间接欺诈。看门人希望通过加薪来改善人们对这份工作的印象。消防员希望不用频繁倒班，当班时间更加合理。第二类是“英雄虚荣”（hero vanity），它往往与纵火狂有关。警察或消防员想要表现出英勇的一面。公民希望引起他人的注意。年轻男子为了打动女友，于是先放火烧了楼房，再来个“英雄救美”。保姆为了挽救孩子的生命，故意给孩子创造危险情境。正如你猜想的那样，和那些动机更为传统的纵火犯相比（操纵、支配和控制受害者），接受治疗对于这类人往往更加有效。

恶意或报复纵火（Arson for spite or revenge），源于仇恨、嫉妒或其他不受控制的情绪，可能是所有蓄意纵火中最为致命的。它通常在夜晚发生，可能造成重大人员伤亡或财产损失。犯罪动机常常是爱和/或性，如阻止爱人拈花惹草或报复前任。犯罪目标通常是公共聚集场所，如酒吧、酒馆、小酒店、迪斯科舞厅。与大多数犯罪相比，恶意或报复纵火的凶手往往是女性或男同性恋者，这不是因为他们更愿意选择纵火，而是因为他们更不倾向于用刀或枪来了结恩怨。因此，当需要诉诸武力应对恶意或报复时，这类人更乐于让火代劳。恶意或报复纵火的其他动机包括劳务纠纷、宗教或民族对立、种族偏见（如美国南部的黑人教堂曾遭到燃烧弹焚烧）。

一名女子在离婚前不久放火烧了丈夫的汽车和财物，这便是恶意纵火的案例。不久前，在底特律有这样一个案子，一名 18 岁的女性真实还原了电影《待到梦醒时分》（*Waiting to Exhale*）中的场景——她在美容院的一次对话中发现男友对她不忠，于是放火烧了他的新款雪佛兰蒙特卡洛汽车（Chevy Monte Carlo）。面对审讯，她告诉警方，当时电影场景突然浮现在她的脑海里——安格拉·巴西特（Angela Bassett）饰演的角色贝纳丁（Bernadine）把丈夫的东西塞进他的宝马车里，然后在他离开她后把它们统统烧了。纵火地点在哪、受害者是谁——凡此种种都需要仔细研究。

政治纵火（Civil disorder and political arson）也许是由一名罪犯独立完成，也可能是犯罪团伙对社会的激愤情绪及压力做出反应的结果。在这种情况下，破坏财产被用作一种社会抗议或显示群体力量的武器。种族暴乱、贫民窟骚乱、为抗议战争而发动的游行和无政府主义活动都属于这一范畴。与其他类型的纵火相比，暗示的力量在政治纵火中发挥着更加关键的作用。随着人群逐渐兴奋起来，滚雪球效应就产生了。此类纵火通常也包含了其他动机。看似是政治纵火，实际上可能掩盖了仇恨和报复、抢劫或其他破坏行为。或许我们很难找到合适的方法来处理这些犯罪，因为难以把它们归咎于一个人身上，而且之前未参与纵火的团伙常常为昭显自己的动机或获得公众的赞誉而冒认纵火。

谈到青少年纵火（arson by juveniles or adolescents），男生和女生都天生对火有一种好奇，一般会在4岁到12岁之间表现出来。纵火者越年轻，则火灾由好奇而起的概率越大，不是出于恶意和有犯罪意图。青少年纵火的线索之一是，这些好奇之火通常发生在卧室壁橱、床铺底下、地下室或阁楼中的槽隙、门廊下、小巷中，也就是说，不是为了把火灾闹得人尽皆知。在这些情况下，我们需要的是家庭咨询或专业帮助，而不是起诉或惩罚孩子。当然，我们会通过观察整个行为模式来确定犯罪动机。纵火者年龄越大，问题就越严重，还涉及许多其他动机，如复仇、虚荣、掩盖其他罪行等。作为纵火的动机之一，蓄意破坏公物可见于从幼儿到成人的所有年龄段，但儿童的纵火行为纯粹是出于无所事事。我们对青少年纵火案最主要的两个法医学考虑是犯罪的复杂程度和嫌疑人的行为模式。当然，我们也会考虑犯罪目标本身。如果目标是一栋大楼，罪犯（甚至是年轻罪犯）确信其中有人居住，想要通过纵火对别人造成伤害，那么你就需要解决严重的人格问题及执法的困难。

在匡提科，我们的行为科学科和刑侦处的目标之一是将犯罪心理学从一门晦涩难懂、因精神病医生和其他治疗师的专用术语而发展缓慢的学科转变成一门对警员、探员和其他执法人员而言实用且有用的学科。同时，我们在连环作案者访谈和研究中得出了关于罪犯类型划分的重要见解——根据作案手法的一般特征、犯罪现场条件、犯罪前后的行为等，将罪犯分为有组织型（organized）、无组织型（disorganized）或混合型（mixed）。这种分类方式也适用于纵火犯、强奸犯、杀人犯和其他暴力罪犯。

有组织型纵火犯的动机最可能是牟利，或者掩盖其他罪行，又或者他是一个训练有素的"纵火达人"。无组织型纵火犯一般较年轻、不太老练、孤僻、感到被人拒之门外。他可能酗酒或吸毒，几乎没有朋友，而且倾向于在自家附近（他的舒适区）放火。犯罪计划、组织或掩饰犯罪的复杂程度、犯罪方法等因素都表明不明嫌疑人的组织程度。

早在1983年，我所在的部门接到一个请求，让我们调查康涅狄格州哈特福德（Hartford，Connecticut）的一系列火灾。同年8月的一个星期里，有人放火烧了伊曼纽尔（Emanuel）和年轻以色列（Young Israel）两所犹太教堂，以及年轻以色列教堂的犹太教士所罗门·克鲁普卡（Solomon Krupka）在西哈特福德的家。年轻以色列教堂的通话记录显示，有人往一家位于得克萨斯州达拉斯（Dallas，Texas）的脱衣舞酒吧拨打了大量长途电话。

当时我忙得不可开交，所以指派了探员戴夫·伊科夫（Dave Icove）和布莱恩·麦基尔韦恩（Blaine McIlwain）跟我一起工作。他们都是部门的新人。戴夫刚从田纳西州（Tennessee）回来，他在那里开发了一个名为"纵火信息管理系统"（Arson Information Management System，AIMS）的计算机程序。

8月17日，在哈特福德首轮纵火案发生后，康涅狄格州议员琼·克姆勒（Joan Kemler）的住宅被大火吞噬，她是伊曼纽尔教堂的活跃成员。大火是在赎罪日（Yom Kippur）当天凌晨5点45分左右燃起的，那是最庄严的犹太圣日。考虑到所有四个目标之间的宗教联系以及最后一次纵火的时间，地方当局和西哈特福德社区的许多公民认为此次纵火是仇恨犯罪，动机是反犹主义。

我不太确定。

9月下旬，哈特福德警方在一户犹太人家的后门上发现了一张便条，写着："这个犹太人的房子是下一个目标"，上面的字是从杂志和报纸上剪下来的。但是火灾并没有发生，而且其作案手法与此前完全不同，所以我们都认定这出自一个胆小的模仿者之手，他只是借别人的行为来展示自己的宗教偏见。

年轻以色列教堂发生的那场火灾火势很小，最开始的火源是垃圾桶里的火柴。后来不明嫌疑人又点燃了主礼拜堂的窗帘。在伊曼纽尔教堂，帷幔也被烧了，三本藏在圣所的圣柜里的教规也被烧了。在犹太教士家中，罪犯把汽油倒在后门和后门台阶上，并用火柴点燃。在克姆勒的住宅外发现的空汽水瓶里曾装过汽油，水泥地基被浇上了汽油，再用火柴将其点燃。

尽管这场连环纵火案明显带有敌对、反社会、令人不安的性质，案中的每起火灾都不是精心策划的犯罪，而且似乎也无意造成太大的损失。相反，它们看上去像是企图引起别人注意的年轻人做的。因此，我认为聚焦第一宗纵火案至关重要，因为它可能发生在不明嫌疑人的舒适区内。

戴夫·伊科夫将所有案件中犯罪的发生地用点标注，绘制了一张地图，当他完成后，我们对地图进行了研究并得出结论：此人可能存在人格缺陷，并居住在案件中心点的附近。我们认为他可能接近20岁或20岁出头，不善社交，性格孤僻，和母亲或双亲生活在一起，可能没有前科。

在我们看来，这个案件难度并不是非常大。我们认为最可能的情况是，不明嫌疑人是第一个被烧毁的犹太教堂的成员，但当时的情况下大家对于这种猜测并不太接受。实际上，一个如此稚嫩的罪犯能这般悠然自得地从犹太教堂拨打电话，这就告诉我们，他在那里继续待上一段时间一定不会有麻烦。布莱恩的书面资料指出，不明嫌疑人似乎是从右到左焚烧《妥拉》（即《圣经》前五卷）卷轴。这个奇怪的现象表明，罪犯可能精通希伯来语，因为希伯来语不同于西方语言，是从右向左书写和阅读的。这本身并不是仇恨犯罪，而像是一个年轻人对权威的反抗。当探员和犹太教士谈论这件事时，他说他认识一个住在戴夫绘制的地图的中心点附近的人。

此人名叫巴里·多夫·舒斯（Barry Dov Schuss），17 岁，是年轻以色列犹太教堂的成员，来自一个传统犹太教家庭。1983 年 12 月 14 日，面对四项二级纵火罪的指控，他没有提出抗辩，自愿投案自首。他承担了全部责任，但无法解释自己为什么纵火。被捕时，他是当地一家医院的精神病患者。他承认了两项二级纵火罪和两项三级纵火罪——减少了两项，因为当火灾发生时，教堂内空无一人。舒斯被判处 14 年监禁外加 5 年缓刑，不过法官以他在一家私人精神病院接受住院治疗为由，推迟了监禁开始的时间。在这种情况下，我赞成法官的判决。获得帮助后，这个孩子就不会继续犯罪了。这类罪犯真正需要的是理清自己的生活，因为最容易被他置于危险之中的人可能正是他自己。

经历了这么多后，我尽量让自己充满希望。

1986 年，新墨西哥州克洛维斯警察局（Clovis，New Mexico，Police Department）的雷·蒙德拉贡警长（Detective Sergeant Ray Mondragon）联系了我，希望匡提科能协助起诉一个名叫爱德华·李·亚当斯

（Edward Lee Adams）的 24 岁男子，他在那年早些时候强奸并谋杀了一名 81 岁的女性。亚当斯还受到指控说奸杀该女性后还放火烧了该女性的房子。他的审判定于下个月进行。

任何强奸或谋杀都是可怕、残忍、令人厌恶的，我会竭尽所能帮忙将罪犯绳之以法。蒙德拉贡在匡提科接受过培训，包括我教的一门课，从而得以了解我以及我所在部门的工作。在那些日子里，我是行为科学科的项目负责人，负责犯罪心理侧写和咨询。我对这个案子感兴趣还有另外几个原因。尽管我来自纽约长岛，但我碰巧在克洛维斯及其周边地区度过了四年时光，我先是在坎农空军基地（Cannon Air Force Base）服役，后来去了波塔莱斯（Portales）的东新墨西哥州立大学（Eastern New Mexico State University）。正是在新墨西哥州，我遇到了联邦调查局探员，他让我产生了进入联邦调查局工作的兴趣。此外，本案中的纵火显然是在另一起犯罪的背景下发生的，这也激发了我的兴趣。我想尽我所能了解这个案子，于是自告奋勇地把活揽下了。

通常情况下，控方主要希望我或我的同事回答这一问题：**为什么？**一旦犯人落网，这个问题似乎就不那么重要了，但在法庭上起诉时，这是一个非常重要的考虑因素。如果弄不明白动机是什么，陪审团成员常常难以相信有人会犯下那样令人发指的罪行。如你所见，我们有充分的理由认为辩方会试图混淆这一点。

埃迪·李·亚当斯受到的指控如下：[1]

1986 年 1 月 31 日上午，81 岁的奥拉·坦普尔（Ola Temple）在家中被人先奸后杀，随后被焚尸。消防队员在卧室的床上发现了受害者的尸体，双脚悬在一旁。她的眼镜和胸罩都在房子的其他地方。

1　埃迪是爱德华的另一种称呼。——编者注起初，人们以为此次火灾纯属偶然，因为发现坦普尔夫人时她躺在自己的床上，而且据说她平时总在那里抽烟。但关键因素在于：法医发现她血液中的一氧化碳含量极低，意味着她必然在火灾发生前就已经死亡。后续的尸检确定她死于扼杀（尽管辩方提出她实际上死于心脏病发作）。除了颈部骨折和喉部受损外，她还有三根肋骨骨折，在阴道中发现了明显的遭到性侵的痕迹。有目击者称看到亚当斯曾在坦普尔的住所附近走动后，亚当斯就被当成嫌疑人了。最近，当得知亚当斯曾经犯下类似的强奸案且得到假释后，警方便对他格外注意。警方在搜查亚当斯的住处后发现了确凿的物证，包括一个烟蒂——是坦普尔夫人平时抽的牌子。他嘴唇上的伤口与她试图自卫时造成的伤口相符。

虽然亚当斯对自己的犯罪事实供认不讳，但他还是找到了一种否认全部责任的方法，这和他在前一次强奸案中的做法如出一辙。在第一个案件中，他企图声称是那名妇女强奸了他；在坦普尔案中，他辩称自己无意杀害她，而她的伤口是在他发现她停止呼吸、试图给她实施心肺复苏时造成的。

由于我负责确定行为模式，所以首先我想知道亚当斯之前被定罪的细节。

1978 年 7 月 30 日上午 10 点 30 分，16 岁的亚当斯闯入一名 47 岁妇女的家中，强奸并抢劫了她。根据受害者的描述，亚当斯从后面抓住她，命令她“安静点，不然我杀了你”，然后把她带进卧室，脱掉她的衣服。这对我来说是任何行为分析中最为重要的一个因素。在床上，他在实施强奸时在她头上蒙了一个枕头后强奸了她。其间有一次他向她索要停在屋外的一辆车的钥匙，她说自己没有。他还问她要钱，她说如果他答应离开，她会把钱全部给他。他走到另一间卧室去拿她的钱包，返回前取走了里面的钱，又说要杀了她。他用拳头抵住她的喉咙，但外面的声音分散了他的注意力。当他再次起身，试图查看声音的来源时，她跑到了另一个放了枪的房间。看到枪后，他便逃之夭夭。

在第一个案件中，亚当斯也是在目击者于案发现场附近发现他后落网。他符合受害人的描述，警察逮捕他后，她对他进行了指认。他告诉警察，是那个女人让他进了她家，然后拔枪指着他，强迫他和她上床，后来她从钱包里拿出钱给他。他说，因为他抓住她持枪的手并掐住了她的脖子，所以她才受了伤，后来枪掉到地上，他便松手了。接着他跑出房子，离开前把钱扔下了。他后来供认了与受害人证词中的事件，承认犯有刑事性侵犯和严重入室行窃罪。

根据之前的研究，我知道罪犯一开始不会从这两种罪行着手。当我调查亚当斯的背景时，犯罪侧写开始浮出水面，这个侧写我们很熟悉，同时又暴露出罪犯的缺陷：支离破碎的家庭、时常与父母分居、一个管束不了他的祖母、劣迹斑斑的犯罪记录能追溯到小时候，且其严重程度不断升级。我不希望看到这种人逍遥法外。

因此，我飞到阿尔伯克基（Albuquerque），租了一辆车，开了大约320公里到了图克姆卡里（Tucumcari）的地方法院。我见到了地方检察官大卫·博内姆（David Bonem）和他的检控团队，让他们知道了在亚当斯决定出庭作证的情况下，他们该做什么、该如何向陪审团揭露亚当斯的真实个性。

当时我还扮演了另一种战略角色，即在辩方召集精神病医生或心理学家出庭以减轻亚当斯的罪责或弱化其犯罪意图时，充当专家证人。如果真的出现了这种情况，我会受到传唤，依据行为证据和之前那次强奸案中亚当斯给我的印象，对他的真实犯罪动机进行证明。

在为期五天的审判结束时，亚当斯被判犯有七项罪名：性侵罪、纵火罪、篡改证据罪、严重入室行窃罪、抢劫罪、绑架罪和一级谋杀罪。陪审团只花了大约一个半小时的时间进行审议。事实证明，没有精神科医生出庭作证，所以我无须进行反驳。当辩方律师发现博内姆打算让我干什么时，他们显然放弃了减轻亚当斯罪责的计划。不过量刑阶段倒是变得饶有趣味。

亚当斯为什么要如此对待这个女人？如果他再次出狱，再犯的可能性有多大？他是否会继续遵循某种行为模式？这是一种手法复杂的犯罪，还是一种具有欺骗性的非法闯入，只是因为罪犯连一名老年女性都控制不了而使得局面急转直下？

这些是地方法院法官鲁本·E. 尼夫斯（Reuben E. Nieves）面临的一些问题。

检方打算判处亚当斯死刑，而在新墨西哥州，这意味着他们必须拿出罪犯有“恶劣情节”。博内姆准备将亚当斯先前被定罪的细节作为证据，并传唤受害人出庭作证。自从亚当斯承认参与了那次犯罪，那个女人就再也不用作证指控他了。辩方强烈反对让她在这里这样做，坚持说先前的事件与这次的罪行无关，亚当斯仍然声称这是一次意外死亡。因此，尼夫斯法官和律师们及亚当斯进行了一次会谈，将会谈过程用照相机拍摄了下来。经过那次谈话，我才得以给出我的分析。如果我能让法官相信这两起罪行是相互关联的，并且代表了一种行为模式，也可能指向他未来的行为模式的话，那么我们就认为，应该让前一位受害者讲述自己的经历。亚当斯体型庞大、长相凶蛮，我还记得当我们在房间里时，他全程一直在嘲笑我。

辩方试图辩称，他们的当事人对所发生的一切感到后悔，也可以被成功改造，而控方和我对这两点都不赞成。在我看来，这就引出了法医心理学家斯坦顿·萨姆诺（Stanton Samenow）博士的问题：你指望如何**改造**一个一开始就从未**得到塑造**的个体？亚当斯在获得假释仅仅**一周**后便杀害了奥拉·坦普尔。听了庭审证词，我推断亚当斯对年长者的攻击象征着他对祖母的抗议，他觉得祖母没有妥善对待他。

亚当斯并不是一个非常聪明的人。但他能实施高水平犯罪。这并不是两起“平白无故发生的”强奸抢劫案。从行为证据来看，两起案件都有着缜密的作案手法。两起抢劫都在白天发生于女性受害者家中，她们的年龄都比罪犯大得多，案发时她们都是独自一人。两起案件中，他都是通过欺骗的手段进入受害者家中。他都在受害者的脸上蒙上了一个枕头，用拳头抵住受害者的脖子并掐住她们，抢走她们钱包里的钱，并威胁说如果她们不与他发生性关系，他就要了她们的命。也许这一系列举动是临时起意，但同样的情况不可能发生两次。他原本打算杀死第一个受害者，但当她顺利拿到了枪后，情况就变得棘手起来。坦普尔太太不能有力地自卫，这表明第一次犯罪的经验让他学会了如何选择受害者。之前的错误让他锒铛入狱，于是他明白了，必须杀死受害者，不留下任何幸存者或目击者，以绝后患。我曾和众多凶手谈论他们作案时的心理活动和思维过程，因此我知道，亚当斯在两次攻击中都没有试图掩盖或伪装自己的脸，这一点非常重要。假设一个暴力的、权力宣扬型或虐待狂型的强奸犯在行凶时不抱有杀死受害者的意图，他通常会试图遮住自己或受害者的脸，以防日后被认出。而这两起案件中，亚当斯都没有这样做，同时亚当斯的行为又表现出了高度的组织化和强烈的控制力，我认为他的谋杀意图由此可见一斑。

当犯罪现场小组勘查坦普尔的住处时，电话铃响了。蒙德拉贡警探接了电话，但电话另一头的人什么也没说。他怀疑打电话的可能是凶手，这一预感在亚当斯的供词中得到了证实。这向我们提供了一个至关重要的信息：他在监控着局势——显然标志着这是一名经验丰富、有组织型的罪犯。

然后我们来了解这起纵火案本身。如果我们探究纵火的所有可能动机——纵火带来的刺激、报复坦普尔给他造成的伤害、种族仇恨或怨恨（亚当斯是黑人，受害者是白人），那么其中仅有一种可能说得通，即通过纵火掩盖另一种罪行。

事实上，埃迪·李·亚当斯的犯罪手法非常娴熟，他放火烧了房子，企图毁掉所有证据，但这并不像他期望的那般圆满。他之所以拨打警方的电话，我认为原因之一是他想确认下自己有没有被抓住的风险，这样他就可以返回现场，再次把火点燃。与本章中的其他罪犯不同，亚当斯纵火时似乎不掺杂任何个人情绪。于他而言，纵火不是他的识别标记，不是他必须完成的任务，他必须要完成的是强奸和谋杀。这场火灾构成了他明确的作案手法的一部分。假设亚当斯没有被缉拿归案，假设他在强奸和谋杀坦普尔后逃脱了法律制裁，那么我认为，在他今后所犯的强奸和谋杀案中，纵火无疑将成为他作案手法中的一项常规操作。同时，由行为证据及犯罪发展模式看来，他在今后仍会再犯。他的第一个受害者是一名中年西班牙裔妇女，第二个是一名上了年纪的白人妇女，可见他对受害者没有特别的偏好。他只是一个犯罪分子，将侵略行为施加给女性群体——只要碰巧能让他得逞的都行。

在听取了双方观点后，尼夫斯法官对首次犯罪在确立行为和意图模式上的作用深信不疑，他决定让第一名受害者在陪审团面前作证，以供他们考虑量刑建议。

那次开庭，大家的情绪都非常激动。那女人回忆起八年前发生的事，号啕大哭，几乎话都说不出，其他听众也潸然泪下。辩方没有进行盘问。然后，当雷·蒙德拉贡准备作证时，亚当斯突然站起来，大声喊道："你没必要让这可怜的女人再回忆一遍那件破事！博内姆，你现在就给我打针。"他指的是注射死刑。亚当斯的律师没法让他坐下来并保持安静，尼夫斯法官宣布休庭。

陪审团建议判处死刑，法官也是这么判的，但该判决的有效期仅为一个月。1986 年 11 月，州长托尼·安纳亚（Toney Anaya）即将卸任，当时新墨西哥州共有五名死刑犯，全部获得减刑。次年 2 月，尼夫斯法官在亚当斯原有刑期的基础上加上了 28 年——在坦普尔一案中，他受到七项指控，每项判处四年——因为他是惯犯。

"州长的行动证实了他和我们的看法一致，即死刑只不过是蓄谋暴力杀人的戏剧性公开场面。"美国民权同盟（American Civil Liberties Union）反死刑项目负责人亨利·施瓦茨蔡尔德（Henry Schwarzchild）对美联社说。

我不打算对死刑展开详细讨论，但在说出以下观点前，我必须停顿足够长的时间：不管你的伦理观点如何，把死刑称为"蓄谋暴力杀人"在道德层面令我极为反感，它将凶手和受害者置于同一水平，因此轻视了有罪者和无辜者之间的关键区别。我们对奥拉·坦普尔的亏欠不止于此。一旦我们忽略了社会中这个重大的区别，那么我们真的是玩火自焚了。

现在我只记得，当时我希望安纳亚州长在实施这一大胆的政治行动时，花同样多的时间去思考这五个杀手的动机和意图，就像我对埃迪·李·亚当斯那样。但我对此表示怀疑。

CHAPTER Ⅲ
第三章

MAGNUM FORCE
紧急搜捕令——利用心理侧写术识别抢劫犯

犯罪现场、目击证词或尸检报告中的行为证据，但凡有助于警方缉拿不明嫌疑人的任何信息，我和我以前的同事们都会一一研究。在这个过程中，我们会进行犯罪心理侧写，试着提出我们推测的犯罪动机，即为什么会犯下此种罪行？如果我们很幸运地抓到了凶手，就可以把我们的分析和他自己陈述的犯罪动机作对比。这往往是一件很有趣的事，因为他的想法和我们的推测有时不太吻合。

这并不难理解。被指控的犯罪分子如果承认仅仅为了得到强烈的控制感、权力感和快感就强奸并杀害了一个孩子，那么他和他的辩护律师自然胜算不大。因此，如果你作为被告，并无法反驳犯罪事实的话，你最好像埃迪・李・亚当斯那样做出解释，博得同情和理解，好让陪审团和审判法官能再给你一个机会。你一定是受了某些东西的强烈**蛊惑**，才会犯下那种滔天罪行。如果没有那种蛊惑，你绝对不会做出那样残忍的行为。

我们都习惯了听到有人把糟糕的童年当作引起犯罪的借口。我常说，一个受虐待的或不正常的环境可以解释为什么一个人长大后会变得不正常、阴郁或是精神错乱，但是这不能让一个人在对他人实施了暴力犯罪行为以后还可以得以开脱或免受惩罚。

但是过去几年里，还有一个所谓的影响因素或是可减轻罪责的因素开始流行，那就是媒体。随着媒体对整个社会的影响力越来越大，这种因素变得无处不在。因此，我们在剖析动机的时候应该也考虑到这一点。

简而言之：人们会通过看电视或看电影得到犯罪灵感，从而实施犯罪吗？电影、电视、书籍、色情影片或杂志会让一个普通人变得对女性和儿童实施暴力吗？电视节目和故事片中的大量暴力情节会让整个社会变得麻木不仁，以至于无法区分是与非、好与坏，或失去控制冲动的能力吗？

经过多年的研究和观察，我认为媒体会给犯罪分子提供灵感（作案手法和识别标记），媒体也可能影响那些本就有犯罪倾向的人，还可能让我们所有人对真实发生在我们身边的恐怖事件变得麻木不仁。但是除了一些特殊情况外，媒体（包括色情作品）并不会让一个良好市民或守法公民实施暴力反社会行为。让我们通过我在匡提科讲过的几个案例来看看媒体和暴力犯罪之间的几种不同关系吧。

1976 年 6 月 4 日，在佛罗里达州的迈阿密海滩（Miami Beach），一个 82 岁的寡妇埃莉诺·哈格特（Elinor Haggart）在家中被枪杀。两个窃贼闯入她家作案时碰巧让她撞见了，其中一个是她的邻居——15岁的罗纳德·萨莫拉（Ronald Zamora），和14岁的达雷尔·阿格雷拉（Darrell Agrella）。萨莫拉是个高中生，瘦瘦的，身高1.6米，是来自哥斯达黎加（Costa Rica）的移民。在被捕后，他两次供认是他枪杀了哈格特太太，但是他的两次供词并不相同。

两个凶手对案件的缘起说法一致，尽管既无录音为证，也无书面证词。萨莫拉和阿格雷拉是朋友，都需要钱。他们知道萨莫拉那个年老的邻居家里有钱，所以就破门而入，接着他们发现了一个装满现金的信封和一把0.32口径的左轮手枪。哈格特太太回到家时，发现了他们，就说要报警。萨莫拉和阿格雷拉让她别报警。从这里开始，萨莫拉的两份供词就有不同了。

第一份供词中，萨莫拉称他枪杀哈格特太太是个意外。“我不知道发生了什么，”他说，“枪就走火了。”她伤得很重，想要喝威士忌。但萨莫拉拿酒回来时，她就倒下身亡了。

第二份供词在迈阿密海滩警察局的保罗·兰塔宁（Paul Rantanen）警官看来更加真实可信。供词中，这两个年轻人和哈格特太太交谈了大概一个半小时，他们还把威士忌和水倒在一起，调好了给她喝。哈格特太太给他们看了她自己和她已故丈夫的照片。萨莫拉和阿格雷拉认为她已经同意不报警了。当她最后还是要报警的时候，萨莫拉用枕头裹着枪然后开枪杀了她。根据两份供词，接下来他们就洗劫了哈格特太太的家，并且从他们能想到的每个地方都擦掉了自己的指纹。最后他们带着哈格特太太的几样东西跑了，其中包括两台电视机。

接下来发生了一件既有趣又讽刺的事情。萨莫拉的庭审成了佛罗里达州首个通过电视报道的庭审现场，这是佛罗里达最高法院授权的一个为期一年的实验的一部分，这也是第一个在美国各地电视台播放的杀人案庭审现场。为萨莫拉辩护的是著名辩护律师埃利斯·鲁宾（Ellis Rubin）。萨莫拉杀了他的邻居，这是毫无疑问的。因此，鲁宾打算以精神错乱为由为他做无罪辩护，他说萨莫拉看了太多电视里的暴力画面然后就疯了。在对陪审团所做的开庭陈述中，他说他将会说明“一个电视迷的诞生和毁灭”。

鲁宾还采用了一种极聪明的公关手段，他希望让演员特利·萨瓦拉斯（Telly Savalas）来证明他的那部大热侦探电影《侦探科杰克》（*Kojak*）可能对年轻的犯罪分子造成的影响。萨瓦拉斯接到了法庭传票，虽然他觉得对该案无所贡献，但他还是接受了传唤。在巡回法庭法官保罗·贝克（Paul Baker）不再允许萨瓦拉斯作证之后，他就不再担任证人了。辩护律师带来的一个心理专家向法官表示她没听说过因为看了电视节目而杀人的案件，然后她也不再被允许继续作证了。尽管这样，鲁宾还是把电视塑造成萨莫拉的“老师”“洗脑者”“催眠者”。他称他的当事人“不能辨别他是在电视剧里表演，还是真的在参与一场冷血的、有预谋的谋杀”。

辩方想方设法请来了精神病专家迈克尔·吉尔伯特（Michael Gilbert）博士做证人，他说：“扣动扳机事实上是一种条件反射，这是因为他对电视的‘习惯’和对《侦探科杰克》这类暴力犯罪节目的热衷引起的。”吉尔伯特表示，萨瓦拉斯扮演的角色是萨莫拉心目中的英雄。他一听到枪响，看到受害人倒地，脑海中就闪过了《侦探科杰克》中的一个场景。吉尔伯特说萨莫拉十分沉迷于《侦探科杰克》，甚至让继父做了一个和萨瓦拉斯一样的发型。

被告的母亲约兰达·萨莫拉（Yolanda Zamora）作证称：她儿子在杀人案发生的前几周就想自杀。她说那年春天他已经做过心理测试，结果表明他确实有自杀倾向。她在听证席上泪流满面，说她的儿子总是在看电视而不和任何人说话。

原告律师传唤了四个十几岁的男孩子，他们证明萨莫拉在杀人后的几个小时，开着哈格特太太的车带他们去迪士尼乐园玩。他用身上带着的一沓几百元纸币付了游玩的费用。男孩子们并不知道车和钱都是哈格特太太的，更不知道萨莫拉已经杀了她。

萨莫拉被判一级谋杀。起诉人汤姆·黑德利（Tom Headley）并没有要求判处他死刑，但埃利斯·鲁宾还是要求宽大处理，他称萨莫拉因为过度沉迷于电视中的暴力片段，精神上不太正常，还有自杀倾向。他请求法官贝克撤销判决，根据处理青少年犯的程序处理萨莫拉。法官还收到了由萨莫拉的许多同班同学签名的请愿书，请求法官宽大处理。但是贝克并没有推翻陪审团的裁决，他以杀人罪判处萨莫拉终身监禁，而且前 25 年不得假释，他还以入室行窃和袭击罪判处萨莫拉 53 年的监禁。宣布判决时，法官指出，尽管辩护人要求宽大处理，但由于犯罪性质恶劣，这个案件一开始就被少年法庭移交到成人法庭了。

达雷尔·阿格雷拉对被判二级谋杀并无抗辩，因此他虽然被判处终身监禁，但和萨莫拉不同，他在前 25 年可以假释。

1978 年的春天，萨莫拉和他的父母向美国广播公司（ABC）、哥伦比亚广播公司（CBC）和国家广播公司（NBC）提出民事诉讼，要求 2500 万美元的赔偿。他们称这些公司播放的暴力节目“教会了容易受影响的青少年……如何杀人”。同一时间，美国最高法院批准了加利福尼亚（California）一宗对国家广播公司和其旧金山加盟电视台提出的诉讼，这一诉讼是由一个 9 岁女孩的父母提出的。在电视台播放了电影《我本清白》（*Born Innocent*）后，这个女孩连续几天遭到性侵，而她的遭遇和电影中描述的犯罪情节如出一辙。1978 年 8 月，美国地方法院法官威廉·M. 赫费勒（William M. Hoeveler）驳回了萨莫拉的上诉，他表示鲁宾并没有证明这些公司有何过失，做出有利于萨莫拉的判决无异于出台无法贯彻的广播新规。（关于《我本清白》的诉讼之后也被驳回了。）

萨莫拉还是声称这是别人的罪，他请了新的律师罗纳德·古拉尔尼克（Ronald Guralnick），请求重新开庭审理此案，理由是第一次庭审时的辩护律师不称职。但是，在 1979 年 12 月，法官弗雷德里克·巴拉德（Frederick Barad）认为鲁宾已经达到了“合理有效性援助”标准，于是否决了重新开庭的请求。

电视节目让萨莫拉变成了行走的暴力机器，那么他的罪行有哪些因素是受电视节目影响的呢？有标志性的行为有助于我们确认辩方提出的有关动机的诉讼吗？

本案绝非绝无仅有，而且可悲的是，本案的基本事实并不罕见。在美国社会中，无论在过去还是现在，这都是一种典型的针对老年人的犯罪。在进行犯罪心理侧写时，我们的一个基本原则是：受害人年龄越大，犯罪分子年龄就越小，除非犯罪分子选择的受害者和他的作案手法表明他有比较丰富的犯罪经验，比如埃迪·李·亚当斯。当我们想要确定暴力案件中不明嫌疑人的年龄时，我们通常以 25 岁为基数，然后根据其犯罪的老练程度或增或减。如果受害者是 70 多岁或 80 多岁的老年人，我们会把初始预计年龄定在十几岁，尤其是与性相关的案件（上述案件与性无关）。一个丧偶的独居女性是犯罪分子的首选目标，她需要依靠他人来收拾屋子，这些人大多是年轻人。她可能不便外出，所以会把现金放在家里。如果一个孩子想要钱，相比于一个几乎毫无抵抗能力的年迈妇人，还有谁会是更好的选择呢？

重点是我们知道了起初那个案件的动机是贪婪，这一点很明显而且很有说服力。当时，罗纳德·萨莫拉是在知道哈格特太太不在家的情况下溜进她家的，他自称打算偷点钱和其他东西。这一选择与过度沉迷于电视这一论点相互矛盾，因为沉迷于电视中的暴力场景只会促使他去抢劫一个没有人住的地方。他的犯罪动机与他在《侦探科杰克》或其他电视节目里看到的暴力画面无关。事实上，如果萨莫拉那么认同《侦探科杰克》的主角以至于让他的继父剪个和主角一样的发型（甚至有传言说他还想让继父模仿萨瓦拉斯吃棒棒糖），那么他应该会打击犯罪而不是去实施犯罪。

但是当萨莫拉和他的同伙入室行窃的时候，是什么促使他杀了哈格特太太呢？当哈格特太太意外返回时，他明显感到惊慌失措。你大可以说媒体已经让他对暴力和谋杀带来的恐惧麻木了，但我要说的是：我们整个社会在很多情况下都对暴力麻木了。就算暴行发生在我们周围，我们也会听之任之，这也包括了新闻报道。当然，我并不是说新闻媒体不应该报道真实发生的事情。但不争的事实是：麻木滋生了暴力，暴力反过来又滋生了社会的麻木。

因此，你可以振振有词地说罗纳德·萨莫拉是被电视里的暴力画面变得麻木的，但是那会让他麻木到不知道开枪杀害一个老妇人是错的吗？这根本不可能。我这辈子还没见过这种事，也绝对没有任何数据可以证明这一点。萨莫拉一定知道抢劫是不对的，然后他为了不让抢劫给自己惹上麻烦就杀了人。

这就是一场祸端的所有组成部分，年轻的、没有经验的犯罪分子突然面对一个他从来没有预料过、思考过或计划过的情形。混乱之下还冷不丁冒出了一把枪，他从电视上知道这个东西可以暂时帮他解决现在的困境，于是惨案就发生了。如果当时现场没有枪，他也可能用别的方式杀了受害者，只是那样可能更困难、更耗时。就算是他有一把刀，他也得逼近受害人，手刃受害人才行。许多年轻的、“胆小如鼠”

的犯罪分子才不会这么做呢。罗纳德·萨莫拉案给我们的第一个教训就是，如果我们真的知道案件动机是什么，我们就不能把责任推给媒体，怪它们蛊惑了犯罪分子。此外，在我们开始要禁止暴力画面前，我们应该研究一下我们刻画的是什么：暴力本身。我认为，潜在的犯罪分子接触手枪的机会应该比接触《侦探科杰克》之类电视节目的机会要小得多。

如果一名罪犯确实是从媒体中获得杀人或伤人的念头，这往往十分明显。我的同事罗伊·黑兹尔伍德（Roy Hazelwood）是匡提科现代行为科学的先驱之一，他曾经应邀参与调查了一个发生在德国的案子。在这个案件中，一个美国军人残忍地杀害了他的妻子和孩子，他的犯罪手法全部出自于一本侦探杂志。我们之所以知道这一点，是因为我们在电视机顶上发现了这本杂志，打开着的那一页就描述着和犯罪现场相同的杀戮场面。同样的武器，以同样方式摆放着的女人尸体，整个案件都和杂志中描写的如出一辙。

该案的证据显而易见。毋庸置疑，如果没有受到杂志里的故事影响，这起案子就不会以这样的方式发生。同样，毋庸置疑，如果凶手没有看到这本杂志，他还是会杀了他的妻子和孩子，他的犯罪手法可能会基于别的杂志、电影或他自己变态的想象。

罗伊认为，所谓侦探杂志的极大危险就是一种他称作“暴力色情化”的东西，即在反社会的、具有暴力倾向的读者脑中建立暴力和性冲动之间的联系。1986 年，他和全国知名的法医精神病学家、曾任 FBI 调查支援科顾问的帕克·艾略特·迪茨，还有精神病学家兼法学教授布鲁斯·哈里（Bruce Harry）为《法医学杂志》（*Journal of Forensic Sciences*）写了一篇具有里程碑意义的论文，题目是“侦探杂志：性虐狂的色情作品？”。在他们的研究中，他们调查了各种各样的杂志封面、插图和故事情节。他们持最强烈批评意见的一点是，这些杂志总是没完没了地把传统色情图片（如衣着清凉的美女）、性行为描写与暴力图片和无辜受害者无助地忍受痛苦的图片编排在一起。作者们还发现了某些性暴力犯罪分子的幻想和杂志里的照片、故事之间有着直接联系，这些杂志在大多数杂志摊都有卖，未成年人也能容易地买到。

他们严谨地指出：“尽管毫无疑问地，侦探杂志为性虐待的幻想提供了丰富的源泉……但是我们说的这些案子并不能证明是侦探小说‘引发了’性虐待或其他虐待行为。”但他们也对色情图片和暴力图片总是放在一起这样一种现象感到担忧，它们可能会让容易受影响的年轻人在脑海中把这两者联系到一起。

这篇论文在执法界和法医精神学界引起了巨大的关注。同时，在这篇文章的影响之下，有关杂志出版商纷纷改变封面主题、拒绝使用过于露骨的施虐一受虐图片。这一切都是非常正面的发展态势，也让人觉得未来可期。但是，我们要记住，无论在此类案件中，还是在我们尚在调查之中的其他案件中，媒体并没有导致犯罪，媒体只是起到了影响公众、渲染细节的作用，这一点很重要。媒体不会让本没有犯罪动机的人产生犯罪动机，犯罪动机来自更可怕的内心深处。

以下也是一个臭名昭著的案子。在这个案子中，动机原本就有，媒体只是提供了其中一个重要的犯罪细节而已。

1974 年 4 月 22 日下午 6 点左右，两名 19 岁的空军士兵戴尔·塞尔比·皮埃尔（Dale Selby Pierre）和威廉·安德鲁斯（William Andrews）抢劫了犹他州奥格登市（Ogden，Utah）的一家高保真音响设备店，这时这家店正准备打烊。他们强迫两个店员：20 岁的斯坦·沃克（Stan Walker）和 18 岁的米歇尔·安斯利（Michelle Ansley）进入地下室，并把他们绑了起来。就在这时，16 岁的科特尼·奈斯比特（Cortney Naisbitt）正好到店里向沃克道谢，此前沃克帮助过他，于是两个抢劫犯也把他逼进地下室并把他绑在了那里。

这两个犯罪分子不仅抢了现金和小设备，还花了一个多小时的时间把音响设备装在一辆小货车上。他们听到后门传来了脚步声，于是就埋伏在地下室里，来的人是斯坦 43 岁的父亲奥伦·沃克（Orren Walker），他来店里看看本来早就该关店的儿子为什么还没回家。皮埃尔冷不丁冒了出来，拿着枪逼着他进了地下室，那里还关着其他人质。皮埃尔明显躁动不安，他朝地下室的墙上开了两枪，这让米歇尔和科特尼十分恐慌。米歇尔恳求他们不要杀她。斯坦·沃克让他们拿着想要的东西离开，说没有人会认出他们。没有证据显示在这个煎熬的过程中，人质们有过任何反抗或是对两个抢劫犯造成过身体上的威胁。

皮埃尔让安德鲁斯从小货车上拿了个东西来，那是一个用纸袋包着的瓶子。安德鲁斯从里面倒出了一种蓝色的液体，盛在一个塑料杯子里。他命令奥伦·沃克让躺在地板上那三个人把杯子里的东西喝了。奥伦拒绝了，皮埃尔就把他的手和脚都绑起来，让他脸朝下趴在地上。就在这时，科特尼 52 岁的妈妈卡罗尔·奈斯比特（Carol Naisbitt）来店里找他。两个抢劫犯抓住了她，把她绑起来放在她儿子旁边。

皮埃尔和安德鲁斯强迫每个人质喝下杯子里的东西。为了便于吞咽，他们还让人质坐了起来。皮埃尔告诉他们这是一种加了德国安眠药的伏特加酒。受害者咽下液体后就开始咳嗽、恶心并伴有强烈的窒息感。于是，奥伦假装已经咽了下去，并模仿其他人，做出痛苦的动作。液体烧伤了他们的口腔内部和喉咙，只要是液体溅到过的皮肤都被烧伤了。皮埃尔试图用胶带封住每个受害者的嘴，但由于他们嘴唇上立刻就起了水泡，胶带粘不上去。由于对毒药的发作速度或效果不满意，他走向卡罗尔·奈斯比特，朝她的后脑勺开了一枪，接着又朝她的儿子开枪。他在很近的距离内朝奥伦·沃克开了一枪，但没有打中，然后他朝斯坦·沃克开了一枪，接着又回去朝奥伦开枪。

米歇尔·安斯利仍在求他们不要杀她，然后皮埃尔松开了她，把她带到地下室的另一头，强迫她脱去衣服，然后一次又一次地强暴她。随后，他把米歇尔带回了其他人躺着的地方，让她脸朝着地趴着，然后残忍地对着她的头开了枪。由于不确定奥伦·沃克是否死了，皮埃尔又试图用从店里的音响上剪下来的电线勒死他。但奥伦还没有死，皮埃尔又往他的耳朵里插了一支钢笔，接着用军靴后跟猛踩，直至它刺穿了奥伦的耳膜和喉咙才肯罢休。

当晚 10 点过后不久，有人发现了受害者们。沃克太太和他的小儿子林恩（Lynn）到店里疯狂地寻找斯坦和奥伦，林恩踢开了门。他们大声呼救，但是斯坦和米歇尔已经当场死亡。卡罗尔被送往急救室后不久也死亡了。奥伦和科特尼奇迹般地活了下来。奥伦的内脏严重烧伤，耳部也大范围损伤，科特尼则需要住院治疗 266 天。那种蓝色的液体是一种下水道工业清洁剂，其中的活性成分是盐酸。

在这起可怕的案件发生后不久，警方接到了一个知情人的电话，这是一名空军士兵打来的。他说几个月前，安德鲁斯曾向他吐露过："这些天我要去抢劫一家高保真音响设备店，不论谁要阻止我，我都会杀了他们。"

在接到这个电话几个小时后，两个小男孩在希尔空军基地（Hill Air Force Base）皮埃尔和安德鲁斯的营房附近的垃圾桶里发现了受害者们的钱包和手提袋。现场的探员碰巧在匡提科听过我们的课，他深知，只要有助于缉拿嫌疑人，必要时可以综合运用侦破技巧与直觉。根据他所学过的罪案调查知识，他认为两个嫌疑人有很大可能就在垃圾桶周围旁观的人群中。

他用一把很长的尖嘴钳从垃圾桶里夹出可能的证据以免破坏它们。每一次他觉得自己可能发现了什么证据的时候，他都会把证据在同事和众人面前清楚地展示一下，再把它装到证物袋中。他注意到围观的空军中有两人明显焦躁不安。他们来回走动，在营房里进进出出。后来，他告诉我，光从两人的举止就可以感觉得到这两人可能是嫌疑人。事后证明这两人正是皮埃尔和安德鲁斯。探员所使用的这种方法当时我们还未正式命名，但现在我们把它称为“主动出击技巧”。这名侦探因表现优异获得了司法部褒奖。我们在匡提科的这帮人也感到由衷的欣慰，因为事实证明他从我们这里接受的培训是行之有效的。

皮埃尔和安德鲁斯被捕了，警方搜查了他们的住处。他们在地毯下面发现了那家高保真音响设备店的传单和一份储物间的租赁合同。在储物间里警方发现了赃物和用了半瓶的下水道清洁剂。

戴尔·皮埃尔和威廉·安德鲁斯都被判一级谋杀并处以死刑。第三个人基思·罗伯茨（Keith Roberts）因为参与抢劫被判入狱，最后获得假释。1987年8月，皮埃尔被执行了注射死刑，这是1977年加里·吉尔摩（Gary Gilmore）被执行枪决后美国犹他州的第一例死刑案。据说吉尔摩被带去行刑时，曾大喊：“皮埃尔和安德鲁斯，我们地狱见。”犹他州监狱守卫报告称吉尔摩是笑着说这句话的，皮埃尔和安德鲁斯没有笑，只是一言不发地听着。

安德鲁斯的死刑在最后关头被延缓了好几次，直到1992年7月20日才最终被执行注射死刑。那时他已经37岁了，当了18年的死刑犯。国际特赦组织（Amnesty International）和全美有色人种协进会（NAACP）等组织都抗议对安德鲁斯执行死刑。他们认为安德鲁斯不是扣动扳机的人，而且这个案子里有种族主义的色彩，因为所有的被告都是黑人，而所有的受害者都是白人，整个陪审团也都是白人。他们提到，犹他州被判恶意杀害黑人的许多白人都没有被判处死刑。比如约瑟夫·保罗·富兰克林（Joseph Paul Franklin），他在1981年杀害了两个和白人女性一起慢跑的黑人，但没有被判处死刑。

不用说，每次看到一级谋杀案的法律程序中有明显的不公平之处时，我都会十分烦恼。我希望死刑能够更公正、统一地执行，坦白来说，还要更快执行。这样我们就不用再去争论威廉·安德鲁斯这样的人是否应该被判注射死刑，他虽然没有用枪杀人，但是他为了致受害者于死地，用自己的方式对他们执行了“注射死刑”。安德鲁斯和皮埃尔是真正的凶手，这一点毫无疑问，所以反对死刑一说与本案毫无关联。而且从他们的犯罪动机中，我们可以清楚地知道，不论谁是真正开枪的那个人，这两个人深知不论何时、不论何人都无法阻止他们杀人。

“我参与了抢劫，我抢劫的时候只是单纯地想抢劫，”安德鲁斯告诉《今日美国》（*USA Today*），“但是发生了太多事情，每一件事都超出了我能控制的范围。”实际上，他和皮埃尔模仿了一部电影里的情节。安德鲁斯从小货车里拿出下水道清洁剂的时候，他觉得他们会用它做什么呢？

这个残忍的案子后来被称为“高保真音响店谋杀案”。我在国家学院里也讲过这个案例，也把它收录在《犯罪分类手册》（*Crime Classification Manual*）一书中。两名凶手受审时说，他们是从前一年上映的一部电影中想到的用下水道清洁剂犯罪的点子。他们非常喜欢这部影片，前后看了两三遍。

高保真音响店谋杀案中的环境和电影场景不完全相同。这部影片讲的是旧金山警察局警探哈里·卡拉汉（Harry Callahan）的故事。

根据我们在《犯罪分类手册》中所作的分类，高保真音响店谋杀案是一起滥杀型重罪凶杀案，凶杀案是在实施重罪的过程中犯下的，滥杀则是因为凶手是打算在抢劫的时候杀人，而且他们事先不知道谁会是受害者。我觉得这其中也有施虐型谋杀的成分，这是另一个单独的分类，因为当戴尔·皮埃尔给受他操纵、支配和控制的受害者们施加身体上和情感上的痛苦时，他似乎得到了一些情感上的满足。而且他残忍地强暴了其中一个受害者，这一行为与他偷盗财产的动机毫无关系。只是机会就摆在那儿，所以他就做了。年轻女子恳求他饶命可能让他从自己的行为中获得了更大的满足感。

从过程上来说，这次犯罪是经过精心策划的。我们知道他们为此次犯罪计划了数月之久；他们找了一个储物间来藏赃物；选择了他们认为一天之中最不会被打扰的时间实施抢劫；他们还用了一个从电影中学到的好方法来除掉目击者，那部电影他们很喜欢，看了不止一遍。

皮埃尔和安德鲁斯在犯罪时有受到媒体的影响吗？在非常具体的层面上，他们的确是有受到影响。但是他们早就决定了要作案，后来他们做的只是在寻找作案手法罢了。在他们所提到的电影中，那个妓女被迫喝下下水道清洁剂后没有反抗就死掉了。这是一个多好的除掉目击者的方法啊，这个方法很干净也很容易，不用冒险开枪，引起他人的警觉，而且也不用因为血溅到了衣服上还得清理血迹。

但是，真实生活与虚构并不相同，电影里有许多东西都是如此。真实生活中的受害者们并没有立刻死亡。场面混乱不堪。清洁剂令他们窒息、恶心、呕吐，他们还因此大声嚷嚷。因此皮埃尔无论如何都得开枪杀了他们。法医查明，清洁剂会让吞服者通通丧命，但过程可能长达 12 个小时。

关键在于，这两个残酷成性的凶手无论看到或听到什么，都不会停止犯罪。媒体的影响在于细节。然而，并不是媒体让戴尔·皮埃尔和威廉·安德鲁斯变成这样的恶魔的。如果我把这个案件当作一个尚未查明的案件来进行犯罪心理侧写，我是否看过或了解过那部电影都没有什么区别。因为行为本身就可以说明一切。

有趣的是，如果凶手还没有像当时一样被抓获的话，我们就可以在执法过程中使用“主动出击技巧”，利用媒体影响案件结果。我并不是指对媒体进行操纵或误导，我说的只是利用媒体将案情分析公之于众，然后解释其重要性。

如果高保真音响店谋杀案尚未告破，凶手不止一个人这一点也很明显，因为一个人断断不可能控制五个人，更不用说他还得凭一己之力搬运又大又笨重的音响设备并把它们装上车。从这些线索和我们处理其他类似案件的经验来看，我们就可以推断出两个（也可能是三个或四个）凶手中有一个是主犯，负责发号施令和控制人质。被强奸的受害者的尸体显示只有一个凶手残忍地、施虐般地性侵了她。

通过这些我们可以构建出案件主犯的犯罪心理侧写并通过新闻媒体把这个信息公之于众。然后我们会公开关于这起案子的另一个推测，即这是一个失控的共同犯罪案件；我们知道个中玄机，因此我们十分确信案子一定会告破。曾经让案件场面失控的主犯会再次失控。他害怕同伙或同伙们会崩溃，因此他要先发制人，干掉他们。

“共犯先生，只要主犯还逍遥法外你就会分外害怕。你存活的概率十分渺茫，你唯一的机会就是自首并告发主犯。这样，你至少能得到法律上的保护，这是他给不了的。”

具有讽刺意味的是，在这个案子里，媒体确实起了一个非常关键的作用，但是那是在破案方面，而不是在触发犯罪方面。

有些违法者，特别是那些智商更高的人，甚至在被抓之后还利用媒体来满足自己的目的、需求和欲望。迈克尔 · B. 罗斯（Michael B. Ross）就是这样一个人。

罗斯于 1959 年生于康涅狄格州，他的父母在那里经营一个家禽养殖场。高中时他十分擅长动物学，1977 年，进入康奈尔大学（Cornell University）学习。（正是这所大学告诉我，我的高中成绩不够好，无法在该校攻读我梦寐以求的兽医学。顺便说一下，他们是对的。）1981 年罗斯大学毕业后，在中西部的一些农场里工作了一段时间。1981 年 9 月 28 日，在环游伊利诺伊州（Illinois）的自行车旅行中，他诱拐了一个 16 岁的女孩，在警方到达之前一直将她捆绑着。他承认非法限制了他人人身自由，被判处两年缓刑并处以 500 美元的罚款。回到康涅狄格州后，他又有过几次类似的违法行为，包括掐住一名女子的脖子试图让她屈服，结果发现这个女子是一个下了班的警察。

最终，他谋杀了六名年龄在 14 岁到 23 岁之间的年轻女子。在康涅狄格州的两次庭审中被判有罪，一次被判处 120 年监禁，一次被判处死刑。

罗斯之所以和我们的讨论有关主要是因为下面这件事。罗斯受过常春藤联盟院校的教育，显然聪明过人、能言善辩。他一直在为发行量很大的出版物写文章，提出关于一些对他个人而言意义重大的问题的观点，比如救赎和宽恕、死刑之功效。但凡有能力的人，哪怕是杀人犯，也大可发表各种文章，这一点我并不反对。但是很有意思的是，你能看到在他当死刑犯的这些年，他的观点发生了什么样的变化，然后你就可以明白他是如何逐渐将媒体为己所用的。

1988 年，罗斯对《哈特福德新闻报》（*Hartford Courant*）的书面问题做出了回答，他表示死刑并不是一种威慑手段，因为凶手在犯罪的时候不会考虑自己会不会被判死刑。因此，死刑只是国家的一种“惩罚”。1995年2月，他在《美国》（*America*）杂志上刊发了一篇分析死刑的文章，其基本观点是：尽管死刑是合法的，而且对许多人而言是一种情感上的慰藉，但是没必要把大量成本和法律资源浪费在将定罪后的杀手送上死刑架的过程中，我们应该把他们关在监狱里，然后把资源用在别处。好吧，这并不是多么不同寻常的观点。罗斯是一个好作者，他的文章有理有据、逻辑清晰，颇具说服力。

同年12月，他就执行或不执行死刑的成本问题又提出了一个不同的观点。美国联合通讯社（Associated Press）作者布里吉特·格林伯格（Brigitte Greenberg）说罗斯给美联社写了一封信，信中认为为了上善之道，理应将他处以死刑。“受害者的家属们就不用经历那种旷日持久的庭审和令人心碎神伤的情感煎熬了。”格林伯格引用了罗斯信中的话，“尽管我也不想死，但我的生命抵不上受害者家属们所遭受的痛苦”。

“这就是罗斯想做的事情。”格林伯格写道：

罗斯认同他的案子中有很多恶劣情节（aggravating factors），比如人性泯灭的暴行。他还想说明他的案子中没有类似精神障碍之类的情况可以让他被从轻处理（mitigating factors），尽管他认为是性虐待症这一精神疾病导致他杀了人。

最后，他想阻止别人证明他有精神病，尽管州最高法院已经有了一份精神病报告，这份报告是法官们用来推翻他的死刑判决的证据。

如果案件中只有恶劣情节而没有从轻的理由，死刑将不可避免。罗斯将成为康涅狄格州1960年以来被执行死刑的第一个人。

“留下我这条没有价值的生命只会让受害者家属继续受到伤害，这不是我想要做的事情。”罗斯写道。

即便是现在，在罗斯拒绝使用公诉辩护人，决定自行辩护后，专家们一致认为罗斯清楚地知道自己的所作所为。

在《全国天主教报道》(*National Catholic Reporter*) 1996 年 4 月 5 日的一篇文章和之后《克利夫兰诚恳家日报》(*Cleveland Plain Dealer*) 7 月 7 日十分相似的一篇文章中，罗斯只涉及以下话题：他在寻求与受害者家属和解，他是如何逐渐意识到应该为自己的罪行负责，并希望上帝给他“力量、毅力和精神上的勇气，让他完成被行刑前的这一段人生旅程”。

在发表于《全国天主教报道》的文章中，他不再提及执行死刑的问题，只是说要当“一个与光同在的人”。

这并没有什么问题。事实上，他表达出的深刻见解和忏悔之心让我和成千上万的读者站到了他那边。

我无法正确地判断出罗斯这样做的动机。我推测出了三四个可能的动机，但是没有确凿的证据来支持其中任何一个动机。他的动机可能是全盘自我否定的利他主义，因为他最终明白了自己先前犯下的罪恶，想要解释和弥补；也可能是他知道自己极有可能在监狱里度过余生，因此他想要用他的聪明才智做点有意义的、卓有成效的事情，从发表的文章和因此获得的声誉中获得极大的自我满足感；抑或是他试图通过他现在唯一能用的方式操纵、支配和控制他人。

如我所说，我不知道哪一个是他的真实动机，或者实际上他的动机就是以上三种动机的结合体。但是在 1997 年 4 月 21 日《达拉斯晨报》(*Dallas Morning News*) 刊登的霍华德 · 斯温德 (Howard Swindle) 的一篇文章中，罗斯又转而详细地叙述他的童年、精神状况和犯罪原因。斯温德写道：

今天，他接受了醋酸亮丙瑞林（Depo–Lupron）注射，这是一种化学阉割药物，旨在减少雄性激素、减轻性异常的症状，他每个月都要注射一次。

罗斯先生在等待死刑执行期间，写了不少反对死刑的文章和社论。"我们可能会注意到那些会被判处死刑的罪行，"他在《普罗维登斯日报》(*The Providence Journal*）中写道，"但很少有人会知道那些被社会判了死刑的人。"

一年多后，1998 年 8 月 5 日，美联社报道，当时 31 岁的罗斯已经不愿意顺从地被执以死刑，并且"要求一次全面辩护"。

尽管我对美国旷日持久的死刑上诉程序持谴责态度，但是对于一个改变了心思、对自己犯下的罪行自我谴责的人我已经不想再苛责了，那是关乎于他以及他的良知的问题，如果他还有良知的话。但我不得不认为，起初他通过媒体表示自己应该被判处死刑已经得到了公众的信任，其实也为他逃避死刑的新想法赢得了更多利益、关注、理解和同情。如果他现在是在用媒体来挽救自己的生命而不是要和受害者的家属做一个了结的话，那么他对那些他曾声称十分关心的受害者家属又有多少真正的关心呢？我不赞成就此情形进行新闻审查，但是，如果我是一名编辑，知道这件案子中媒体的运作过程，那么在决定刊发迈克尔·罗斯的文章时我就会三思三思再三思。

在写作本书的过程中，罗斯再一次试图掌控自己的命运。这一次，在康涅狄格州萨默斯（Somers，Connecticut）戒备森严的北方监狱中，他打算通过过量服用某种可能致命的药物来达到这一目的。他能掌握药物的浓度说明他在应对体制方面十分精明老练。我认为他的这个做法传递出的信息十分明确：迈克尔·罗斯这类人无论如何都想要控制别人。这类懦夫中有些甚至一被捕就会立刻自杀，比如折磨并杀害年轻女子的性施虐狂莱纳德·莱克（Leonard Lake）。1985年6月，他在旧金山一个警察局受审时，吞下了一个氰化物胶囊。而有些人在警方的重围之下，在面临抓捕之际会“借警察之手自杀”。不论以哪种方式，他们的目的都是一样的：直到最后一刻，还要操纵、支配和控制他人。

我们应该面对这个事实，那就是我们所有人都受到了媒体的制约。我们所有人都希望自己做的事情得到别人的认同。我在事业上受到了许多公众的关注，我不得不承认每一次看到大标题写着“联邦调查局超级探员在威廉斯（*Williams*）的庭审中起到了重要作用”[《亚特兰大新闻宪制报》(*Atlanta Journal and Constitution*)]、“联邦调查局的当代福尔摩斯”[《圣路易斯环球民主报》(*St. Louis Globe-Democrat*)]、“《沉默的羔羊》(*The Silence of the Lambs*）中探员的原型、联邦调查局约翰·道格拉斯讲述令人毛骨悚然的案件细节”(《今日美国》) 诸如此类关于我的报道时，我都会有一种兴奋感。

连环犯罪分子也是一样。他们中的许多人都为自己的“成就”感到自豪，一旦被关进监狱，他们就希望自己能以“最大、最坏、最厉害”的名头名扬天下。死有余辜的“泰德”·邦迪过去在收到学术界来信时总是飘飘然，信上说他们很想研究一下他复杂的犯罪心理。在亨利·李·卢卡斯（Henry Lee Lucas）承认自己犯过的命案中，至少有70件其实是他没犯过的。

我采访了纽约州监狱中一个名叫约瑟夫·费希尔（Joseph Fischer）的人。他是一个奇怪又邋遢的流浪汉，有冲动型暴力行为和酗酒的习惯。他曾杀过三个女人，其中一个是他的妻子，比他大28岁。有一天他只是因为厌烦就杀了她。但是他想成为连环杀手中“最大、最坏”

的那一个。1979 年，他在纽约州达奇斯县（Dutchess County，New York）被警方逮捕，声称自己对 32 起谋杀案负责，但经过一年的调查，警方只能查明其中三起谋杀案和他有关。我在采访他时，他一直都在演戏，抱怨他的母亲有多贱，因为他觉得一个连环杀手就应该这么表现。后来，他甚至出现在一个有关连环杀手的电视纪录片里，在那里面他可以继续他的表演，无数次地对他假想中的公众坦白罪行。

被捕之后还想操纵、支配和控制他人的大有人在，其中一个更匪夷所思，更骇人听闻的例子是来自温哥华（Vancouver）的克利福德·奥尔森（Clifford Olson）。他来自加拿大，杀害过年轻女子和小孩，他觉得自己是连环杀手中的“超级明星”。被逮捕后，他对警方提出一笔交易，他每说出一个失踪受害者尸体的详细位置，警方就要给他一万加元！加拿大皇家骑警队听到这个要求后当然勃然大怒。起先，他们拒绝了这个要求，但是不列颠哥伦比亚省（British Columbia）首席检察官阿兰·威廉姆斯（Allan Williams）出于人道主义否决了警方的做法。为了让受害者家属能与此事做个了断并求得内心的安宁，他同意了凶手的要求，他明确要求绝大部分钱要存在为奥尔森的儿子建立的一个信托基金里。然而，一部分钱却直接进了奥尔森的口袋。他在金斯顿监狱牢房里的电视机就是用勒索来的这笔钱置办的。他当时还开玩笑说，出于善意，他可以免费让警察再找到一具尸体。奥尔森很爱出风头，于是他提出进一步的交易要求：给他 10 万加元，他就说出另外 20 个受害者埋在什么地方。但是加拿大当局再也不能容忍他的要求了。他于 1982 年 1 月认罪并被判处 11 次终身监禁。最后，因为他过于恶名昭彰，他的公开言论更是激怒了所有受害者家属，所以一名加拿大法官裁定他不得再接受任何采访。

在电影《沉默的羔羊》上映后，媒体开始把我比作电影中的主角杰克·克劳福德（Jack Crawford）。在匡提科的办公室里，我接到了奥尔森的电话。他正在接受采访，他模仿了既聪明又邪恶的食人魔汉尼拔·莱克特（Hannibal Lecter），从不明嫌疑人的角度分析了绿河杀人案。在电影中，探员克拉丽丝·史达琳（Clarice Starling）曾向汉尼拔寻求帮助，让他对自己正在调查的连环杀人案给出一些意见。长期悬而未破的绿河案是我一生中痛苦的心结，1983年时我为了破这个案子差点都丢了性命。奥尔森知道这一点，他还曾告诉我他就是绿河案的凶手。

在一年多的时间里，奥尔森频繁地给我打电话，经常是每天都打。尽管我早就意识到他是一个很爱吹牛的人，但我还是会接起电话和他聊天，因为这仍不失为深入罪犯心底的一个好机会。我发现他是一个善于交际、极有控制欲的人，能够在不知不觉中诱导别人，简直与约瑟夫·费希尔完全相反。我很快就明白了他是如何成功地引诱小孩子跟他走的，抑或他是如何欺骗执法者来按他的要求办事的。在和奥尔森的无数次交谈中，我发现他从来没有对他摧毁的生命表现出任何的悔恨或悲伤。实际情况更加糟糕：他经常给一些受害者家属写骚扰信或恐吓信，直到监狱当局知道了这件事并开始监视他的信件为止。像迈克尔·罗斯一样，他的话在无数报纸和杂志文章中出现过，他还给无数个记者写过信。在一些言论中他表示如果能够出狱，他绝对不会再杀人了，因为他已经知道了是非之分。而在另外一些言论中他又说对一个像他这样的罪犯，唯一的治疗方法就是判处死刑。他做的任何事情都是为了引起公众的关注。在他的牢房里有一箱磁带，里面是他精心收集的关于每次谋杀的回忆，准备用来写自传。他唯一害怕的事情就是被别人遗忘。

加拿大《麦克林》（*MacLean's*）杂志记者彼得·沃辛顿（Peter Worthington）说，他问过奥尔森觉得自己和汉尼拔·莱克特比起来怎么样。“彼得，他和我没有可比性。”奥尔森答道，“汉尼拔·莱克特是虚构的，而我是真实的。”

除了想让我接听电话，当他的听众之外，他还想让我带他开启通往华盛顿州的高调的宣传之旅。作为交换，他愿意把绿河案的细节告诉我，以及其他受害人的尸体埋在哪里。哪怕觉得有一丝可能他会和我开诚布公地谈论绿河案，我都会不假思索地即刻接受他的条件，然后尽我所能与加拿大警方办理好相关手续。但是因为我已经花了那么多时间研究该案细节，所以我很清楚他完全不知道自己在说什么。他想要的只是公众的关注和认同，这种关注和认同会让他成为他极想成为却还没有成为的那种人。

为了提升自己的形象，奥尔森向我形容他是如何被关在一个玻璃牢房里，就像电影里的汉尼拔·莱克特一样。我亲自去问了一下才知道他之所以说牢房是玻璃的，是因为其他犯人憎恨他这个杀害小孩的凶手，然后就朝他身上扔盛粪便和盛尿的杯子。这就是我们知道的关于他的全部内容了。

媒体对犯罪的影响的另一个类型，即纯粹以谋财为动机的犯罪，这是唯一可以确认犯罪分子直接受到媒体影响的类型。以下是一个经典案例。

1966 年 12 月 13 日，美国全国广播公司放映了电视电影《末日航班》（*Doomsday Flight*），这个电影的编剧是罗德·塞林（Rod Serling），他获得过六次艾美奖，是美国电视界的先驱和电影《迷离境界》（*Twilight Zone*）的制作人。这是一部引人入胜、生动出色的惊悚片，讲述了一个心怀不满的航空公司员工在客机上放了一枚炸弹的故事。（有趣的是，后文我们将看到，在大学炸弹客案中，多年来人们一直猜测不明嫌疑人是一个心怀不满的航空公司员工。）塞林的故事写得跌宕起伏，因为炸弹对高度很敏感，一旦飞机降到海拔 1200 米以下，炸弹就会爆炸。最后，飞行员找到了一个办法来处理这个困境，那就是降落在丹佛（Denver）机场，因为这个机场的海拔甚至高出了 1200 米。塞林从他的哥哥罗伯特那里得到了技术上的帮助。他哥哥也是一名才华横溢的作家，曾是合众国际社（United Press International）的航空类作品编辑。必须提到的是，鲍勃·塞林（Bob Serling）（即罗伯特）从一开始就在担心这个项目，他写信提醒他的弟弟说，"我希望你慎重地考虑一下是否会有人从这个故事里得到启发，然后真的使用无液体炸弹"。

这部电视电影上映后大获成功，成为当季收视率最高的电视节目之一。但是在播放后的一周内，美国东方航空（Eastern Airlines）、澳洲航空公司（Qantas）、环球航空公司（TWA）、美国国家航空公司（National）、泛美航空公司（Pan Am）和美国西北航空公司（Northwest）都受到了敲诈和勒索。一些航空公司付了钱，但是怎么都找不到炸弹。实际上，这只是"生活模仿艺术、艺术模仿生活"的诸多例子中的一个而已。鲍勃曾告诉过罗德一个鲜为人知的真实案例：美国航空（American Airlines）的一架飞机遭到敲诈，机智过人、经验丰富的飞行员改道去了丹佛的斯特普尔顿机场（Stapleton），尽管当时飞机的航线并不经过那个机场。

塞林是本书合著者马克·奥尔沙克（Mark Olshaker）的朋友和早年的导师，他对自己的剧本产生的影响深感震惊。他对蜂拥而至的记者们说："我非常希望我当时写的是约翰·韦恩（John Wayne）主演的《关山飞渡》（*Stagecoach*）。" 1975 年，他英年早逝。在他去世前的几年里，《末日航班》带来的影响还一直困扰着他。

受《末日航班》的启发而进行的敲诈可归入以谋财为动机的犯罪类型。我们可以确定，这类犯罪行为是由本就有犯罪倾向的人做出的，没有一个诚实守法的公民在看了电影后心里会想：用航空公司致命弱点威胁它，甚至不用真的去安一个炸弹，这是一个多好的挣钱方法啊！但是我们不得不说在这个案例中，如果没有《末日航班》的影响，这些勒索事件就不会发生。塞林的电视电影确实为坏人提供了并不难实施的点子。五年后，这个电影重播时，相同的威胁事件又发生了，这更证实了刚刚那个结论。

我们从《末日航班》引发的事件中汲取了许多教训，这些教训令我们颇为不适、不安。我们必须意识到并接受一个事实，那就是总会有一些人会想方设法地拿到他们想要的东西，就像总会有性变态者或恋童癖看着百货商店商品目录上的孩子就能得到性快感，这种性快感就和他的同类人从最令人不齿的儿童色情作品中得到的快感一样。拨打恐吓电话的模仿者在看到美国航空公司的相关新闻时很容易就获得相应快感。

《末日航班》播出后的几年里，塞林经过对此次事件的充分思考，已经有了回答记者的标准答案，他跟马克说："我告诉他们，我要对公众负责，但不用替公众负责。"

从事执法工作的我们也是一样，我并不是在提议把神圣的言论自由权和某些不正当地利用这种权利的反社会犯罪模仿者一起抹杀，这就像把婴儿和脏洗澡水一起倒掉一样。但是，就像下一章里所说的那样，这些人让我们看到了另一个层面的犯罪动机，而这些动机是我们不能忽视的。

CHAPTER Ⅳ
第四章

NAME YOUR POISON
投毒杀人——利用心理侧写术识别投毒犯

现实中对电影《末日航班》进行模仿的人实施的只是一种形式的公共恐怖活动或大规模勒索，二者的动机皆是贪婪，我们将其归纳为“谋财型犯罪行为”。但是，另一种形式的大规模勒索变得越发重要——我们将这种犯罪称作“产品投毒”（product tampering）。在本章中，我们将会对几个案件进行讨论，表面上看它们类型相同，实际上却包含了作案动机各不相同的各类罪犯。

即使某个案例的作案手法和其他案例如出一辙，即使不明嫌疑人能在不直接进行肢体接触的情况下完成杀人，也仍然存在一些细小的地方，供我们调查——无论是动机还是行为线索，让嫌疑人暴露自己。这和犯罪展开的方式有一定的联系。

就算我们尚未对其进行深入的思考，产品投毒引起的恐慌实际上也是我们集体无意识的组成部分。在派猎人刺杀白雪公主失败后，恶毒的王后决定自己动手——在苹果中下毒，然后送给她想要加害之人。我们将从现实中所有产品投毒案的鼻祖谈起，它会让我们前所未有地感受到自己的脆弱，这种感觉就像我们明明在自己家中却被劫为人质一样。这就是联邦调查局编号为“TYMURS”的案子——芝加哥泰诺（Tylenol）投毒案。

这是我成为心理侧写师后接手的第一桩产品投毒案。不同于我能联想到的一切案件，泰诺投毒案在某种意义上改变了我们的生活方式。它深刻地改变了我们作为消费者去商店选购时对产品不加鉴别的习惯，改变了公司包装产品的方式，还促成了专门针对此犯罪领域的法律的出台。尽管不是传统意义上的暴力犯罪，产品投毒仍是致命的。讽刺的是，尽管这类犯罪是出于传统动机，但它并不是典型的、具有代表性的敲诈勒索行为，因为大多数敲诈者不会通过杀戮来树立自己的威信，而本案中凶手确实杀了人。这也是一个充满悬疑色彩的故事，因为目前我们仍然因技术问题将其作为悬案记录在册。

1982 年 9 月 29 日至 10 月 1 日，芝加哥地区有七人离奇死亡，首位受害者是一名 12 岁的女孩，那天她因为感冒待在家中，后来昏倒在浴室地板上。两名郊区消防员完成了流行病学分析，将各个案例联系起来并分辨出传播模式，他们正好是训练有素的纵火调查员。来自阿灵顿海茨（Arlington Heights）的菲利普·卡皮泰利（Philip Cappitelli）和来自埃尔克格罗夫村（Elk Grove Village）附近的里查德·基沃斯（Richard Keyworth）在听说他们的社区发生了不明真相的死亡事件后便立刻开始展开调查。假如没有他们的调查工作，危机或许会持续更长时间，情况也会变得更为严峻。阿灵顿海茨西北社区医院（Northwest Community Hospital）的重症监护主任托马斯·金医生（Dr. Thomas Kim）是解开医学难题并提醒库克县（Cook County）法医的第一人。

原来这些死亡是由氰化钾（potassium cyanide）引起的，这是一种极为迅速、高效的下毒方式。氰化物会抑制血液从肺部摄取氧气，阻止氧气输送至全身，因此受害者很快就会缺氧。为了弥补氧气的缺失，受害者会加快呼吸，而这只是徒劳。受害者血压下降，可能出现身体抽搐，随后陷入昏迷，他们的目光变得呆滞，最终心脏停止跳动。

这些受害者的唯一共同点在于，他们都曾经服用红白相间包装的强效泰诺胶囊。这给执法部门带来了一个尤其艰巨的挑战，因为泰诺是世界上使用最广泛的非处方止痛药之一。警方列举了几批涉案药品的编号，但显然是个别药瓶被动了手脚，投毒可能发生在商店货架上，而不是在生产过程中。当时这些药瓶的瓶盖很容易打开，瓶口处有一团用于保护药品的棉花。

由于媒体添油加醋的报道，投毒案的消息迅速传开，引起了轩然大波。芝加哥被一种强烈的、普遍的不安和无助笼罩着，事实上，全美其他地区皆是如此。如果吃个普通的头疼药都要担心性命不保，那你还能有安全的时候吗？让我首先声明，作为泰诺的制造商麦克尼尔消费品公司（McNeil Consumer Products）的母公司强生公司（Johnson & Johnson）派遣了一组药剂师前往芝加哥地区与州药剂师合作，帮助抽样检验了数千组药品。此外，如果有人能提供有助于逮捕凶手（们）以及对其进行定罪的线索，就可以获得强生公司 10 万美元的赏金。

谣言四起。其中一种说法是，这些投毒案件的幕后主使是某个政治组织。

为调查此案，多家机构共同组成了专案组，包括芝加哥警察局、伊利诺伊警察局和联邦调查局。最终有超过 100 名探员参与了专案组的工作，其中联邦调查局探员就有 32 人。芝加哥外勤处（Chicago Field Office）的探员主管（Special Agent in Charge，SAC）埃德·赫加蒂（Ed Hegarty）与身在匡提科的我取得了联系，请我助他们一臂之力。探员副主管（Assistant Special Agent in Charge，ASAC）汤姆·杜哈德韦（Tom DuHadway）负责监督泰诺投毒事件的调查。杜哈德韦是一名优秀的探员，同时人品绝佳。1991 年，他在担任情报处（Intelligence Division）领导时突发心脏病去世，联邦调查局失去了一位好领导。

由于案情重大，我飞往芝加哥后直奔外勤处。赫加蒂充满威严，因而在领导巴尔的摩外勤处（Baltimore Field Office）时得了个"巴尔的摩霸王"（Lord Baltimore）的绰号。（大多人不会当着他的面这么称呼他。）长话短说，赫加蒂带我走进一间闲置的办公室，所有与本案相关的材料都堆在那儿，然后他指了指办公桌，对我说："行了，道格拉斯，让我们看看你的本事吧。"赫加蒂就是这样一个人。然后他和参与此案的其他探员就把我一人留下了。

浏览了所有的照片、卷宗、报道后，我的脑海中闪出的第一个问题，同时也是我们尝试抓住这个卑鄙小人时需要回答的问题——"作案动机究竟是什么？"

惨剧难以名状，而受害者中没有可参照的模式。第一位受害者玛丽·凯勒曼（Mary Kellerman）年仅 12 岁。她的父母发现她倒在浴室地板上，不省人事。此后不到三小时，她于阿列克西安兄弟医疗中心（Alexian Brothers Medical Center）去世。大约两小时后，位于 8 公里外的 27 岁邮局雇员亚当·贾纳斯（Adam Janus）回到家中，因为肩膀肌肉疼痛服用了泰诺。他在躺下休息后再也没能醒来，当天下午就在西北社区医院去世了。其他家庭成员纷纷赶往他家表示哀悼。亚当 25

岁的弟弟斯坦利（Stanley）由于压力过大而头疼，为了止疼服用了两颗泰诺胶囊；斯坦利 20 岁的妻子特里萨（Theresa）也是相同的情况，他们刚结婚三个月。他们的双双去世表明卫生部门正面临严峻的危机。

和亚当·贾纳斯一样，玛丽·赖纳（Mary Reiner）也只有 27 岁，她一周前才生下第四个孩子，刚出院回家。这所医院是孩子生命的起点，也是她生命的终点。31 岁的玛丽·麦克法兰（Mary MacFarland）有两个幼子，她在向同事诉苦说自己头疼得厉害后服用了泰诺。她在周三深夜被家人火速送到医院，第二天清晨便离开了人世。探员在她的钱包里发现了一瓶强效泰诺。35 岁的空姐保拉·普林斯（Paula Prince）没有按时登上自己负责的航班，后来人们在她公寓的浴室地板上发现了她。她尸体附近的一张收据显示，她购买过强效泰诺，时间只比药品下架略早了一点点。

另一个令人困惑的方面在于，凶手并没有遵循寻常的犯罪模式：大部分敲诈勒索犯会通过一些行为来树立自己的威信，然后提出要求。举例来说，如果本案中的不明嫌疑人曾经给当地报纸、电视台、警方寄过信，下达指令让他们去某某商店的某某货架寻找被他下过毒的产品，那么本案将会更合理，动机也会更明确。此后，如果没有按照他的要求行事，他便开始杀戮。不同的是，这个罪犯没有试着证明自己，也没有提出任何要求，而是直接开始了杀戮。

不同于大多数谋杀案，犯罪现场分析在本案中并不能直接揭示任何关于凶手的信息。它甚至比爆炸案更难以捉摸，因为连调查的具体地点都没有。犯罪现场在哪里——商店，工厂，还是受害者中毒的场所？它们分别能给你提供什么信息？鉴于这是一场胆怯的犯罪，你别指望凶手会联系媒体，将自己的个性公之于众。如果强迫他近距离看看自己做的好事，我认为这人可能会精神失常。

尽管本案发生时我才刚开始从事犯罪侧写，而且此前我从未参与过产品投毒案，也从未在监狱中采访过被定罪的此类罪犯，但在我看来，凶手的犯罪发展模式很可能与我们对别种类型的“懦弱型掠夺性犯罪”（cowardly predatory crimes）的观察相吻合。无论具体动机是什么，大多数情况下他的态度和行为都会为愤怒所驱使。他极度抑郁和绝望。他会感到无能、无助、无望、无力，同时他又深信周围人或全社会都使他遭受了不公正的对待。他的人生经历了许多失败，这些失败可能存在于教育上，就业上，社会经历上，与自己年龄、智力相当的女性的关系上。我甚至猜测，他的缺憾感可能部分源于身体上的某些疾病或残疾。和纵火犯一样，他对具有权威（无论真假）的职位充满向往，如保安、救护车司机、辅助消防员或此类性质的其他职位。但是他很难保住这份工作，正如他把握不住其他东西一样。类似地，假如凶手具有一定的军人背景，我也不会感到惊讶，因为这类人会受到陆军部队和海军陆战队的吸引。如果凶手真的有军人背景，我预测此人会存在一些行为障碍，并且接受过精神病治疗。

我认为，可以确定的是，不明嫌疑人是一名白种男性，年龄在二十大几到 30 岁出头，性情阴郁，孑然一身，喜欢在夜间活动。回想他的所作所为，我把他归入暗杀者——虽然总想着杀人，却从未对想要加害的人下手。我确信这类犯罪和其他的掠夺型谋杀一样，一定存在某种突如其来的压力源——丢掉饭碗、妻子或女友的离开、父母去世等。根据发现第一起犯罪的时间，该压力大概出现于 9 月中旬。

那么我们还能知道点什么，或者说我们还能弄明白些什么？

在药瓶中掺入其他物质并不非常复杂。说到底，不明嫌疑人应该是打开了放置在药店货架上的药瓶，加入了氰化物后又把包装复原。因此，我不认为这是个非常有组织、有条理的凶手。从这一点来看，如果犯罪动机是复仇，尽管可能还存在许多由于不同原因而心存怨恨的普通员工，我至少可以排除麦克尼尔公司或者强生公司的所有高层。正如我在侧写中指出，问题在于我们无法得知罪犯想报复的是厂商、药店、受害者本身还是整个社会。同样，选择在泰诺里下毒或许是一条重要线索，但这也说不准。可能只是因为这种药太受欢迎了，所以有大量的潜在受害者；也可能是由于某种理由喜欢它的包装等简单的原因。由于（在美国）获得氰化物十分容易，追踪销售或购买记录无异于大海捞针。

据我推断，凶手会重返某些地点，特别是在案件一经媒体报道后。这些地点包括他投放有毒胶囊的药店，还包括一些受害者的墓地（一旦媒体确认了受害者身份）。他甚至可能开始暗中监视受害者的住宅。

他的车已经开了至少五年，保养得不太好。从实施犯罪的方式来看，这个凶手马马虎虎、注意力涣散、做事不仔细。我认为这种性格特征会反映在他开的那辆车上。不过它可能和警用车颇为相似，比如一辆大型福特车——象征力量与权势——他求而不得的两样东西。

专案组需要对心存不满的员工和已经离职的员工展开调查，调查范围包括强生公司、麦克尼尔公司及那些成为投毒目标的个体药店。但随着我思考得越全面，对泰诺投毒案了解得越深入，我就更加确信，其犯罪动机不是对特定制药公司或药店的怨恨或不满，而是对于整个社会的愤怒和仇恨，因为社会曾让凶手蒙受了不白之冤或忽视了他的存在。这个人想报复所有他认为轻视过、冤枉过他的人，但那就包括了整个社会。他过去极有可能给位高权重的人物写过信，确切地说是罗纳德·里根（Ronald Reagan）总统和芝加哥市长简·伯恩（Jane Byrne），但实际上可能是从联邦调查局局长到教皇在内的任何人。那些信件中，他可能阐述了自己遭遇的不公正对待，并且也没有得到相应补偿或满意的解决方法。现在他也许会感觉自己受到了忽视，这是他犯罪升级的原因。但由于他可能在信件中签署了真实姓名，从这一点进行调查或许会收获颇丰。

以上就是我在芝加哥外勤处的办公室里独自完成的对于罪犯个性特征的心理侧写。但由于芝加哥市区中的许多人都符合这个侧写，它便不可能直接指明罪犯是谁。不过，只要警方列出嫌疑人名单，心理侧写结果便能帮助缩小调查范围，并对他们的嫌疑大小进行排序。但其中起推动作用的可能是一些“主动出击技巧”，这些技巧或许会让不明嫌疑人自投罗网。

依我之见，从嫌疑人的个性特质而言，其好奇心是警方可以着手挖掘的。任何一个费时费力给泰诺掺入氰化物的人都会好奇自己会搞出些什么名堂来：售出有毒泰诺的药店会如何应对？它们是否改变了操作流程？那些受害者的亲属会作何反应？制药公司本身又会如何？无论如何，我感觉此人一定会亲眼见证他最终对人们造成了什么影响。

他表明这种需求的方式之一是与人交谈，地点可能是酒吧，对象可能是药店雇员，又或者是在警察时常光顾的地方和他们交谈。这是他有生以来第一次受到全球瞩目，他的自我价值得到了极大的提升。他可能有一本剪贴簿、日记或者记事簿用于记录自己的活动。如果我们有机会看看他写的文字，一定会发觉字里行间体现或反映了他的自卑情绪。

我提议，在案件进展上，警察局应该只向媒体提供正面的声明，从而持续给罪犯施压，这一点很重要。不要说“案件仍然没有进展”或“调查进入了死胡同”之类的话，让不明嫌疑人逃脱制裁或具备应对警方调查的能力，更别在这一阶段公开称他为“精神病”“疯子”，否则会激怒他。事实上，让精神病学家或者心理学家公开表示该不明嫌疑人是社会的受害者不失为一个好主意，因为这正是他对自己的定位。这或许能保存他的颜面，或许会促使他打电话给医生或前往医生办公室（可能以偷偷摸摸的方式）。我所不知道的是，恰恰在我想出这个提议的时候，伊利诺伊检察长蒂龙·法纳（Tyrone Fahner）在电视节目中称泰诺案的投毒者是个危险的疯子。

媒体在这些案件中总会起到一定作用，因为不明嫌疑人总会对新闻报道有所反应。在本案中，我真心希望媒体做的就是报道真相：关于受害者的完完整整的真相。如果它们真这么做了，我将喜闻乐见，不仅因为我是一名心理侦探，还因为我不会只把受害者的权利和感觉当成可怕的统计数据。换言之，如果能让不明嫌疑人意识到受害者和他一样是活生生的人，而不仅仅是他发泄愤怒的抽象目标，那么我们或许能让这类罪犯感到愧疚或悔恨。依我之见，各个报社应当倾巢出动，刊登受害者及其墓地的照片，让读者乃至不明嫌疑人好好看看，这些受害者个个本都是完整的、无辜的人。

审阅受害者名单后，我觉得从年仅 12 岁的玛丽·凯勒曼入手或许是最有成效的。如果连这个小姑娘都不能唤起人们的情感共鸣，那么我的计划大概是泡汤了。如果文章提及了受害者的埋葬地点，我就会建议警方对该地点进行监控，因为心存悔意的不明嫌疑人很可能前去向亡故的小女孩道歉。

另一种方法也许是把报道的重点放在涉案药店上，含糊其词地谈论该药店目前采取了何种策略来避免重蹈覆辙、保护顾客，但却没有对具体的安保措施做出说明。这或许足以激发不明嫌疑人的兴趣，让他不禁想亲眼瞧瞧药店是否真的改变了安保措施。我梳理了每个涉案药店的地理位置和周边设施，推荐了其中一家离主干公路较远的药店，这样一来我们就可以将那些仅仅出于好奇前来的看客排除在外。或者我们也可以找一家未被投毒的药店的老板或经理，让他公开大肆宣扬自己的药店是多么安全，他的管理技巧多么高超，以至于凶手根本不可能给他店内货架上的泰诺下毒。凶手会把这看作一种挑战。通过对药店进行全天候监控，该方法或许能让我们抓住凶手。

后来我又提出了一个“报假警方案”，即让警方和联邦调查局在接到警报后，前往偏远地区的一家指定药店，但其实这个警报根本就是假的。然后当地的警察局局长或探员可以公开夸耀所在部门反应之迅速“吓跑”了罪犯。这对于罪犯来说可能会是另一个无法抗拒的挑战。

假如我们宣布对每个受害者举行守夜祈祷，那么我想不明嫌疑人很有可能会在某个受害者的守夜祈祷地点出现。我建议举行祈祷时在每个坟墓前都放置一个小型十字架或者其他标志性物品，期待嫌疑人会在祈祷结束后重返现场，带走一件物品当作纪念。我进一步建议专案组招募志愿者协助接听电话、处理市民的举报，希望嫌疑人会主动报名。

当我终于完成犯罪心理侧写和案件分析时，天色已经暗了。我把自己的工作成果打印出来，等待埃德·赫加蒂和他的同事回到办公室。

他们再次出现时已经接近午夜了。探员主管浏览着我那六七页单倍行距打印的报告，我一言不发地站在一旁。浏览结束，他抬起头，简单地说了一句:“令人印象深刻。”这话从赫加蒂嘴里说出来，确实算得上是高度赞誉了。

与此同时，强生公司也采取了果断的措施，向媒体和公众详细说明了情况，并在全国范围内召回了 26 万余瓶强效泰诺。

第二天，我和汤姆·杜哈德韦一道拜访了参与此案的州警察局工作人员，并把我的侧写结论交给了他们。但我还没来得及进行深入说明，此案的主要负责人便告诉我他对于泰诺投毒者的个性抱有的看法。他曾参与过针对理查德·斯佩克的指控，在他看来，该投毒者几乎和斯佩克一模一样——是个卑鄙、愤怒、见谁杀谁的混蛋。他得出的犯罪心理侧写过于简单，芝加哥或任何其他大城市中的许多人都与之相符，因而可以说是毫无意义，而且我觉得他的犯罪心理侧写根本就是错的。

我面无表情，越听越恼火。当他发表完自己的高见，我起身径直离开。“你要上哪去？”他对我说。

“我要走了。”我答道，“你要我在这儿干什么？”在工作中，指责我妄自尊大的话我听得多了。但在我看来，如果要冒险反驳我的观点或意见，你最好有出色的领导能力且足够自信，因为你可能需要决定将大量警力分配到哪个方面，如果做错了决定，麻烦可就大了。

“别走，我们讨论一下吧。”他说。于是我留了下来。

在我的印象中，汤姆善于交际，总能搞定一切。表面上，他看起来十分镇静，但据我观察，他的内心一定相当紧张，尤其是对于自己所要承担的工作，因为他总是叼着牙签。十分有趣的是，多年后我在匡提科为管理层开设的课程上和这名州警察重逢，他对我非常友善，我们也相处得极为融洽。

我们接到报道，被投毒的泰诺药瓶出自两个不同的厂家，其中一个位于宾夕法尼亚州（Pennsylvania），一个位于得克萨斯州。这就说明，除药瓶上架后投毒外，投毒发生在其他阶段的可能性微乎其微。库克县法医室的首席毒物学家告诉我们，氰化物具有腐蚀性，短时间内就会破坏胶囊的明胶外壳，因此，投毒有可能是在药品售出前不久发生的。每个药瓶中含有的毒胶囊数量都不一样。据我们目前了解的情况来看，所有的药店中都只有一个药瓶被下了毒。

关于媒体应该如何作为，我把自己真实的想法原原本本地告诉了赫加蒂和杜哈德韦。赫加蒂建议我联系两位知名的当地专栏作家——迈克·罗伊科（Mike Royko）和鲍勃·格林（Bob Greene）。我告诉赫加蒂和杜哈德韦，我更倾向于和调查记者而不是和专栏作家讨论案情，因为调查记者习惯了与警方和各种官方机构打交道，从而获取案件信息及背景，而且他们知道如何在不违背执法界和新闻界职业操守的前提下获得需要的信息。但当地的探员坚持要我和一个才华横溢、读者众多的专栏作家谈谈。我确实是个外行，于是我同意了这个做法。

赫加蒂联系了众多地方报社，看看哪一家愿意把我们所说的故事写出来。由于此举存在争议，我要澄清一下，我并不是要操控新闻或传播不实消息。我已经向华盛顿的联邦调查局刑侦处的法律顾问解释了我的想法，即警方应主动出击，同时我也不是存心要对新闻界说谎，这么做实属无奈之举。我对自己的作用进行了解释——我只不过充当了消息来源之一。和其他一切消息来源一样，我如果想让公众接受某种观点就得承担相应风险。如果我接触的记者想利用我的知识和信息，我并不介意；但除此之外，报纸、广播、电视、电台会散布何种信息，就不在我的掌控范围内了。我希望新闻界能清楚地意识到这一事实：我们的工作是抓捕罪犯，但是我能做的就是讲述我的故事，并抱最好的期待。

《芝加哥论坛报》（*Chicago Tribune*）专栏作家鲍勃·格林答应和我见面。他已经和他的编辑吉姆·斯夸尔斯（Jim Squires）进行了讨论，然后他们俩在办公室与赫加蒂和芝加哥警长理查德·布莱扎克（Richard Brzeczek）见了面。尽管我更乐意和一个全职的调查记者交流，但因为此前我在弗吉尼亚州地方报纸上读过一段时间格林的专栏，我非常尊重和钦佩他。

当地联邦调查局探员托尼·德·洛伦佐（Tony De Lorenzo）开车

陪同格林来到了我下榻的假日酒店。

我向他大致介绍了自己所在部门的工作内容，告诉他我们的专长是通过研究连环杀手的个性来挖掘他们的犯罪动机。我阐述了连环杀手通常如何不把受害者当作人来对待，他们其中有些对他人根本不屑一顾，而另一些会在某些适当的情形下感到内疚和后悔，我打包票，泰诺投毒案的凶手就属于后者。

交谈过程中，我们一致认为，无论以何种新闻标准加以衡量，选取玛丽·凯勒曼的故事作为报道内容都非常合适，意义也非常重大。她是年龄最小的受害者，试图通过服用泰诺来缓解感冒症状，结果却穿着睡衣昏倒在浴室地板上，再也没醒过来，她的父母就是在浴室发现了她的尸体。到目前为止，他们还没有接受过任何采访。

格林对我说："即便从来没听你说过这番话，我也打算把这个故事写出来。如果你有办法把我弄进她家，我想和她的父母谈谈。"

我和洛伦佐都表示，我们应该可以安排一下。我们没有建议格林应该写些什么，我们对他推心置腹，也向他描述了我们的策略。如果他开设相关专栏，我们将对凯勒曼的家以及玛丽的坟墓进行 24 小时监控。

玛丽的父亲丹尼斯·凯勒曼（Dennis Kellerman）和母亲珍娜·凯勒曼（Jeanna Kellerman）同意与格林谈谈，次日早上托尼便开车送格林到了他们家。联邦调查局的另一名探员勒罗伊·希莫鲍赫（LeRoy Himebauch）把格林介绍给了这对伤心欲绝的父母，勒罗伊是案发后直接接触这个家庭的人，所以他已经取得了他们的信任。珍娜泪眼婆娑地对格林说，她本来打算买个小瓶的泰诺，但又觉得玛丽的感冒好转后他们可能还会用到，所以就拿了个大瓶的，而那正是被投毒的药瓶之一。他们只有玛丽这一个孩子，而且他们现在也无法再生育了。丹尼斯告诉格林他是多么强烈地渴望这个杀人恶魔能快点被逮住。

鲍勃·格林的专栏具有很强的说服力，发诸内心而直抵人心。它的开头是这样的：

假如你是泰诺投毒案的凶手，下文可能对你来说意义重大，也可能无足轻重。

假如你是泰诺投毒案的凶手，你的杀人行动看起来精妙绝伦，因为整个实施过程天衣无缝。你在胶囊里下毒，人们因此丧命，整个国家人心惶惶。假如你是泰诺投毒案的凶手，完成使命带来的成就感或许正在为你提供支撑。

假如你是泰诺投毒案的凶手，你或许仍会对杀人计划另一端的人们怀有些许好奇，也就是那些不幸买到被你做过手脚的药瓶的可怜人。

随后，格林描述了凯勒曼一家居住的街道，并给出了他们的住址。格林后来说，负责该专栏的文字编辑对公布这条确切且敏感的信息提出了质疑。格林没有解释为什么做出这个决定，只是要求他们保留这条信息。

关于该专栏是否符合新闻道德这一问题，格林做了很多深刻的反省（也饱受心灵的煎熬），甚至于他后来在《时尚先生》（*Esquire*）上发表了一篇有关这次经历的文章（当时他是这本杂志的特约编辑）。他在那个专栏里写道："认为记者永远不该和执法部门合作是一回事，而当你居住的地方有七个人被毒杀时就完全是另一回事了。如果这时候还拒绝合作，还算是个有良知的人吗？"

最后他总结道："你每天早上起床，然后去上班，完成自己的工作。有时你会思考自己到底做得对不对。最后，我们还是一如既往地坚持把自己想说的话写成文字，希望与某个人能产生共鸣。”

显而易见，我对鲍勃·格林佩服得五体投地，不仅因为我是联邦调查局探员，还因为我是一个兴致勃勃的读者，一个心系社会的公民。他的行为让我明白，无论是做记者也好，做警察或者联邦调查局探员也罢，都不需要丢掉自己的人性。

泰诺投毒案很快便家喻户晓。人们就连吃最普通的药时都惶恐不安。警方在奥黑尔机场（O’Hare Airport）附近的一家商场的药店里又发现了被投毒的药瓶。如果旅客携带着被投毒的药瓶在全国范围内活动该怎么办？如果其他普通消费品（如速溶咖啡）成了下一个投毒对象又该如何是好？

“小心翼翼地打开胶囊，倒入有毒粉末，然后把下了毒的药瓶放回药店货架上那一排排相似的药瓶之中……能想出如此诡计的到底是个什么样的人？”1982 年 10 月 6 日，《华盛顿邮报》（*Washington Post*）的一篇社论提出了这样一个问题。无关此案的任意病症或死亡都会引起人们的怀疑。模仿者开始借机敲诈勒索。心理学家也开始提出了他们的见解。

我在芝加哥碰到了一件戏剧性的、滑稽的事，不但证明了我的理论的可行性，也证明了“意外后果定律”（law of unintended consequences）的正确性。按照我的建议，芝加哥警方同意在格林的专栏发表后监视玛丽·凯勒曼的坟墓。他们在坟墓附近蹲点埋伏了几个晚上，实不相瞒，在晚上监视墓地是一种十分不快的体验，所以没有人愿意干这种事。我能想象得到被派去监视墓地的那些人翻白眼的神情，他们的领导接到任务时也是一样，心里还想着：“好啊，道格拉斯，你倒是想了个好主意，你怎么不自己来整夜守着这堆满白骨的墓地呢？”我觉得如果他们最终没有发现什么有价值的线索，我的计划八成就要搁浅了。

某天夜晚，墓地上出现了一名男子，嘴里念念有词。当时他只身一人，那么他一定是在和玛丽说话！

他跪在墓前，呜咽着说："对不起，我不是有意的，那只是个意外！"好极了，凶手总是试图把自己的谋杀行为说成是无意的。警察们都十分激动（"可能道格拉斯真有两把刷子"），想象着第二天新闻报道他们抓住了泰诺投毒案的凶手后，人们会如何颂扬他们的英雄事迹。

"真的对不起……苏珊。"不明嫌疑人哭着说。

他们正打算扑上去将他拿下。等等——苏珊？到底谁是苏珊？

原来他站着的位置在玛丽的坟墓旁边！那里埋葬着一名汽车肇事逃逸事故的受害者，案件尚未侦破。肇事者恰好在警方进行监视时出现于此。因此好消息是，我们当晚破获了一桩肇事逃逸案，同时我对于罪犯的研究结论也得到了证实：**无论罪犯是谁或犯了什么罪，多数罪犯都会出于各种原因返回犯罪现场和/或受害者的坟墓**。而且至少让其中部分警探对我产生了一些信任。至于坏消息，不言而喻，就是泰诺投毒案的凶手还没现形。我们后来才得知，监视行动开始时，我们的头号嫌疑人已经离开了。

我在芝加哥又待了一个礼拜左右，后来回到了匡提科继续追查泰诺投毒案。专案组探员夜以继日地工作。他们采访了每个涉案药店中心怀不满的员工，带着在药店内部及周边出现过的可疑人员的心理侧写挨家挨户地走访调查，还试图从药架上还未售出的被投毒的药瓶上提取指纹。他们仔细查看了各个涉案药店的监控录像。联邦调查局拿到了在保拉·普林斯的葬礼上拍摄的新闻影片。最具价值的线索之一来自一名年长女性，她记起自己曾在药店里看到一个男人从夹克口袋里拿出某样东西，然后又把它放回到架子上，当时她觉得那个人也许是在纠结要不要偷东西。

伊里诺伊州检察长蒂龙·法纳负责协调当地、州以及全国的调查组，他公开声称检方觉得凶手不止一个，因为其中一些毒胶囊组装得更为精巧。但我认为此案的邪恶真凶仅有一个，并以此为基础继续提出建议。广大精神病学家和学者也开始对凶手的心理侧写各抒己见，有些人强调凶手或许是那些颇有怨言的药店员工，我已经排除了这种可能。曾在约翰·韦恩·盖西谋杀案的庭审中为辩方作证的一名西北大学（Northwestern University）的精神病学家认为凶手的个性可能和盖西极为相似。

时间一周一周过去，没有新的中毒事件发生，凶手也没有落网，公众的恐惧丝毫未减。全国范围内许多辖区都取消了包括不给糖果就捣蛋游戏在内的各项万圣节活动。几乎每个社区被真实存在的或是想象之中的恐慌笼罩着。美国食品药品监督管理局（The U.S. Food and Drug Administration）报道了自泰诺投毒案以来的 270 起疑似的食品投毒案，其中 36 起被列为重点案件。

“事态完全失控了。”某个州的消费者保护局（Department of Consumer Protection）副局长如是说。

探员们调查了其他州的氰化物死亡事件，想看看它们和泰诺投毒案有什么联系，包括费城（Philadelphia）的一个研究生的中毒事件（最后判定为自杀）、加利福尼亚的一起中毒事件以及堪萨斯州（Kansas）的一起中毒事件。小弗蒙·威廉姆斯（Vernon Williams Jr.）约 35 岁，没有工作，是两个男孩的父亲。他扬言要给更多的泰诺投毒，借此敲诈强生公司 10 万美元，最后因邮件诈骗罪被判处两年监禁。这个新泽西人说他是在看到关于芝加哥地区的人们中毒身亡的报道后才想到这个主意。类似的例子很多，此处仅举一例而已。

我们为调查做出了种种努力，却只确定了一些作案可能性较大的嫌疑人。其中包括一名在食品店仓库工作的码头装运工，他接触过化学物质，还拒绝接受测谎检查。他来自芝加哥郊区，有精神病史，曾对一些涉案药店进行过恐吓。

另一名嫌疑人是 36 岁的詹姆斯・威廉・莱维斯（James William Lewis），他以前是芝加哥的一名会计，曾企图敲诈强生公司 100 万美元。在给强生公司寄的信中，他恐吓说，如果这笔钱没有打到芝加哥的指定银行账户上，他就会制造更多的投毒案。在信中，他自称罗伯特・理查德森（Robert Richardson）（这是他以前用过的一个化名），写道："到目前为止，我的投毒成本不到 50 美元，在每个药瓶上所花的时间不到 10 分钟。"制药公司为了避免事故再次发生，已经做好了付款准备，但联邦调查局建议他们不要这么做。一方面由于莱维斯的敲诈勒索行径，另一方面为了弄清他在关键时间节点的行踪是否和凶手一致，专案组和联邦调查局迫切地寻找莱维斯的下落（他好像在第一起死亡出现时就已经离开当地了）。在逃窜过程中，莱维斯依旧给《芝加哥论坛报》寄了几封亲笔信，落款都是罗伯特・理查德森，信中他否认自己和泰诺投毒案有关并自称"受害者"。

其中一封信含有如下异常偏执的字眼："我们手无寸铁，除非有人从解剖学层面（anatomical，paraplegic）来理解武装的含义。无论警方和联邦调查局的报告多么怪异，我们任何情况下都不该携带武器。在美国，使用武器的是两类心理极为相似的人：一是罪犯，二是警察。我们不属于任何一类。"

读到这里，我警觉起来，开始做笔记。我曾把泰诺案的投毒者描绘成一个懦弱胆怯的、在直接和别人一对一地接触时会感到无所适从的人。因此，哪怕内心充满了熊熊怒火，他也不会成为携带武器的那类罪犯。

次日,《堪萨斯城星报》(*Kansas City Star*)收到了一封来自"理查德森"的信,内容是一篇题为"道德困境"(*A Moral Dilemma*)的文章,抨击了堪萨斯城警察局对雷蒙德·韦斯特(Raymond West)死亡案的敷衍调查。韦斯特是莱维斯当会计时的客户之一,他死后尸体被肢解,然后装进了一个塑料袋,丢在他家的阁楼里,直到1978年8月14日才被发现。

理查德森(莱维斯)写道:"多年来我一直希望警方能重新调查这个案子。我知道我和韦斯特先生的死毫无瓜葛,但我希望这次探员们会花更多的时间来调查这个案子,而不只是简单地问问情况。"

这些信上盖的都是纽约市的邮戳。从我对杀人犯的研究来看,那些已经逃到其他城市的凶手通常会去他们目前所在地区的公共图书馆阅读家乡的报纸,看看警方是否在调查自己。我建议纽约联邦调查局探员及纽约警方彻查图书馆,在芝加哥报纸的读者中寻找与罪犯的侧写或肖像吻合的人。

12月12日,莱维斯在曼哈顿区的纽约公共图书馆大分馆中被捕。第二天,他33岁的妻子黎安(LeAnn)从费城飞到奥黑尔机场自首。她说,10月中旬,莱维斯还给里根总统写过一封恐吓信,这和我此前所做的犯罪侧写不谋而合。这封信上的邮戳来自黎安之前的办公室,信里主要抱怨了某些税收政策,还对总统加以恐吓,说他如果不改变那些政策,就会遭到暗杀。在莱维斯的保释听证会上,美国的治安法官詹姆斯·T.巴洛格(James T. Balog)得知,位于密苏里州(Missouri)的堪萨斯城当局找到了雷蒙德·韦斯特谋杀案的新证据。由于尸体已经被肢解,死亡原因无法确定,但有证据表明他是中毒身亡。莱维斯被指控犯有谋杀罪,但是由于一名法官裁定对莱维斯的逮捕以及对他家的搜查都不合法，指控只得撤销。

莱维斯身高 1.85 米，体重 75 公斤。通过放大监控探头拍下的照片发现，凶手身高在 1.85 米到 1.87 米之间，体重在 77 公斤到 84 公斤之间。由于莱维斯差不多在受害者遇害时就已经离开，所以他无法像我预测的那样对鲍勃·格林的专栏做出什么反应。

莱维斯因在泰诺投毒案发生后撰写恐吓信而锒铛入狱，几个月后，他又因在堪萨斯城犯邮件欺诈罪被判处 10 年有期徒刑，这与泰诺投毒案无关。

来年 10 月，莱维斯敲诈案在芝加哥开庭，他的辩护律师迈克尔·D. 莫尼克（Michael D. Monico）承认莱维斯曾给强生公司写信，同时指出虽然莱维斯索要了 100 万美元，但他从来没想过要从中获利。相反，莫尼克表示，莱维斯是想要报复弗雷德里克·米勒·麦卡希（Frederick Miller McCahey）。这个人是米勒酿酒公司（Miller Brewing Company）的一员，开过一家旅行社，黎安在那里工作过。旅行社倒闭时，黎安被解雇，于是她和旅行社发生了劳资纠纷，但最后还是什么都没得到。莱维斯在信中正是指定将钱打到麦卡希的银行账户。

“犯罪意图是本案的重点。”莫尼克在结案陈词中对陪审团说，莱维斯意在揭露黎安前雇主的所谓恶劣行径。

前文我们也谈到过，将行为和动机混为一谈的情况屡见不鲜。所有的意图指的都是做出某种行为的意愿。揭露该公司所谓的恶行可能是他的意图，但报复才是他的动机。

詹姆斯·莱维斯因敲诈罪被判处 20 年有期徒刑，黎安没有受到任何指控，两人均未被指控犯有谋杀罪。案件到此戛然而止，正如它发生得猝不及防一样。

1995 年 10 月 13 日，星期五，莱维斯在俄克拉何马州埃尔里诺（El

Reno，Oklahoma）的联邦监狱获得了强制假释。据报道，他将搬到黎安曾经居住的波士顿地区。虽然莱维斯犯的只是与泰诺投毒案相关的敲诈罪，而且他极力否认与投毒案有任何直接的联系，但是许多执法官员仍然认为他是投毒案的头号嫌疑人。然而，前芝加哥警长理查德·布茨塞克（Richard Brzeczek）却不这么认为。莱维斯获得假释后，理查德在接受《芝加哥太阳报》(*Chicago Sun-Times*）的采访时说道，他坚信凶手真正想杀的人只有一个，杀其他人是为了把这起谋杀伪装成随机事件。

当然，我们的法律体系遵循疑罪从无的原则，因此我们不能说莱维斯就是泰诺投毒案的凶手。但我确信凶手一定和这个敲诈犯存在相似之处，他的动机是愤怒，渴望报复在他看来让自己受到不公对待的那些人或是整个世界。虽然莱维斯从未承认他与泰诺投毒案有关，但是他确实向警方讲述过凶手可能用到过的投毒方法，即先把氰化物粉末撒在砧板上，再小心翼翼地把粉末填进胶囊里。

“他们让我演示可能的投毒方法。为了帮助警方，我这个良民只好斗胆一试了。”莱维斯在1992年《芝加哥论坛报》的一次监狱采访中说道。

这下就有意思了。在我参与过的监狱访谈中，我一次又一次发现，当没法让采访对象坦白自己的一种或多种罪行（特别是谋杀罪）时，有时候我会让他从第三者的角度“推理”一下凶手可能是如何实施某种特定的暴力或犯罪行为的。采访加里·特拉普内尔（Gary Trapnell）时，我发现了这一点。加里·特拉普内尔被关押在伊利诺伊州马里恩市（Marion，Illinois）联邦监狱，是个臭名昭著的武装抢劫犯、劫机者。采访“泰德”·邦迪时我也发现了这一点。他在死囚牢房度过了多年，不肯承认自己在全国范围内杀害多名年轻女性的罪行，却愿意讲述这样一名残杀女性的罪犯可能采用的犯罪手段。

莱维斯也具备我认为一个“致命型敲诈犯”所应有的背景。根据《芝加哥太阳报》的报道，在密苏里州，莱维斯在成长过程中和养父母吵得不可开交，因此被送进了精神病院。后来他因为和继父打架被逮捕。

泰诺投毒案造成的恐慌最终导致强生公司损失了 1 亿美元，参与调查的地方、州、国家执法机构投入的资金还要多得多。1991 年，强生公司与 7 名受害者的家属达成了和解。由此，强生公司开始采用三层包装来防止投毒事件再次上演。其他公司纷纷效仿，因为它们深知说不准哪一天泰诺的下场就落到自己的产品上了。国会通过了《消费品篡改法案》(*Consumer Tampering Act*)，将产品投毒定性为一种联邦犯罪行为。作为公民，我们原本与犯罪毫无关联，对消费品充满信任，但因为某个看谁都不爽、人格有缺陷的懦夫，这种局面被永久地改变了。

泰诺投毒案让我明白，产品投毒及其他形式的敲诈已经成为执法部门需要解决的重点问题。尽力理解犯罪动机至关重要，因为犯罪动机、受害者和作案手法是找出罪犯的关键。

在我们开始着手了解犯罪动机前，我们需要完成的第一件事是确认恐吓事件本身是否可信。这是因为，在我们今天的社会中，恐吓事件不胜枚举，从《末日航班》放映后引发的悲剧后果和泰诺投毒案造成的恐惧中就可见一斑。恐吓到底是动真格的，还是只是为了把事情弄得一团糟，同时让恐吓者感受到自身权力而使用的一种骗术？在某些案件中，凶手会引导当局发现自己的“杰作”之一，从而展现自身的能力。但是在大多数其他案件中，警方会进行仔细的考量，进而确定不明嫌疑人是否有能力执行恐吓的内容。

从行为科学的角度而言，为了确认恐吓事件是否可信，我们有时候会采用所谓的心理语言学分析，即利用嫌疑人的语言来判断他的个性特征、熟练程度、犯罪动机，从而进一步确定他执行恐吓的能力。换句话说：根据我们对嫌疑人的了解，他的个性特征是否与恐吓中提出的要求相匹配？如果是勒索钱财，我们可以考察关于交付勒索金的要求，这是由于取走勒索金是此类犯罪中最困难的环节：不明嫌疑人是制订了可行的计划，还是只是白日做梦？

指示被敲诈者把钱放到指定的电话亭中是有经验的敲诈犯喜欢采取的方法之一。作为警察，你要监视这个电话亭。如果看到一个人走了进去，就把他拿下，那是不对的。他大可以说自己只不过进去打个电话而已。

好吧，接着看吧。你看到他假装拨打电话，随后提起装着勒索金的公文包离开，然后你抓住他。但还是请等一下。他还是会说他只是在电话亭里发现了这个公文包，而自己又是如此古道热肠，好心想把这个公文包交到警察局。我想说的是，如果一名经验如此丰富的罪犯提前想好了这个万全之策，那么你也要和他一样老练，悄悄地跟在他后面，直到他露出马脚，表明自己的目的并没有那么高尚。

通过对恐吓信的分析，我发现有些时候它们简直如出一辙，词与词、笔画与笔画都极为相似。我总是告诉同事们，你们必须把这些小细节放一放，着眼大局——写信的人想传达的真正信息到底是什么。因为即使是个恶作剧，你还是得抓住这个写信的人，就算不为了别的，也要减小此人今后给警方造成骚扰的可能性。

举例来说，如果罪犯恐吓的对象是某个特定的人，还在信中索要100万美元，那么作为探员，我们首先会问自己，目标受害者是否能拿得出这笔钱。若答案是否定的，我们便不会太过严肃地对待这个恐吓。如果目标对象在周五下午接到恐吓信，且信中要求他立刻把钱交出来，却忽视银行周末不营业的情况，那这个不明嫌疑人可能没什么经验。即便有些恐吓完全是自导自演，以博取人们的同情或实行某种诈骗行为，我们依然可以施展才能将其识破。

归根结底，我们要考虑的仍然是动机。对于经手过的每一个案子，我们提出的第一个问题就是**为什么？**为什么会发生这种事？为什么罪犯会对这个人、这个公司下手？恐吓者究竟想干什么？他的动机是不是钱、爱、性、复仇、惩罚、他人认同、寻求刺激、消除内疚、自我满足、发泄仇恨、获得关注？恐吓者对我们或他人的安全发出威胁，向我们传达了什么信息？

假设他的动机是复仇，那么我们可以首先调查可能产生愤怒的人群。如果他展现出的愤怒没有针对性，正如泰诺投毒案一样，那么案件的侦破难度系数更大。那些计划周密 / 有组织的敲诈者是为了钱财，而随意散漫 / 无组织的敲诈者则有着除了谋财以外的各种动机，这是一般规律。当然，还存在许多例外情况。

执法单位里流传着一句老话："杀人者不声张，声张者不杀人。"这句话是说，从不明嫌疑人的犯罪方式中你可以获得许多关于动机的信息。如果他先做出声明，或者以其他方式挑明意图，那么我们就会从谋财动机开始调查。如果他没有做出声明，却开始出现了死亡事件，那么我们会把复仇和愤怒作为动机进行考虑。当然，这只是通常情况，我们还得仔细研究每个案件的具体细节。

如果恐吓是针对个人的，我要告诉被恐吓者的第一件事就是警觉自己接触的所有人，哪怕只是萍水相逢。这样做一是为了保持警惕，二是因为不明嫌疑人会留心观察自己的恐吓起到了什么效果，否则他就得不到自己追寻的满足感了。

和纵火一样，产品投毒也可以用于掩盖其他罪行，这正是我们在下一个案件中将谈到的。

1986 年，人们仍对泰诺投毒案记忆犹新，但已经没有最开始那么紧张了，对于安全产品的信心也逐渐恢复。

6 月 11 日，40 岁的苏珊·凯瑟琳·斯诺（Susan Katherine Snow）被 14 岁的女儿海利（Hayley）发现倒在浴室的地板上，最终在医院急诊室身亡。斯诺很有魅力，受人尊敬，是西雅图南郊奥本市（Auburn）普洁湾国家银行（Puget Sond National Bank）的助理副行长。她离过两次婚，不久前刚嫁给了 45 岁的卡车司机保罗·维布金（Paul Webking），她很爱这个新婚丈夫。除了海利，斯诺还有一个已经成年的女儿。

斯诺的死亡发生迅速，而且十分不可思议，这说明她可能死于脑动脉瘤或吸毒过量，但斯诺没有任何内出血的迹象，她平时也不吸毒。助理法医珍妮特·米勒（Janet Miller）在验尸时闻到了微微的苦杏仁味。这种气味并非人人都能察觉，它实际上是氰化物中毒的信号。

毒理试验证明斯诺体内确实有氰化物残留。家人坚称斯诺绝不可能存心给自己下毒或采用其他方式自残。探员竭尽全力还原斯诺生前吃过的食物，但他们只发现了两粒强效埃克塞德林（Extra-Strength Excedrin）胶囊。他们对药瓶进行了检查，又发现了另外三粒毒胶囊。保罗·维布金也吃过同个药瓶里的胶囊，但他什么事都没有。

苦不堪言的行动再次拉开了序幕。几天内，美国食品药品监督管理局给出了有毒药瓶的批号，制药商百时美公司（Bristol-Myers）召回了全国范围的产品。西雅图警方搜查了所有药店的货架，找到了另外两瓶被投毒的药瓶，一瓶在奥本市，另一瓶在隔壁的肯特县（Kent）。

由于泰诺投毒案后出台的新法案，联邦调查局介入了这个案子。我们部门负责对嫌疑人进行犯罪心理侧写，然后提供一些积极主动的策略来抓住嫌疑人。

保罗·维布金同意接受测谎实验，并且轻而易举地就通过了。所有的调查结果都向我们证实，他只是个十分疼爱新婚妻子的悲痛丈夫。

我们等待着嫌疑人提出要求或联络我们，从中或许能了解不明嫌疑人的动机，但什么都没发生。当局屏息以待，生怕还有其他人成为受害者。祸不单行，真的又有一名受害者出现了。

6月17日，42岁的斯特拉·莫丁·尼克尔（Stella Maudine Nickell）向西雅图警方报案，称丈夫不到两周前在西雅图的港景医疗中心（Harborview Medical Center）去世。她的丈夫名叫布鲁斯（Bruce），是华盛顿运输部（Washington Department of Transportation）的一名兼职技工和重型设备操作员，以前是个酒鬼。医院记录的死亡原因是肺气肿，但她清楚地记得，布鲁斯在生病前不久吃过强效埃克塞德林。她听到新闻时就起了疑心，检查了家里药瓶的批号，发现和斯诺药瓶上的批号一致。这引起了探员们的注意。

布鲁斯·尼克尔（Bruce Nickell）已经下葬，但由于他同意进行器官捐献，医院留有他的血液样本。不消说，毒理试验证明了他体内含有氰化钠。此后没有出现新的受害者，也没有接到更多的恐吓或其他要求。保罗·维布金和斯特拉·尼克尔都对百时美公司提出了过失致死的诉讼。

但后来探员发现了一些怪事，那是些不容忽视的细枝末节，如果加以追踪，案情会取得更大的进展。当局检查了数万瓶强效埃克塞德林，但发现其中只有五瓶被下了毒。其中两瓶在斯特拉·尼克尔的房车内发现，她此前说过那是分别在不同日子从不同药店买来的。一个人恰巧在不同的时候买到了五瓶被投毒的药瓶中的两瓶，这样的概率有多大呢？从统计学数据来看，这种可能性几乎不存在。

探员们开始密切关注尼克尔。她有两个漂亮的女儿和一个外孙——与最常见的杀人凶手的侧写不太一样。她在一个私营保险公司当调度员，深受同事们的喜爱。可以看出布鲁斯的暴毙让她伤心欲绝。我们建议探员们仔细分析受害者，试着寻找吻合的动机。

自从对尼克尔展开监控之后，联邦调查局探员们便开始将其他的偶然发现联系在了一起。联邦调查局实验室化学科（Chem Unit）的罗杰·马茨（Roger Martz）和戴比·王（Debbie Wang）发现胶囊中不仅含有氰化物，而且还存在其他四种化学成分，其中两种是通常在家用鱼缸中使用的灭藻剂。马茨得空时去了宠物店，仔细阅读了所有鱼缸清洁剂上的标签。功夫不负有心人，他找到了一个含有那四种可疑化学物质的鱼缸清洁剂。那是一种名叫水藻克星（Algae Destroyer）的高端灭藻剂。显然，凶手是在曾经使用过灭藻剂的容器中进行了氰化物粉末的调配。

与此同时，西雅图的探员们得知，作为国家公职人员，布鲁斯·尼克尔享有价值 3.1 万美元的人寿保单，此外斯特拉去年又给他买了几份保险。如果布鲁斯意外死亡，她总共能获得约 17.5 万美元的保险金。中毒身亡就是意外的一种。

一名西雅图探员在读了马茨的报告后，想起自己曾在尼克尔的房车内看到过一个鱼缸。接着探员们带着一沓照片（其中有一张是斯特拉·尼克尔的照片）走访了当地的宠物店，向店员打听他们有没有见过照片上的人。在肯特县的一个宠物店，有人认出了尼克尔，说此人曾经订购过水藻克星。他还记得尼克尔买过用于把药片碾成粉末的研钵和捣锤。

这下所有的证据都拼凑起来了。斯特拉没能通过测谎试验。联邦调查局文件部（Document Section）指出有两张保险单上布鲁斯的签名是伪造的。但证据仍然不够确凿。1987 年 1 月，斯特拉的女儿辛迪·汉密尔顿（Cindy Hamilton）与探员取得联系，说她觉得必须把自己知道的说出来。她告诉探员，妈妈过去常说要杀了布鲁斯，有一次甚至提到要使用氰化物。斯特拉还企图用有毒的种子杀掉布鲁斯，但没有起效。后来，斯特拉开始研究泰诺投毒案，她意识到自己的机会来了。辛迪说，她妈妈曾去图书馆看过一些关于各类毒药的书。探员们后来在几本书上发现了尼克尔的指纹，根据图书馆的记录显示，她曾经反复借阅过几本书，包括《大追杀》（*Deadly Harvest*）和《人间中毒》（*Human Poisoning*）。

辛迪说，在布鲁斯突然身亡后，她还没来得及提问，她妈妈就先开口了："我知道你在想什么，但我没那么做。"

这也是官方的消息——验尸官将布鲁斯的死亡原因误判为急性肺气肿，而不是意外中毒。因此，斯特拉必须毒死别人，她才能使自己的犯罪形成模式、产生影响，当局才会重新调查她的案子。否则她就要和那一大笔保险金失之交臂了。

令人不寒而栗的另一方面在于，即便打算骗保，她完全可以给当局打个电话或写个字条树立自己的威信，无须牺牲另一条无辜的生命，但她为了让投毒看起来更像是意外事件，不惜夺取陌生人的生命。如果不是珍妮特·米勒在斯诺的尸检中嗅出苦杏仁的味道，尼克尔还会继续杀人，直到有人发现受害人死于中毒，她才能自告奋勇地向警方提供信息。

她的家庭背景完全不同于她在朋友、同事们面前所塑造的那样。1968 年到 1971 年间，她住在加利福尼亚，那时她犯过伪造罪、支票诈骗罪，还虐待过女儿辛迪。布鲁斯去世时，尼克尔一家已经负债累累，面临着房屋将被债权人收回和破产的双重威胁。

1988年5月9日，斯特拉·尼克尔因犯谋杀罪被判180年有期徒刑，因三起产品投毒被各判10年有期徒刑，数罪并罚。她是美国历史上第一个由于产品投毒而以谋杀罪被起诉的罪犯。

美国地方法院的法官威廉·德怀尔（William Dwyer）称尼克尔的行为是"麻木不仁、惨绝人寰的罪行"，并提出她至少在30年内没有资格获得假释，她的资产将全部用于补偿受害者家属。

对此案提起公诉的副检察长琼·马伊达（Joan Maida）提到："单单想到多少人可能因为这个女人的贪婪而送命，就令人毛骨悚然。"根据控方意见，斯特拉打算用保险金买下停靠房车的那块地，然后开一家热带鱼商店。她爱鱼。

辛迪·汉密尔顿在对其母斯特拉的抓捕和定罪中起到了关键作用，于是她获得了一个工业集团奖励的25万美元的奖金。

讽刺的是，斯特拉·尼克尔在实行了天衣无缝的犯罪计划后又把自己暴露了。犯罪后的行为常常将罪犯出卖，这只是众多例子中的一个。如果她没有那么贪婪，她在杀害丈夫后仍然可以逍遥法外，还可以把少量保险金纳入囊中。但由于"贪婪"才是她的真正动机——书中记载"贪婪"是继"嫉妒"（该隐与亚伯）之后最古老的动机，她注定无法逃脱法网。

遗憾的是，事情还没有结束，但这也在意料之中。1991年2月的《读者文摘》（*Reader's Digest*）中，一篇文章提到了联邦调查局侦破斯特拉·尼克尔案的过程。不久后，华盛顿州奥林匹亚市（Olympia）的约瑟夫·梅林（Joseph Meling）从中得到了犯罪灵感，他为了骗取妻子詹妮弗（Jennifer）的人寿保险金，就用添加了氰化钾的速达菲（Sudafed）

消除鼻塞药片毒害了她。不久后，和尼克尔案类似，嫌疑人的一个亲属向警方举报嫌疑人有谋杀意图。举报人是约瑟夫的叔叔凯斯·梅林（Keith Meling）。詹妮弗活了下来，但是在这个过程中，约瑟夫·梅林害死了两个无辜的人——凯瑟琳·达内克（Kathleen Daneker）和斯坦利·麦克沃特（Stanley McWhorter）。和斯特拉·尼克尔一样，他犯有6起产品投毒案，并受到了相关指控。

我们讲述这个案子是为了鼓励其他人进行模仿吗？当然不是，我希望没有人会愚蠢到认为我们给他们提供了犯罪方案。我知道每个认真阅读这个故事的人都会意识到，投毒这种犯罪手段根本不值得费力尝试，因为你绝不可能逃脱法律制裁。一切都对凶手不利，包括他/她在犯罪后不可避免地会做出的行为。

投毒是女性的专利吗？答案是否定的。实际上，和其他类型的谋杀一样，投毒者绝大部分是男性。但是由于投毒无须直接接触受害者，如果一名女性要实施犯罪，投毒很可能成为她的首选。如果罪犯是男性，那么我们会认为他是一个寡言少语、懦弱胆怯、唯唯诺诺的人，和他人正面接触同样让他非常难受。当调查一起新的投毒案时，我们首先会怀疑凶手是一名白种男性，但如果犯罪场景和受害者研究都表明这是一起目标明确的犯罪，而不是随机犯罪，女性不明嫌疑人或许就会轻而易举地引起我们的注意。

接下来这起投毒案极其诡异。亚拉巴马州安尼斯顿市（Anniston, Alabama）的奥德丽·玛丽·希利（Audrey Marie Hilley）毒死了她的丈夫，但她的动机截然不同。这个案子非常荒诞，所有细节曲折离奇，听起来不像是真实案件，更像是虚构的悬疑故事。

1975年5月19日，弗兰克·希利（Frank Hilley）去看了医生，说自己感到恶心。之后，他的情况越来越严重，23日，他开始住院。两天后他就过世了。医生说他的死因是传染性肝炎。希利离开了他的妻子奥德丽·希利和他们15岁的女儿卡罗尔·玛丽（Carol Marie）。两年后，奥德丽的母亲露西尔·弗雷泽（Lucille Frazier）也死于传染性肝炎。1979年8月，19岁的卡罗尔因恶心、呕吐不止、手脚麻木住进了医院，这些都和4年前她父亲的症状如出一辙。住院过程中，卡罗尔得了偏瘫，奄奄一息，如此持续了数个礼拜，最后慢慢开始好转。她告诉医生，当她躺在病床上时，母亲多次给她进行药物注射。

在此之前，母亲给她买了一份价值5万美元的人寿保险。

但这并不是奥德丽犯罪的唯一证据。化验结果表明卡罗尔血液中的砷含量高于正常水平。弗兰克的尸体被挖了出来，经仔细检验，确认他也是死于急性砷中毒。露西尔·弗雷泽的尸体也被挖了出来，她的体内也有砷，但含量无法确定。1979年10月25日，奥德丽·希利终于因蓄意谋杀女儿被起诉。

这个年龄47岁、身高1.55米、绿眼睛、褐色头发的女人在交了1.4万美元的保释金后被释放，11月16日，她从伯明翰郊区的一家汽车旅馆里消失。大约同一时间，奥德丽的婆婆卡丽·希利（Carrie Hilley）在患病几周后也过世了。她并不是唯一和奥德丽接触后就病倒的人。20世纪70年代末，奥德丽曾多次向警方抱怨，说她发现房子周围有人跟踪自己，还多次接到恐吓电话。

两名警察到她的家里了解情况，奥德丽向他们诉苦，还请他们喝了咖啡。离开她家后不久，两名警察都出现了恶心和急性胃痉挛的症状。奥德丽邻居家的孩子们久病不愈，医生也查不出病因，但在他们搬走后，孩子们的病很快便痊愈了。

我受命对逃犯进行评估。我提议，要在能让她感到舒适的地方展开对她的搜寻。了解她的背景后，我认为她可能会在距离家乡非常近的地方现身。

我们在佐治亚州玛丽埃塔市（Marietta，Georgia）找到了奥德丽的车，但她本人却下落不明。联邦调查局在全国范围内寻找她的踪迹。同时，1980 年 1 月 11 日，亚拉巴马州卡尔霍恩县（Calhoun County）的大陪审团以谋杀弗兰克的罪名起诉了奥德丽。

她就这样销声匿迹了，直到 1983 年 1 月，联邦调查局探员在佛蒙特州伯瑞特波罗镇（Brattleboro，Vermont）的一家印刷店里发现了她，她在那儿工作。她此前用假身份住在新罕布什尔州马洛（Marlow，New Hampshire），这个印刷店就离那儿不远。她的假名是林赛（Lindsay），常用昵称是罗比（Robbie）。奥德丽嫁给了约翰·霍蒙（John Homan），他 30 多岁，以制作模具和造船为生。后来她去了得克萨斯州，策划并伪造了自己的死亡。接着，她又回到了霍蒙的身边——以罗比的双胞胎姐妹泰里·马丁（Terri Martin）的身份，这时她减掉了 20 磅，还把头发染成了金黄色。

是的，你没有听错。

“如果今天让我出庭作证，我发誓她们是两个不同的人。”深感震惊的霍蒙对美联社说，“她就是个温暖、美好的女人。”他觉得奥德丽假死可能是不想让自己在得知她的真实身份后过于痛苦。奥德丽曾告诉霍蒙她的前夫死于心脏病，她的两个孩子在得克萨斯州泰勒县（Tyler，Texas）的一场车祸中丧生。

约翰的弟弟彼得（Peter）说奥德丽“是他（约翰）一生中最大的幸福”，“他（约翰）深深爱着她”。

我承认这让我很惊讶。我原本以为我们会在她的老家（位于亚拉巴马）附近找到她，而且根本用不着花这么长时间。当我对本案进行评估时，我认定奥德丽是一个典型的精神病患者。通常来说这样的女性并不多见。奥德丽狂妄自大、罔顾真相，随意玩弄他人，谁不堪一击、谁容易受骗，她都尽收眼底。如果奥德丽是个男人，她很可能成为一个连环强奸犯或强奸杀人犯，我一点也不会感到意外。

尽管奥德丽魅力十足，她还是让周围的人感到了些许不适。由于这对“双胞胎”出奇地相似，罗比的熟人和同事产生了警惕并告知了当局。甚至连其中的细节也非常离奇。希利以泰里·马丁（Terri Martin）的身份为罗比·霍蒙太太在报纸上登了一封讣告。

在人们认为罗比可能前往了得克萨斯州前，新罕布什尔州基恩（Keene，New Hampshire）中部螺丝公司（Central Screw Company）销售部中她的主管罗纳德·奥亚（Ronald Oja）发觉了此事的奇怪之处——讣告中的名字是罗比·霍蒙，而不是她的“真名”林塞·R. 霍蒙（Lindsay R. Homan）。于是他调查了一些细节，例如她说她要把尸体捐献给得克萨斯州的医学研究协会（Medical Research Institute in Texas）、她是泰勒县圣心教堂（Sacred Heart Church）的成员，最后发现这些都是假的。因此，奥亚联系了新罕布什尔州的警方，让他们去找泰里·马丁。

怎么样？到目前为止还能跟上我的节奏吗？警方正在寻找一个名叫泰里·克利夫顿（Terri Clifton）的逃犯，由于这个逃犯曾用名就是泰里·马丁，因此他们觉得这个泰里·马丁说不定就是她。州警察与联邦调查局取得了联系，我们派出一名探员前去审问泰里·马丁。为了让这名探员确信她不是泰里·克利夫顿，奥德丽·希利承认自己不是真正的泰里·马丁，并坦白了自己的身份。

奥德丽拒绝引渡回国，被安尼斯顿（Anniston）的县监狱收监，这次的保释金比之前高得多。她拒不承认杀人、谋杀未遂和另外两条开空头支票的罪名。

过去熟识她的人都和霍蒙同样震惊。卡罗尔·希利曾经就读的学校的校长奥尔加·肯尼迪（Olga Kennedy）告诉美联杜记者，奥德丽是“一个出色的、有魅力的、配合学校工作的家长。不论有什么任务，她都愿意倾尽全力提供帮助”。

这个案件太蹊跷了，因此巡回法庭（Circuit Court）的法官萨姆·蒙克（Sam Monk）批准了副地区检察官（Assistant D. A.）乔·哈巴德（Joe Hubbard）提出的对奥德丽进行精神鉴定的诉讼请求。1981年5月底，法院开庭审理此案，希利的女儿卡罗尔作为控方证人出庭，她说在她住院时，母亲曾多次给她进行药物注射，甚至在她住院之前就开始了。

希利的前嫂子弗雷达·阿德库克（Freda Adcock）作证说，她在奥德丽家的一个盒子里发现了三罐婴儿食品和一个装老鼠药的容器。一名州毒理专家证实在奥德丽的手提包里发现的一个瓶子中有砷的残留。奥德丽有个30岁的儿子叫迈克（Mike），是佐治亚州科尔尼斯（Conyers, Georgia）的主任牧师。他告诉陪审团，父亲在去世前几天脸色发黄，他疑心父亲是否神志不清。副地区检察官哈巴德拿出了迈克在1979年秋天写给卡尔霍恩县验尸官拉尔夫·菲利普斯（Ralph Phillips）的一封信，信中写道：“我确信母亲给父亲注射了砷，她显然对妹妹也下过毒手。”

与希利在同一间牢房的普利西拉·朗（Priscilla Lang）作证说，希利告诉她，她杀死了她的丈夫和女儿，因为卡罗尔是个同性恋，弗兰克一直“袒护卡罗尔”。据朗所说，希利的投毒方法是每天在丈夫的食物里加入一点砷。

控方律师提出，希利的犯罪动机可能是发泄对卡罗尔的愤怒，也可能是想在弗兰克死后获得3.114万美元的保险金，同时在卡罗尔死后得到额外的保险金。

经过9天的庭审，陪审团花了约两个半小时的时间来裁定奥德丽·希利犯有谋杀罪和故意杀人未遂。对于法官蒙克的判决，希利称，“我始终都是无辜的，我没有对任何人下毒”。

蒙克判处她无期徒刑，外加 20 年监禁。

9 月，有人怀疑卡罗尔儿时的玩伴，一个 11 岁的小女孩，也是被希利害死的，但是亚拉巴马州的实验室科学家没有在那个女孩的尸体中发现砷。希利称，用于给她定罪的证据是通过非法搜查得来的，因此她要求重新审理此案。1985 年 12 月，亚拉巴马州最高法院驳回了她的请求。

但是这个匪夷所思的案件至此还没有结束。1987 年 2 月 19 日，希利在约翰·霍蒙的资助下得到了假释，可以离开亚拉巴马州韦塔姆卡（Wetumpka，Alabama）的朱莉娅·图特维拉女子监狱（Julia Tutwiler Prison for Women）3 天。虽然希利有过犯罪记录，但是监狱政策规定，入狱六个月以上且遵守规章制度的犯人可以拥有短暂的假释期。监狱长黑尔（Hare）说，之前在八个小时自由活动时间结束后，希利都会准时回到监狱。

希利离开两天半后，霍蒙联系了警方并告诉他们（猜猜发生了什么？）希利失踪了。她留给他一张字条，说她不愿意再回到监狱，她正在朋友沃尔特（Walter）的帮助下逃往加拿大。她希望霍蒙可以理解她并尝试原谅她。

联邦调查局开始在亚拉巴马州以外对希利展开搜寻。2 月 26 日，有人在距离她出生地不到两公里的一所房子的后门廊发现了她。当时大雨瓢泼，希利浑身湿透，满是泥泞，一直在打战，话也说不利索。附近的一个居民看到了她，打电话报了警。在前往医院的路上，希利一命呜呼。死亡原因是体温过低、长时间暴露在寒冷环境中。她死时 53 岁。我的逃犯评估在八年后被证明是毫厘不爽的。

“这个精彩的长篇故事就到此为止了。”乔·哈巴德告诉媒体。

奥德丽的动机是什么？是贪婪、愤怒、二者兼而有之，还是其他？重新审视这个案子，我认为必须将她的精神状况及某些可能的精神疾病考虑在内。诚然，她想通过害死丈夫和女儿来谋财（成功杀死了前者），她还有着强烈的愤怒，这才使得她做出这些难以想象的罪行。

但我认为在本案中这个解释可能太过简单了。对她的背景和个性进行考量，再比对她的生活环境：早婚，厌恶被不合心意的丈夫和家庭束缚——我认为摆脱束缚、追求自由生活是她的动机，而和弗兰克在一起她永远不可能得到这两者。我之所以得出这样的结论，部分原因是尽管她似乎爱着约翰·霍蒙，没过多久就离他而去，甚至采取了伪造死亡的极端方式来维持自己无拘无束的生活方式、欺骗霍蒙和仍在追踪她的当局。她需要时刻把大局掌控在自己手中。如我所言，这种个性在男性身上比比皆是，在女性身上则不太常见。

随着年龄的增长，理想与现实世界渐行渐远，保持对他人的控制和高人一等的姿态需要付出的努力或许已经让她感到疲惫。虽然她这次还是能够逃离众人的视线，她现在已经年过半百，艰难的生活正步步逼近，想要像过去在新罕布什尔州和佛蒙特州时一样吸引、诱惑、愚弄别人已经不那么容易了。但她还是不想回到监狱，不想让执法部门得意。她会将对事物的控制权攥在手中，直到生命的终结。因此我不得不思考，这个终结是她自己的选择。

1988 年 10 月，佛罗里达州中心阿尔图拉斯镇（Alturas）上，41 岁的女服务员佩吉·卡尔（Peggy Carr）感到不适。她去了医院，症状消失后便出院回家。之后她又病了，再次住进了医院。她胸口疼痛、严重恶心、手脚刺痛。这些症状愈演愈烈，她的头发一簇簇地掉，还说感觉自己身上像着火了一样。接着，17岁的儿子杜安·杜伯利（Duane Dubberly）和16岁的继子特拉维斯·卡尔（Travis Carr）也因为同样的症状病倒了。杜安的体重从79公斤降到了40公斤。医生们大惑不解。佩吉的丈夫帕李尔林恩（Parearlyn）是一个矿工，大家都叫他派伊（Pye），他看着妻儿深陷痛苦却无能为力。短短几周后，佩吉陷入了昏迷。佩吉的女儿锡西（Cissy），一个两岁孩子的母亲，怀疑派伊给佩吉下了毒。两个男孩最后痊愈了，但佩吉仍处于昏迷状态。

医生们进行了所有可能的检查和毒理检测。结果表明佩吉可能是铅中毒、汞中毒或砷中毒。但当考虑到佩吉的脱发症状时，一名医生认为她有可能是铊中毒。进行毒理检测后发现，佩吉尿液中的铊含量高出正常水平两万倍！医生对两个男孩也进行了检测，结果呈阳性，派伊和其他的孩子也是同样的情况。铊被广泛地用作杀虫剂和老鼠药，但是在1972年就被美国环境保护局（EPA）禁用了。

探员们开展了一次全面的犯罪侦查和流行病学调查，对卡尔家中超过450件物品进行了检测。最后，他们找到了答案：被投毒的可口可乐。但凶手是谁？为什么要这么做？

这个家庭没有买过人寿保险，佩吉和孩子的死也不能带来任何收益，因此动机不太可能是谋财。和所有受害者的配偶一样，派伊在妻子死后成了头号嫌疑人。佩吉初次生病那天，他外出打猎。他们争吵不断，其实在一切发生以前，佩吉已经搬走一段时间了。他起先以为佩吉病得不重，所以没有及时把她送去就医。另外，大家都说派伊人品绝佳，疼爱孩子，而且他自己体内的铊含量也超标了。当地没有其他关于可口可乐投毒的报道，受到波及的只有这家人。这场犯罪似乎没有动机。同时，这场犯罪惨无人道，因为如果不是像泰诺投毒案一样的随机行为，那么不明嫌疑人不仅选取了成年人和青少年作为目标，甚至连小孩子都不放过。

但本案中还存在另一条可能的线索。在佩吉生病的几个月前，这家人收到了一个用黄色便利贴打印的恐吓字条。上面写道："你们全家给我在两个星期内离开佛罗里达州，永远不要回来，否则你们都会没命。这可不是开玩笑。"

恐吓者把信寄到了巴托市（Bartow），而不是阿尔图拉斯镇，如果收件人家里有信箱的话，这确实是个好办法，恰好卡尔家就有一个信箱。但是只有熟悉这个地区的邮政系统的人才会知道这一点。警方询问派伊时，他提到了他们家和隔壁邻居之间的摩擦。他们隔壁住的是 42 岁的乔治·詹姆斯·特雷帕（George James Trepal）和他 41 岁的妻子黛安娜·卡尔（Diana Carr）（她与派伊和佩吉没有亲戚关系）。在派伊看来，他们之间的摩擦说不上多么严重，无非就是嫌对方家里音乐太吵等，都属于正常的邻里矛盾。但随后他又想起，在特雷帕埋怨卡尔的两条罗得西亚背脊犬追着他的猫咪不放后，这两条狗突然病死了。就在生病的两天前，佩吉又和黛安娜吵了一架，因为对方在洗卡车时放的音乐太吵了。那次争吵非常激烈，黛安娜甚至威胁要报警，最后佩吉让黛安娜离他们家远点。

特雷帕家的房子四周都种着橘子树，他们喜欢私密空间。波克县（Polk County）的谋杀案探员埃尼·明西（Ernie Mincey）找特雷帕问过话，未能排除他的嫌疑。特雷帕又矮又胖，蓄着胡子，是个性格温和、不修边幅的人。他说在这个有着 600 人的社区里有某个人要卡尔家搬走，说话时的语气听起来和恐吓字条非常相似，但那张字条根本就没公开。明西进一步试探特雷帕，这才发现他撒了很多谎。比如，特雷帕说自己对铊一无所知，但其实他之前是一家非法的大型甲基苯丙胺（methamphetamine）制造厂的药剂师，工厂在加工过程中就使用到铊。

因为这件事，特雷帕于 1975 年被捕，后来在康涅狄格州的丹伯里监狱（Danbury Prison in Connecticut）中服刑两年半。在监狱里，特雷帕就常常向狱管抱怨其他狱友的收音机声音太吵了。

还有更多线索指向特雷帕。门萨俱乐部（Mensa）的会员身份让乔治·特雷帕和黛安娜·卡尔引以为傲。这是一个高智商精英俱乐部，要想成为其中一员，必须在智商测试中排名前 2%。这对夫妇的大多数社交活动都是和俱乐部波克县分会的其他成员一起。他们认为自己聪明绝顶，而卡尔一家愚蠢无比。他们确实智力超群。乔治不但是一名药剂师，而且现在是个独立计算机程序员；黛安娜是一名骨科医生，拥有一个理工硕士学位和一个临床病理学硕士学位。事实上，乔治和黛安娜是在一次门萨俱乐部聚会上认识的，聚会地点在佐治亚州奥古斯塔市（Augusta，Georgia），黛安娜当时在那儿实习。之后，他们参加了门萨的“谋杀周末”活动，在这个活动上他们可以策划并演示自己天衣无缝的犯罪计划。有一次，乔治准备了一份宣传手册，里面有这样几行字：“当死亡的威胁找上家门，谨慎的人们会把所有下了毒的食物统统丢出去，而且对自己吃的东西都格外小心。门口的大部分食物都像是邻居在说，‘我讨厌你。不搬走你就看着办吧！’”

具有讽刺意味的是，乔治的父亲曾是纽约市的一名警察，1949 年乔治出生后不久，他们举家搬到了北卡罗来纳州（North Carolina），他的父亲转行开了一家电视机和收音机维修店。乔治基本上是由母亲梅布尔（Mabel）一手抚养大的，因为母亲不让任何人来照顾他，包括他父亲。她不让乔治和人打架，每当乔治做错了什么事，她都会出面解决。

尽管这些信息让人浮想联翩，但它们也构不成谋杀的证据。动机从何而来呢？一个人，特别是一个高智商的人，不会因为邻居把音乐放得太大声就杀了他们。因此，警方虽然怀疑乔治，但证据却并不充分。警方必须找到真正有动机去杀害佩吉一家的人。

同时，警方请联邦调查局介入此案，提供咨询。佛罗里达州莱克兰市（Lakeland）的常驻机关（Resident Agency）把案子移交给了坦帕外勤处（Tampa Field Office），由特别探员亚娜·门罗（Jana Monroe）负责协调。[亚娜之前是加利福尼亚州的一名警官和凶案探员，不久后会来匡提科成为我们部门里的一名犯罪侧写员，她将在当上圣地亚哥外勤处（San Diego Field Office）警察分队队长后回加利福尼亚州。]亚娜对这个案子进行了全面的研究，包括铊中毒的所有相关内容，她正在与埃尼·明西制定一项积极的调查战略。

她向我们匡提科咨询了这个案子。比尔·哈格迈尔（Bill Hagmaier）[他在我退休后成为儿童拐卖和连环犯罪科（Child Abduction and Serial Crimes Unit）的负责人]是我部门里负责佛罗里达地区的一名探员，他对这个投毒杀人犯的个性和行为进行了犯罪心理侧写。比尔说由于凶手过于胆怯，这个人不会直面冲突，他更倾向于以智取来实施报复，而非诉诸武力。

比尔还说，用这种致命的、罕见的慢性毒药来杀人，可见凶手机智聪明、有组织性。凶手一定觉得罪行被发现后，唯一的证据——可口可乐瓶——早就不在房子里了。不幸中的万幸，当警方开展流行病调查时，其中一个瓶子还在那儿。凶手是在一箱八瓶装的可乐里下毒，而不是对卡尔家放在厨房里的塑料瓶装的两升可乐下毒，这点值得我们注意。凶手向我们传达的信息是，他已经准备好直面挑战了。如果不考虑动机，这些证据都指向了乔治·特雷帕。他就是那种傲慢自大的人，他觉得自己足够精明，能随心所欲地犯罪并且不会受到法律制裁。因此，他才会在门萨聚会上公然指出，给邻居下毒就是让邻居滚出去的意思。

比尔给明西的建议是，和特雷帕正面交锋吃力不讨好，必须用一种不会让他感觉到威胁的办法接近他。在电话里，这两个男人和亚娜讨论要派一个人去做卧底工作。最初，他们将亚娜当作人选，因为她有过卧底经验，卧底是她的强项。但他们想了想，特雷帕太精明，他不会相信像亚娜这样魅力十足、聪慧过人、光彩照人的金发美女会对他这么一个邋遢鬼感兴趣。

大约在这时候，佩吉已回天乏术。卡尔一家决定不再自欺欺人，关掉了佩吉使用的那些机器。1989 年 3 月 3 日，佩吉去世。至此，这成了一起谋杀案。埃尼·明西请来了苏珊·戈雷克（Susan Goreck），她是当地警察局的一名探员，三十五六岁，有着丰富的卧底经验而且非常聪明，很适合被安插在门萨俱乐部。她的身份是雪莉·吉恩（Sherry Guin），一名来自休斯敦的妇女，由于不堪忍受丈夫的家暴试图逃婚。比尔·哈格迈尔会通过电话对她进行指导，进而从乔治·特雷帕口中套取所需信息。

1989 年 4 月，戈雷克在门萨的“谋杀周末”活动上遇见了特雷帕和他的妻子，他们三个一见如故。由于黛安娜工作时间长，乔治和“雪莉”有了很多独处的时间。她迎合他的骄傲和虚荣，怂恿他夸耀自己的丰功伟绩。在整个卧底过程中，戈雷克都格外小心。比方说，如果他们在一起在外吃饭，那么她去完洗手间后就不会再吃任何东西了。观察了这对夫妇一段时间后，戈雷克确信，计划和实施投毒的人是乔治而不是黛安娜。黛安娜控制欲极强、十分武断，而乔治则善于隐藏自己。他才是符合哈格迈尔侧写的那个。在青少年时代，他从来没有和女生约过会，他虽然很聪明，但学习成绩很差。再者，如果是黛安娜想要害人，她一定会更直截了当，而不会选择投毒这种偷偷摸摸的方法。

乔治给“雪莉”出主意，教她如何报复准前夫，方法包括敲诈勒索、指控他猥亵儿童、伪造他的签名给总统写恐吓信等。在一次参观奥杜邦自然中心（Audubon Nature Center）时，乔治采了一些有毒的浆果给她，告诉她吃三个这样的果子就能要命。可想而知，如果真要直接面对别人，他就是个胆小鬼。到时机成熟时，我们又派出另一名探员进行卧底，扮作“雪莉”那个爱动粗的丈夫。他和“雪莉”在机场当着特雷帕的面激烈争吵，特雷帕害怕地向后躲，以最快的速度落荒而逃。

12 月，由于黛安娜·卡尔要在佛罗里达州锡布灵（Sebring）进行医学实践，她和乔治·特雷帕搬去了那儿。他们把房子租给戈雷克。戈雷克和其他探员对房子进行搜查，在车库里发现了硝酸铊。

警方和联邦调查局花了近一年的时间才拿到了搜查证，他们最后在搜查特雷帕位于锡布灵的家时，发现了铊和有关毒药的书，包括一本破旧的文稿，乔治在上面手写了“一般毒物指南”（General Poisoning Guide）的字样，还有一本阿加莎·克里斯蒂（Agatha Christie）的《白马酒店》（*The Pale Horse*），写的是一个药剂师用铊在食品和药物里投毒杀人的故事。在地下室，他们发现了一个密室，里面有手铐、鞭子、带脚蹬的台子等工具。

同样有趣的是，苏珊·戈雷克在一个盒子里找到了乔治的日记。日记由乔治以第二人称写就，从中可以看出他过去是一个沉默寡言、想象力丰富的小孩，总是感到孤独不已、与世界格格不入。在后来的日记中，他描述了对女性的感觉、施虐与受虐、无果的恋情，以及自己如何在吸毒与戒毒之间不断徘徊。

警方逮捕了乔治·特雷帕。他态度温顺，十分配合，但黛安娜表示反抗，试图阻拦警方进入他们家。乔治落网了。在佩吉·卡尔案中，他受到 1 项一级谋杀指控、6 项一级杀人未遂指控、7 项故意投毒杀人指控、1 项产品投毒指控。黛安娜没有受到指控。在整个庭审中，乔治都坚持自己是无罪的，但最终对于他的 15 项指控全部成立。1991 年 3 月 6 日，即佩吉死后两年，根据陪审团的提议，巡回法庭法官丹尼斯·马洛尼（Dennis Maloney）宣判将在佛罗里达州对乔治执行电椅死刑。在特雷帕的听证会上，辩护律师没有让"品德信誉见证人"[1]（character witnesses）出庭作证，可能是因为他们知道或疑心检察官约翰·阿圭罗（John Aguero）已经掌握了在特雷帕的密室中发现的证据，这些证据足以证明这个戴着眼镜、举止温和的被告有着不可告人的一面。

由于担任卧底，苏珊·戈雷克对乔治·特雷帕的了解已经不亚于任何执法人员。她说乔治对那些没他聪明的人深恶痛绝。她相信，乔治所犯的谋杀和杀人未遂更大程度上是出于蔑视他人、自视过高、在这场博弈中打败智力在他之下的人而获得的纯粹的满足，而不是愤怒或怨恨。

据特雷帕的一名狱友所言，他从特雷帕那里借过一本字典，但他不小心把封面给折了一下，后来特雷帕对他讲，像他这样的人"应该去死"。这又是出于何种动机？

最后再提一点：特雷帕的一个朋友说，特雷帕觉得一直在死刑名单上待着很"无聊"，因为"没几个能聊得来的、有趣的人"。行吧，如果我们的司法体系能风风火火地把事情办完，或许他很快就不会再有这种负担了。

关于本章中探讨的种种犯罪行为，我们没有任何一个人能完全免受其害。尤德·雷（Jud Ray）曾经是调查支援科的一名优秀成员，现

1　品德信誉见证人：在法庭中对涉讼的一方人格名誉作证的见证人。——译者注

在是国际培训和援助科（International Training and Assistance Unit）的负责人。1981 年在亚特兰大外勤处（Atlanta Field Office）时，他还是一名首次接受任务的新探员，但他那时已经有了执法经验。加入联邦调查局前，这位参加过越战的老兵是佐治亚州哥伦布警察局（Columbus，Georgia，Police Department）的警官和轮班指挥员，我就是在这个警察局处理“邪恶势力”谋杀案（Forces of Evil murder case）时认识了他（在《心理神探》中我讲过这个案子）。几年后，在亚特兰大儿童谋杀案（Atlanta child murders，ATKID）中，我们短暂共事过一段时间。之所以短暂是因为尤德不得不退出了这个案子，不仅如此，他几乎命悬一线。

尤德的婚姻有着严重的问题，他给妻子下了最后通牒：要么停止对他的咒骂、不再过量饮酒、行为反常，要么他就带他们的两个小女儿离开。

此后的一段时间，情况确实发生了好转。妻子对他的态度变好了，甚至开始按时做晚饭了。再后来，她雇了两个人想把他干掉。尤德身负重伤，气息奄奄。他在医院住了好几个礼拜，随着身体逐渐恢复到一定的程度，他开始解决自己的案子，把他的妻子（她为他办了一个数额巨大的保险单）和两个杀手送进了监狱。

但是当尤德开始回顾整件事时，他才意识到，那次在卧室里的伏击已经是妻子第二次对他下手了。在做出这个重大决定前，她也曾一点一点地往他的食物里投毒。

尤德突然想起他跟妻子提到过一个精彩的案子，还跟她讲述了其中一切有趣的细节，这个案子是一个叫作约翰·道格拉斯的人在匡提科告诉他的，他上过这个人的课，还和这个人一起办过案。他和妻子提到的那个案子的凶手正是投毒犯奥德丽·玛丽·希利。

CHAPTER V
第五章

GUYS WHO SNAP
抓狂的人——利用心理侧写术识别故意杀人犯

在我从局里退休前几年，我接到了匡提科一位副主任的电话，他想让我联系一位前探员主管。此人现在是一家大型工业公司的安全主管，有个内部问题想向我们咨询。

“什么问题？”我问道。

“有人在窗户清洁剂瓶子里撒尿——你知道的，就像 Windex（玻璃清洁剂）那样的瓶子。”

“什么？”我没听错吧？“我可没时间操心这事。”我说道，“我还有数不完的案子要办，忙得很。”

“约翰，他是个很不错的人，你就给他打个电话吧。”

我于是给那人打了个电话，尽可能认真对待此事。他没什么要寄给我的，所以我就让他有啥就说啥，把实际情况告诉我就好。

“是这样的，我们电脑机房里的设备都十分金贵，所以我们要求员工无论男女，进入机房时都要身穿白大褂，还得自行负责电脑的清洁。有人往这些喷雾瓶子里撒尿。轮到那个班次的每个人真的都——”

“气得半死？我完全可以理解。这种情况持续多久了？”

“大约有一个月了。而且这种情况总是发生在同一个班次。我们每天一共有三个班次。也不是所有瓶子都遭殃——一般是一个班次出现一瓶。”

我说：“我觉得我能想出办法，我们从头开始说。公司有什么异常？部门呢？还有该班次有什么异常？老是在同一个班次上出问题其实很能说明问题。那个班次一共有多少人？”

“任何一个时间段，在岗员工都有 40 个人左右。”

“有人能接触到瓶子吗？”

“有，所有瓶子都放在托盘上。”言下之意，没有专机专瓶或专人专瓶之分，所以不管是谁玷污了瓶子，都无法预料最终“瓶落谁家”。

我告诉他这是一种象征性的随机行为。那个人不是在说“张三或李四，我要尿你身上”，而是在说“我要尿你们每个人身上”。他成心想把整个部门搞得鸡犬不宁，让大家都无法安心工作。接着我们讨论了具体细节，我问他尿液可能会通过何种方式进入瓶子？在主工作区外就有洗手间，把瓶子偷偷藏在机房工作服里带出去简直易如反掌。

首先我排除了女性的嫌疑。女性要瞄准玻璃清洁剂瓶子小解不是不可能，但是相对于男性而言，从身体结构上来说，这么做要难得多。如果真有哪位女性想这么做，她绝对不会找窄口瓶，要找也要找简单易行的方法。

“从这里着手就很容易了。”我说道。在这样的情况下，我并没有把时间浪费在传统犯罪心理侧写元素之上（诸如白人男子，三十几岁，高中辍学，单身，与父母有矛盾等），因为这些元素无关紧要。此处的重点在于动机以及能导致此类犯罪发生的行为，以便让作恶者原形毕露。

“部门里有没有人不想轮这班？有没有对每个人都怒气冲天、行为孤僻的人？他很可能口头或书面提出过投诉，但却觉得无人理睬。说不定你还发现有人性情大变。他自己一个人住，不爱跟别人打交道。这个人可能遇到了婚姻问题或是经济问题。最重要的是，他可能是那个对瓶子里的尿液抱怨得最起劲的人，以显示他有充分的理由不轮班。”

这话让那人茅塞顿开。“啊，是有这么一个人……”

我建议他们安排一次一对一的“例行”谈话，谈话期间，主管要表示会给他以支持，说明白他目前承受的压力，并告诉他公司目前正在想办法，可能的话不用他轮班，这些都是实话，只不过原来确实是人手不足，排班排不过来。

他们将此人叫来问了问相关情况。此人三十几岁，写过数封投诉信。目前他面临着一些婚姻问题，但公司里没有一个人知道这个事情。他已经和妻子分居，现与父母生活在一起。他觉得生活里的一切都在分崩离析。最后，当他终于向一个颇富同情心的听众倒出了这一肚子的苦水之后，他承认自己就是那个神秘的撒尿者。

和上一章的案子一样，这种行为会被认定为“蓄意破坏和篡改产品”（a sabotage and product tampering）。但幸运的是，这回远远没有那么严重——这次的事件并没有危及任何人的生命，而且这次的事件很简单，只要你能把注意力聚焦在动机之上，很容易就能揭开谜底。为

什么会发生这种事？**谁**是受害者？既不为钱，也没有敲诈，这是一种妨碍型案件。有些人怒不可遏，就会做出一些烦人又恶心的行为，但不会诉诸暴力。这告诉了我们什么呢？

这种行为构成了真正的威胁吗？我不这么认为。但类似的行为会演变或升级为真正的威胁吗？是的，有可能。

如果公司没有照顾到他的情绪问题呢？如果公司压根就不同情他所遇到的这些问题呢？另外，你会怎么处置他？你会给他安排一个新的班次来奖励他的消极行为吗？

好吧，所以你是不会给他安排一个新的班次的，而只是让主管监视他的一举一动。吃午饭的时候他总是一个人坐着吗？他是不是会在工位上看《雇佣兵》（*Soldier of Fortune*）或枪支杂志？有没有人无意中听他说过“总有一天我会给那些混蛋一点颜色看看”？

或者，还有另外一种选择：撒尿事件解决之后你就把他开除了，送他上车，然后让他滚蛋。或许他的父母厌倦了他无所事事，整天宅在家里；他的妻子也不想让他回去，他也见不到孩子们。现在，我们就步入了危险区。

但在这种情况下，你要怎么监视他呢？公司领导不可能让人跟踪他，看他是否酗酒、吸毒，看他的生活是否会一点一点地走向崩溃。他的动机仍然是一样的。但是他会在什么节点开始觉得自己再没有什么可以失去的呢？或许在几个月后，甚至在几年之后他才会爆发。

职场暴力现今已成为社会主要的、令人恐慌的因素。你唯一能做的就是有良好的安全意识，保持警觉，并且列出一个名单，记下那些你认为可能有理由制造麻烦的人。你还要让安保人员提高警惕，制定相应的应急处理机制，防范潜在的、危险的前雇员混入公司。

下文我们将看到，那些抓狂的人造成的危险远不止于此，很多时候他们制造的麻烦远比往瓶子里撒尿更为严重：如果没有及时发现并予以化解，情况只会急转直下，变得致命。但是，和上述那个简单的案子一样，我们可以通过了解动机和行为将事情弄个水落石出。

1987 年 12 月 7 日（星期一）下午 4 点 16 分，太平洋西南航空公司（Pacific Southwest Airlines）从洛杉矶（Los Angeles）飞往旧金山（San Francisco）的 1771 号航班撞上了加州中部海岸圣路易斯－奥比斯波（San Luis Obispo）的山坡，机上 43 名乘客和机组人员全部遇难。死者中包括加州最大公司雪佛龙（Chevron）美国公司总裁詹姆斯·西拉（James Sylla）和德国著名的马克斯普朗克研究所（Max Planck Institute）天体物理学家、世界上最权威的彗星专家之一沃尔夫冈·施蒂德曼（Wolfgang Studemann）。在同一架飞机上还有南加州大学（the University of Southern California）校友会副主任卡特勒恩·米卡（Kathleen Mika），她正在筹划即将到来的玫瑰碗（Rose Bowl）花车游行。

坠机造成的撞击极为强烈，有 27 名遇难者身份无法辨别，所以他们被安葬在同一个墓地，墓志铭上镌刻着他们所有人的名字。

相比于其他大部分坠机而言，该坠机事故更令人不安。飞机原计划于下午 4 点 43 分降落在旧金山国际机场（SFO），但就在它准备从 6700 米的高空下降前几分钟，这架四引擎英国宇航公司（British Aerospace）BAe-146 喷气式客机从雷达屏幕上消失了。位于奥克兰（Oakland）的空中交通管制员听见飞行员格雷格·N. 林达穆德（Gregg N. Lindamood）报告称：客舱中出现了枪声。严重损坏的黑匣子为国家安全运输委员会（National Transportation Safety Board）的调查人员提供了更多信息：有人强行闯入驾驶舱开了几枪，然后飞机便急速下降。

谁会这么做呢？又为什么要这么做呢？

人们在散落在山上和方圆 8 公顷的野外的飞机残骸中发现了关键线索——一个烧焦的、皱巴巴的呕吐袋上潦草地写着以下信息：“嗨，雷（Ray），我们落得如此下场真是有点讽刺。还记得吗，我曾请求你对我的家庭发发慈悲。好吧，既然我一无所有，你也别想好过。”

如果没有这个信息，调查可能不知从何入手，只能根据航班旅客名单，对所有旅客逐一进行排查。但是有了这一证据，联邦调查局很快就确定“雷”是雷蒙德·F. 汤姆森（Raymond F. Thomson），48 岁，全美航空公司（USAir）旗下的太平洋西南通勤航空公司（Pacific Southwest commuter airline）洛杉矶国际机场（LAX）客服经理。根据笔迹样本，警方认定写下这一信息的人是大卫·奥古斯塔斯·伯克（David Augustus Burke），35 岁，该航空公司洛杉矶国际机场客服代表，汤姆森曾是他的上司。在现场碎片中发现了一只弯曲的、破碎的史密斯韦森 0.44 口径手枪，而在驾驶舱残骸中发现的一只手上的指纹与伯克的指纹相符。全美航空公司旧金山公司雇员、伯克的朋友兼同事约瑟夫·德拉比克（Joseph Drabik）确认了这一武器，并证实他把这支手枪及一盒 12 枚装的子弹一起借给了伯克。

联邦调查局认为伯克先是近距离射杀了汤姆森，然后闯进了驾驶舱。

该局提交给美国地方法院的书面陈述称：“有证据表明大卫·伯克涉嫌损毁太平洋西南航空公司 1771 号航班。”

联邦调查局洛杉矶外勤处探员主管理查德·布雷津（Richard Breitzing）曾派 30 多名探员参与此案，他更为直接地告诉《芝加哥论坛报》：“如果他还活着，我们会指控他犯有空中劫持与谋杀罪。”

心理剖析如下：

大卫·伯克于1952年生于英国，为牙买加移民阿尔塔蒙特·伯克（Altamont Burke）与艾里斯·伯克（Iris Burke）夫妇之子，家中兄弟姐妹五人。在他小时候，他们一家搬去了纽约州的罗切斯特（Rochester），阿尔塔蒙特在那里从事建筑业，是一名重型设备操作员。大卫在那里长大，显然是个普通孩子。1973年，他进入全美航空公司工作，在罗切斯特机场担任行李搬运工，后逐步晋升为客服代表、主管。

据大多数报道称，他是那种“人见人爱”的类型。他总是不遗余力地照顾客户，确保客户到达想去的地方。很多时候，他会接手别人的活，解决棘手的票务和换乘问题。不仅如此，他从未忘记自己的出身，总是极力帮助他人，尤其是帮助像他一样的黑人或者其他少数族裔找到航空公司或者机场的工作。

伯克长得既结实又帅气。在罗切斯特不断壮大的牙买加群体中，他无人不知，无人不晓，人见人爱而且颇受欢迎。他那些昂贵的西装、奢华的珠宝、带有雷鬼（REGGAE）车牌的香槟金梅赛德斯—奔驰（Mercedes-Benz）车，与大多数工作没着落、生活捉襟见肘的移民形成了鲜明对比。然而，没有人会憎恨他，因为他为人慷慨，总是竭尽所能助人为乐。他住在西南边的市郊，那是一个以白人居多的中上层社会住宅区，他的邻居们都说他这人真的很好，而且话还特别少。

但是伯克显然还有不为人知的另一面。事实上，和他一起住在罗切斯特并被他称为妻子的人并非他的结发妻子，他至少与四个女人有染，而且育有七个孩子。既然他做不到忠贞不渝，和他生活在一起的女人自然就拒绝嫁给他。从所有报道来看，他这辈子最大的创伤就是1980年他的弟弟乔伊（Joey）因吸食过量海洛因死亡这件事。伯克曾经是那么努力地想帮助自己的弟弟，所以他逢人就说他对自己挚爱的弟弟的死负有责任。伯克唯一的案底就是1984年在商店偷了一包肉，他认了罪并被处以缓刑。但是总有一些风言风语和质疑之声：航空公司一年的薪水只有区区 3.2 万美元，他如何能够过着如此奢侈的生活？一项为期两年的调查指出，他是经迈阿密走私大量牙买加可卡因和大麻到罗切斯特的一个关键人物。当年卧底警察本想当场抓获他贩毒的证据，不想他抢先发现了卧底的身份，若无其事地来了一句："你好啊，警官。"调查因此也陷入了僵局。

还有其他指控称伯克与梅赛德斯－奔驰汽车盗窃团伙有牵连，还以低价向朋友出售全美航空公司的机票。但这些指控都没有得到证实，可是门罗县地方检察官办公室（Monroe County District Attorney's Office）认为，这些是他在那工作 14 年后突然离开罗切斯特去往南加州的原因，尽管这意味着他不但要放弃自己热爱的工作，而且要接受降职、降薪。在那里工作了几个月后，他向加州公平就业和住房部（California Department of Fair Employment and Housing）投诉，称雷蒙德·汤姆森越过他提拔了两名经验不如自己的白人。

尽管平时他性格随和、乐于助人，但也有人说他脾气暴躁。杰奎琳·卡马乔（Jacqueline Camacho）是全美航空的一名票务代理，也是伯克在洛杉矶的女朋友，曾经让伯克与自己和女儿在她位于霍索恩（Hawthorne）的住处生活了一段时间，但在伯克的晋升受挫之后，两人的关系便开始迅速恶化。卡马乔告诉警察，在一次争吵中，伯克把她从床上拽了下来，掐住她的脖子，差点把她掐死。卡马乔得到了法庭的指令，禁止伯克接近她。他有个十几岁的女儿萨布里纳（Sabrina），由于女儿和家里合不来，他就把这个女儿带上，与他一同住在加州，但是邻居们举报说他们之间发生了暴力冲突，伯克冲着她大喊大叫了很长时间，骂她是"小荡妇""妓女"。邻居们觉得，他女儿在哭泣的时候，是他动手打了女儿。但他从房子里出来时，却总是笑盈盈的。

我们总是在寻找突如其来的压力源作为任何此类犯罪的动机，联邦调查局探员在与航空公司领导访谈中就发现了一例。11 月 19 日，也就是坠机前 18 天，监控记录了这样一个情景：有架飞机刚刚降落，伯克顺手拿走了机上鸡尾酒的消费收款 69 美元现金，雷蒙德·汤姆森得知后便把他开除了。全美航空安保部门把伯克带到了洛杉矶警察局太平洋分局，在那里他被登记在案，并在自己的担保下获释。12 月 1 日，检方决定撤销指控，认为根据监控录像的内容很难立案。后来，尽管伯克多次来求情，但是为人耿直、态度强硬的汤姆森经理还是拒绝让伯克回来工作，而伯克最后一次来访就在他们俩登机前几个小时。

作为洛杉矶机场广为人知的雇员，伯克毫不费力地带着大型枪械过了安检。他所要做的就是绕到检票处后面，通过直达通道上飞机。汤姆森在洛杉矶工作，但家住蒂布龙（Tiburon），就在旧金山金门大桥（Golden Gate Bridge）的另一头，所以他一有空就会回到那里。伯克在得知汤姆森要乘坐的航班之后，他用现金买了同一个航班的单程机票。

当天，伯克在卡马乔的电话答录机上留言说他爱她。在他位于长滩（Long Beach）的公寓里，探员们发现了新近修改过的遗嘱和新保单。

“我不清楚。”伯克的老朋友欧文·菲利普斯（Owen Phillips）在听说发生了这件事之后说道，“或许他只是突然抓狂了。”

从方方面面来看，这都是一个极其悲惨、不幸的故事。大卫·伯克并不是一个天生的恶人，我追捕的许多虐待狂和性侵者才是。而当一个性格不稳定的人承受着巨大的压力，能轻易获得武器甚至接近目标，且管理人员没有提前意识到危险情况并采取行动加以化解时，它们综合作用的结果便能导致太平洋西南航空公司 1771 号客机坠毁之类的事件发生，最终造成了许多无辜者惨死。这不是指责受害者的问题，我也从不那么做。但是，我建议那些不得已将自己置于潜在危险境地的人，风险越高，就越需要警惕。

防止这场悲剧的契机何在？当大卫·伯克第一次显示出暴力倾向时；当他不断回头找汤姆森复职时；当他向朋友借杀伤力很强的手枪和弹药时；当他因为有熟人就能轻易通过机场安检时。当然也许还有其他机会。

但是，我们是否能预料到，大卫·伯克的报复心竟然会强到如此地步，让他罔顾自己以及飞机上众多乘客的生命？事后想想，也许能吧。但是除非有人公开威胁，否则这种情况是很难预料的。这就是为什么你必须制定一个**一般性**政策，做好随时应对此类情况的准备，因为你很可能缺乏足够的意识或无法精准地找出那个可能发狂的人。

那么，我们应该如何将其付诸实践呢？但凡有员工或同事看起来垂头丧气、郁郁寡欢，我们总不能一一追踪或密切监视吧？换言之，我们该如何评估风险，分清谁只是一时恼怒，而谁又会被愤怒冲昏头脑，罔顾那些他想与之同归于尽的无辜生命呢？

简而言之，我们要学会观察行为。

哪怕是你愿意花时间和精力，职场人士一般也不愿意和你（也就是他们的顶头上司）坐下来促膝长谈，和你讨论私人生活中的私密细节。所以我们所有人都要学会观察他人的行为。

这个人的正常行为如何？和我们现在看到的一样吗？有没有什么变化？他过去是不是不甚虔诚，后来却突然变得极度虔诚？他之前是不是个酒鬼，但现在却没有表露过醉酒的迹象，反而还会批评那些喝酒的或者不去教堂的人？他有没有以从未有过的方式抱怨过别人？或者是明显吃得更多/更少了？

其行为模式是否发生了变化呢？

20世纪80年代初，我在华盛顿侦破绿河案时陷入昏迷，险些丢了性命，那时我开始意识到我并没有平衡好生活。我很努力地工作，却忽视了我的家庭、健康和信仰，几乎忽略了除工作之外的所有事情。在那些日子里，我基本上是一个人在工作，而其他一些人，比如罗伊·黑兹尔伍德，他们手头上堆满了案子，肩上还扛着教学负担。所以在工作中，没有人能把我拉到一旁说："约翰，你还好吗？你看起来遇到了麻烦。"我的妻子帕姆（Pam）和我的父母知道我正在经历什么，但是因为他们不能像同事一样亲身体会这些，所以我同样不会听从他们的话。

幸运的是，尽管当时的情况极为严重，但是当时警铃大作，提醒我要多加平衡。所以，这就是你要多加留意的人——生活失衡的人。

接着就得有人来承担责任。如果你是老板，一旦发现有什么特别不对劲或不同寻常时，你就必须和这个人打交道，弄个明明白白。除非有人公然威胁，否则你是报不了警的，但是你可以去帮他，尽量帮他排忧解难，并且可以通知单位里的其他人多个心眼，以防万一。这样并不能做到万无一失。你所能做的就是保持警惕，努力避免节外生枝。

有一位探员主管在联邦调查局时是个备受尊敬、非常强硬的人物，在其职业生涯中曾担任过多个高级职位。他是为数不多的一直相信并支持侧写和刑事调查分析项目的高级主管之一，我认为他是局里不可多得的好领导。退休后，他去了一家大型航空公司做经理人。大约一年后，我们在特勤局局长的退休晚宴上不期而遇，相互就寒暄了几句。

"约翰，最近如何？"

我答道："挺好的，您呢？"

"啊，那真是太好了，你知道的，从局里退休后的生活……"

“是什么样的？”我问道。

“你知道的，在局里我们有各种人情世故之类的破事要处理。”他说道，“但在航空公司，如果碰到表现不好的人，直接就把那人叫到你的办公室，叫保安送他出去，揭下他车上的通行标识，然后和他说‘拜拜’。”

听起来真心不错。

几年后，他打电话给我，说话的语气却完全变了。为了保持竞争力，这家航空公司准备进行重组，裁员数千名。这是破天荒第一回。他一直在处理各种威胁，确切地说，有人一直在试图破坏电脑机房的空调系统，而他还有一大堆破事要处理。他告诉我他想来匡提科，与我还有部门的同事一起讨论一下。

我们和他开了个会，大致告诉他航空公司必须从安全和人力资源这两个角度处理这个问题。我们给他提供了一些建议：如果威胁升级，应如何迫使不明嫌疑人公开身份。但是重中之重还是要与受裁员影响的人打交道，让他们知道公司关心他们，并会竭尽全力帮助他们。

凭借着其在联邦调查局丰富的管理经验和他本人的精明老练，他完全可以像其他任何人一样处理好类似问题。他想方设法让航空公司采纳了他的建议，从而避免了更大的麻烦。但是这件事也给我们提了个醒：你要时刻做好准备，而不是等到一切一发不可收拾的时候才开始处理——因为我以前的这位同事过去所面临的主要问题是潜在嫌疑人的数量过于庞大。一旦发生极其严重或危及生命的事情，那会比大卫·伯克的案子要棘手得多。当然我们希望最好不要走到这一步。

我把这种“主动出击技巧”（proactive approach）称为“心理预防性维护”（psychological preventive maintenance）。

在过去，许多公司倾向于采取解雇的办法来处理潜在的员工行为问题——不是通过解雇来解决，就是试图将员工调离岗位或将交由其他部门（如人事部）负责。现在有种趋势令人欣慰，我也希望这种发展势头能继续保持，那就是为公司里的经理或主管提供培训或指导，让他们辨别潜在的行为问题，并知道应如何处理。和我们之前谈到的一些犯罪不一样，职场暴力可不是那种“三岁看小，七岁看老”的问题，即看到一个小孩或青少年你就能预言说：总有一天他会带着 AK-47 突击步枪来上班，然后把其他所有员工都干掉。

作为经理，时常要面对这种如履薄冰的两难境地。若你侵犯了他人的隐私，那个人可能就会起诉你。如果你听之任之，啥也没做，而那人却变坏了，那么你和你的公司很可能会因预防不当而遭到起诉。有时候，这似乎是一种没有胜算的局面。对于公司，尤其是大公司来说，它们能做的最好和最有效的事情之一，就是为人们提供可以前去寻求帮助的资源；他们应该知道，这是为了他们自己好，如果大家从这一服务中获益，便不会再心生怨怼了。

“心怀不满”的美国邮政（U.S. Postal Service）员工制造了一些骇人听闻的事件，有些事件甚至导致了致命后果。对此我想我们都并不陌生。事实上，在某些圈子里“邮起来”（going postal）已是人们见怪不怪、用于形容情绪崩溃，在工作场所乱枪扫射的代名词。其实，邮政部门近年来时有令人恐慌的职场暴力事件发生。自 1986 年以来，已有 35 名邮政员工在 10 起不同的事件中被同事杀害（行凶者有时会在杀人后自杀）。甚至还有一个荒谬的电子游戏名为“邮政”（Postal）。但是，尽管这些数据引人担忧，邮局却不是唯一一个必须着手处理这一现代生活现象的组织。只是恰巧邮政业务既庞大又引人注目，还要处理只增不减的邮件数量和机械化作业的问题，而这两者突出了在风平浪静的表面之下掩盖着的风起云涌的所有问题。

大约在我从局里退休前的两年，邮政部门有些高管来到位于匡提科的调查支援科及行为科学科来找我们。我们在约翰·亨利·坎贝尔（John Henry Campbell）的办公室见了面，他在训练部任职，和我一样是老师。

他们真的很沮丧，说："我们能做什么呢？我们业务量如此庞大，有太多的邮件要处理，而我们的员工每小时都要处理数不清的邮件，实在是太没有人情味了。"

我说他们至少要让员工觉得他们有所作为，关爱员工，照顾员工；而这正是人力资源部的责任。另外，我告诉他们，我认为他们也应该设立行为科学科。不说别的，最起码苗头不对时，它还能负责收拾烂摊子。而从更积极的角度来看，事实上暴力最好在达到爆发程度之前就能解决——如果你有办法把它扼杀在萌芽状态的话。这就意味着你得训练员工如何做侧写和评估。

佛罗里达州南部正在试行一个非常鼓舞人心的创新项目，那里的邮政局请当地法学专业的学生到局里，充当员工和管理层之间的调解人。他们通过倾听和关爱往往就可以轻松解决问题。关键是，如果员工觉得自己可以求得帮助，可以在公然挑起事端、引发轩然大波之前与一个可以说得上话的人联系上，那么许多问题就可以在情绪达到临界水平之前得到解决。

在科室里，我总是努力让自己做到积极回应同事的呼声。如果有人看起来出了些问题，孤立自己，或者打破了自己的行为模式（正如我此前刚刚讨论过的），我会请他到我的办公室，和我面对面坐下，不带任何窥探心理地对他说："一切还好吗？我能为你做点什么吗？"

我知道我所有的员工，无论是探员还是后勤人员，工作压力都很大。所以我会尽我所能，让他们感到快乐、自在、高效。也许这意味着在适当的时候要学会倾听；也许这意味着在他们需要休息时顶替他们；也许这意味着让他们在家工作一段时间。显然，信件分拣机并不能做到这一点，匡提科的人质救援小组（Hostage Rescue Team）的成员也不能做到这一点。但你只要做力所能及的事就好。关键在于，如果某个员工生活里出了什么大事，至少要让他知道有人在支持他、理解他。他妻儿的问题我可能无法解决，甚至也可能无法解决他与同事之间的矛盾，但我决不能对他视而不见，我不能冒这个险。个中教训我们已经了然于心。

在 20 世纪 80 年代中期，我在芝加哥办了一个案子。那是一家大公司——一家银行。有人以纸条的形式发出威胁——此威胁被上报给安全主管，大意是“我们要进入你们该死的大厅，炸毁这整个该死的地方”。纸条里还有一句话，大概是“你们这群狗娘养的，看看你们是怎么对待我们的”。

那么，是**谁**？又是**为什么**呢？我问银行的保安这家公司里发生了什么事，然后他就把大裁员的事告诉了我。纸条是用打字机打出来的，字体和措辞都表明这个人是个受过教育的人。我的结论是，这人可能是一个中层管理人员，他从未预料到自己会面临裁员，并且对此感到十分震惊。这一基本情况在大部分受到影响的员工身上均有体现，因此，光就这一点而言，要揭开不明嫌疑人的身份工作量将极其庞大。有时候，全面的主动出击技巧反而更为有效。

我问他银行方面对所有被裁的员工具体都做了什么。他说他们没做什么，也没什么要做的。

这些人是如何得知自己即将失业的？他们是在收到办公室邮件时才知道的，可真够“贴心”的。

我说道：“事后有没有人跟他们谈话……有人跟进吗？”

“没有。”

“行长或董事长跟他们谈过了吗？”

“呃，没有，但碰巧行长今天要在全体员工面前讲话。”

这家银行的行长并不是一个擅长与人打交道的人。他站在近千名员工面前显得既腼腆又沉默。在人们开始举手提问之前，他甚至只字不提裁员的事，在这之后他也没准备好该如何应对。他无法给这些人应有的、令人满意的回答，而实际上他是被轰下台的。

安全主管在这之后给我回电话讲了这件事，并说：“鉴于这件事和恐吓信，信上说的事实际发生的可能性有多大？”

我告诉他可能性非常非常大。他问他该怎么做，我说我个人觉得得用一种双管齐下的办法：其一，银行方面最好马上对这些人表示关心，表明银行方面正在努力做一些实实在在的事情来帮助他们度过过渡期、找到新工作。其二，在做这些事的同时，你最好全面升级安保系统，尤其是各大分行的大堂安保。

后来，他们确实落实了这些建议，什么事也没发生。但事件原本很可能发生。他们很幸运。可事情并非总是如此，特别是当你跟不上事态的发展时，就只能试着奋力一搏了。

这一点非常重要，因为尽管有一些单位也采取了一些措施，但是事态却越来越严重了——尤其是在我们更宽泛地定义职场的情况下。也许现如今我们所面临的一种最令人不安的趋势就是涉及孩子们的工作场所——校园——暴力。虽然这个极其复杂的问题没有简单的解决办法，但我们要做的就是和我给邮局、航空公司及银行的建议一样：我们必须教会“管理者”和“监管者”——教师、校长和行政人员——如何识别危险信号。如果有孩子说要向某人开枪的时候，别以为他是在闹着玩。我们可不能听之任之。

记住，孩子比成人更容易受影响。如果，正如我们在第三章中所讨论的那样，广为报道的犯罪行为能给其他有犯罪倾向的个人带来启发，让他们知道如何实施犯罪，那么对于那些从新闻中看到其他孩子在校园或教室里开枪的孩子们又会如何呢？若是一个适应能力不强、被愤怒和怨恨所驱使的孩子，可能会认为用这种方式解决他的难题是合乎逻辑、令人兴奋的。他是考虑不到可怕的后果的：家庭破碎、牢狱之灾、自毁前程。事实上，由于年龄和心理发展水平，他能想到的甚至可能只有这行为本身，再无其他。就像20世纪60至70年代劫机事件此消彼长一样，校园枪支暴力事件也在不断发生，发生这样的事情也让我们心急如焚。我们不可能阻止所有事件发生，但至少要对危险信号保持警惕，就像干我们这一行的一样必须时刻保持警惕。

我们这些以研究犯罪和罪犯为生的人都知道，和其他趋势及社会现象一样，犯罪也随着时间的推移而演变。不幸的是，学校暴力演变的方式之一是从孩子们在操场上殴打其他孩子来发泄愤怒，转变成带枪去学校——他们把枪当作玩具使用。1998年早春，在阿肯色州（Arkansas）琼斯伯勒市（Jonesboro）发生了一起可怕的儿童枪杀儿童的事件，是美国仅仅一年多以来发生的第四次类似的校园枪击事件！

密西西比州（Mississippi）珀尔市（Pearl）珀尔高中（Pearl High School）的副校长在制服了一名刺死自己母亲，后又杀死两名同学、致使超过七人受伤的16岁少年后，问他："为什么，为什么，为什么？"

那名学生答道："这世界待我不公，我再也受不了了。"

记住，无论对适应力差的孩子还是对适应力差的成人，诱因皆可能相同，其中包括会让一切突如其来的压力源，如情感问题、家庭问题或工作环境问题（对学生而言就是学校）。而有关人士，如家长、教师、管理者、学校的心理医生和社会工作者，都应该寻找许多相同的危险信号，比如对枪支的痴迷、社交场合中的孤立、看似装腔作势的威胁或是天天把杀人挂在嘴边，等等。我们不能仅仅因为他们是孩子就认为他们不会实施成人级别的暴力。别忘了，我们现在处理的所有事情就和处理暴力的成年人一样，还外加更糟糕的冲动控制能力，更不成熟的世界观，以及年轻人的不知天高地厚。从最近极其频繁发生的事件来看，这是一个危险的组合。

事实上，有许多危险的组合，即使我们了解动机，也无法做到料事如神。以下就是这样一个案例。

1998 年 3 月 6 日上午 9 点左右，在康涅狄格州纽因顿（Newington）彩票公司总部工作的 35 岁会计师马修 · E. 贝克（Matthew E. Beck）[人称“马特”（Matt）] 开枪射杀自己的同事，并对同事拔刀相向，造成四人死亡。在这家彩票公司工作了八年的贝克随后自杀，用这起枪击事件中使用的格洛克（Glock）9 毫米半自动手枪对着自己的头部开了一枪。

第一名受害者是迈克尔 · T. 洛根（Michael T. Logan），33 岁，是信息系统负责人以及贝克的前数据处理主管。他身中两枪，腹部及胸部还被猎刀捅了七下。贝克在杀害他的过程中伤了腿，滴落的血迹从洛根的办公室一路蔓延到他找到 38 岁的彩票公司首席财务官琳达 · A. 布洛戈斯拉夫斯基 · 姆林纳奇克（Linda A. Blogoslawski Mlynarczyk）的地点。据报道，他走进了琳达正在开会的会议室，然后说：“再见了，琳达。”她身中数枪，手上还有反抗时留下的刀伤。在贝克最近因压力而休假回来后，她负责与他会面，讨论他在新工作中的职责范围。就在袭击前一天晚上，她曾向丈夫倾诉了自己的担忧。

弗雷德里克 ·“里克”· W. 鲁贝尔曼三世（Frederick “Rick” W.

Rubelmann Ⅲ)，40 岁，运营兼行政副总裁，是下一个死者。他受了四次枪击——背部的两枪是贝克在大楼里追赶他的时候打中的，第四枪则射在了头部。鲁贝尔曼是在试图引导其他员工离开大楼前往安全地带时被击中的。

54 岁的彩票公司总裁奥索 · R. 布朗（Otho R. Brown）从停车场逃离时被击中了臀部。被第一枪击倒后，布朗躺在地上，鲜血直流，不断求饶，而此时贝克又朝他开了两枪。几名员工都很清楚，布朗试图把贝克引出大楼，因为这样做至少很可能救下其他几人的性命。

接到无数个惊慌失措的 911 求救电话后，警察在两分钟内赶到现场。当警察与他对峙时，贝克用枪抵着自己的头并扣动了扳机。他被直升机送到哈特福德医院（Hartford Hospital）救治，但在到达后不久便死亡了。

枪击案发生前一天，贝克给《哈特福德新闻报》(*Hartford Courant*)的一名记者留下了一条模糊的信息，说如果可能的话，他希望当天能谈谈“彩票问题”。

马修 · 贝克未婚，前一年 9 月搬来和父母一起住。他的朋友称他为“狂热的枪支爱好者”。在一份州审计员的职位申请书中，他说他曾是一名保安，用过枪，有“战术响应训练和情境分析”经验。在杀戮发生前不到两周的时间贝克回到了工作岗位，此前他因压力太大休假了四个月。他获准再休假两个月，但他却回来了。

曾与贝克共事过的人指出，贝克最近体重有所减轻，而且似乎比平时更沉默寡言了。后来，一位同事想起他在枪击案发生前几天曾吹嘘说，仅仅靠着网上学到的东西就能轻易制造出炸弹。其他同事称他在最后一天早上到达大楼时看起来心烦意乱的，拒绝和任何人交谈，后来他站了起来，径直走向行政办公室，在那里开始了杀戮。在接近并杀害主管们时，他面不改色。这几个主管曾参与解决他对彩票公司提出的投诉，过程长达七个月。

这些投诉包括：能力不如他的人却获得了晋升，想要一张整形外科专用椅，他认为工作环境阻碍了其职业发展以及工作机会。他写的那些投诉信既冷静又有条理。他申请了中央康涅狄格州立大学（Central Connecticut State University）和康涅狄格大学卫生中心（the University of Connecticut Health Center）的工作，还要求调到州特别税务厅或社会服务厅（the state Department of Special Revenue or the Department of Social Services）工作。人力资源总监卡伦·梅希根（Karen Mehigen）告诉他，他们正在努力解决他关心的所有问题，包括给他找一把能满足他需求的椅子。

就我对这个案例的研究所知，这些人已经做了所有我会建议（以及已经建议过）他们单位去做的事情，以进行自我保护并且将风险降至最低。

贝克服用了至少两种用于治疗焦虑、抑郁和强迫症的药物，并且正在接受精神病治疗。他有精神病史，曾进过两次精神病院，有一回是自己进的精神病院，此前扬言要自杀，还有一次服药过量但自杀未遂。

马修的父亲唐纳德·贝克（Donald Beck）悲痛欲绝，他伤心地告诉《哈特福德新闻报》，当年救下自杀的儿子“可能是个错误”。

在一份令人心酸、令人动容的声明中，唐纳德和他的妻子普里奇拉（Pricilla）与公众分享了他们的感受：

我们的儿子马特所做的是错误的、大错特错。没人能说出为他的所作所为辩解或寻求宽恕的话。尽管有同事的安慰、朋友和家人的爱与帮助以及医生提供的治疗、咨询和药物，他还是选择了错误的道路。明明还有其他的路可以走，他却踏上了这条不归路。

不幸的是，他决定拉其他人陪葬。他的谋杀行为是骇人的，但他并不是一个恶魔，他的朋友和家人可以证明这一点。在这个令人悲痛的时刻，我们向所有的家庭表示最真挚的同情，并代马特向大家道歉。我不能要求你们原谅他，因为我们自己也还没原谅他所做的一切。他辜负了同事、朋友和家人，尤其辜负了他自己。

我们爱你，马特——但为什么？

我们永远不会知道为什么会发生这样的悲剧。他们中的一些人永远受困于精神疾病——马修·贝克成年生活的大部分时间似乎都在与精神疾病做斗争。但是通过分析犯罪本身，我们仍然可以得出某些与他动机相关的结论。

与跟踪者理查德·韦德·法利（Richard Wade Farley）射杀痴迷的对象不同，劳拉·布莱克（Laura Black）随机杀害七人，又在其工作场所打伤四人；与屠杀邓布兰学童的屠夫托马斯·瓦特·汉密尔顿不同；与初中、高中学生枪手不同；与任何进入工作场所就开枪的人也不同，贝克对目标的选择非常严格。他杀了那四个实际上曾一直试图帮助他的人。但按照他的逻辑，他是把目标对准了那些他认为对他工作上的困难负有责任的人。他的动机是愤怒，以及基于他的妄想症而报复这些特定的人的需求。在这些杀人者中，有许多人会客观对待目标。马修·贝克显然带着强烈的不满，而这就是他处理不满的方式。

我希望我能以充满希望的方式结束关于这个案子的讨论，或者至少最后能列举出可以从中吸取到的具体的教训。遗憾的是，我做不到。

我常说我们打击犯罪其实和战争一样，是战争就难免会有平民伤亡。在这一例子中，公司做的每一件事似乎都很妥当，但是公司面对的是一个怒不可遏的人，一个经过多番评估均被认定为精神疾病过重、无法包容他人的人。

然而，为了将死亡人数降至最低，我们必须在不可挽回的死亡发生前努力学习，并且弄明白在什么情况下、怎么做才能使事情出现转机，因为归根结底，我们所有人都是容易受到伤害的，而这并不仅仅局限于执行公务的时候。

职场并不是唯一一个能令人抓狂的地方。

1971 年 12 月 7 日，有人报警称附近有一座房子里的灯连续数周不分昼夜地亮着。这座房子位于新泽西州（New Jersey）韦斯特菲尔德（Westfield）希尔塞德街道（Hillside Avenue），地处纽瓦克（Newark）西南 18 公里的郊区。接到报警后，警方火速赶到了这座庞大但维护不善的维多利亚时代（Victorian）的老宅。警方透过窗户看见了恐怖的一幕。在富丽堂皇的宴会厅的楼梯上，有几具尸体躺在睡袋上。巡警乔治·兹列斯尼克（George Zhelesnik）从一扇开着的侧窗爬进了屋子。他走向尸体的时候，仿佛听到了管风琴演奏丧曲的声音。原来那是房子里的扬声器发出的声音，有人事先设置了自动播放。死者均确认为李斯特（List）家庭成员：海伦（Helen），45 岁；她 16 岁的女儿帕特里夏（Patricia）；以及她的两个儿子——15 岁的约翰·弗雷德里克（John Frederick）和 13 岁的弗雷德里克（Frederick）。除了邻居们反映灯一直亮着之外，帕特里夏的戏剧老师也反映说她突然无缘无故就不来上课了，所以才有了这次出警。

李斯特太太靠着一面墙躺着，脸上蒙着一块布。她的三个孩子被排成一排，与她相垂直。而这还不是全部。在搜查房子时，警察在三楼的走廊里发现了海伦·李斯特 84 岁的婆婆的尸体。每一个死者均死于枪伤，而且很明显是从背后开的枪。

警察在离开之前已经知道头号嫌疑人是谁了：那就是该家庭下落不明的家庭成员——46 岁的约翰·埃米尔·李斯特（John Emil List）。

证据主要是约翰·李斯特精心写下的一系列信件，但它们都未寄出。收信人是对李斯特一家的生活意义重大的不同人物，在信中，他对自己的所作所为做出了道歉和解释。此外，他还取消了订阅的报纸、停止了送奶服务、告知孩子们的学校以及兼职单位他们家因紧急情况需要离开很长一段时间。警方很快还发现，他从家庭银行账户中取走了剩余的 2289 美元。

警方发现他的车遗弃于昆斯（Queens）的肯尼迪机场（Kennedy Airport）。所有权凭证和车主身份证都留在了车里，约翰·李斯特却不见了……人间蒸发了，就像他们所说的，消失得无影无踪。

就算没有证明约翰·李斯特涉案的书面证据，犯罪现场所显示的一切仍能让我们得出凶手是家庭成员这一结论。尸体摆放统一、放置于**睡袋**之上这些事实都体现了凶手希望获得原谅，体现了他因对自己的所作所为感到内疚、不适而将受害者摆放成休息的状态。举个例子，婴儿被谋杀时，如果尸体随手被扔进了垃圾桶或者遗弃在路边，那么凶手很可能是个陌生人。然而，如果孩子被包裹了起来或“保护”着，并且以某种整洁、有尊严的方式摆放，那么凶手很可能是父母或近亲。

如果说有哪个案件让人不得不发出这样的疑问：“天底下怎么会有为人父亲者或为人丈夫者会做出这样的事情？”那么说的一定就是这个案例。搜查人员碰巧找到了其中一封信，在信中他详细说明了他是如何以上帝的名义犯下罪行的。这封信是约翰·李斯特写给他做礼拜的教堂——路德教堂（Lutheran church）牧师欧赫内·雷温克尔（Eugene Rehwinkel）的，里面直截了当地说明了他的动机。

亲爱的雷温克尔牧师：

很抱歉额外加重了你的工作负担。我知道就我受的所有教导而言，我所做的一切都是错误的，并且无论我给出什么理由都已于事无补。但是我知道，你或许是那个即使不能原谅我却至少能理解我为什么非这样不可的人。

1. 我所挣的钱远不足以养活我们这一家。我所做的一切似乎都无济于事。真的，我们可能会破产，并且可能要靠政府救济。

2. 由此就推导出了我要说的第二点。在知道了我们的居住环境，孩子们的生活环境，知道他们必定要接受救济，想到这一切对他们的生活可能产生的影响，一想到这里我就觉得难以忍受，这并不是他们必须且应该忍受的。我知道他们很愿意缩衣节食，但这事远没有那么简单。

3. 帕特[1]（Pat）一门心思就想进入演艺圈，我也担心这会对她继续做基督徒有什么影响。我很肯定进演艺圈对她的信仰是没有帮助的。

4. 此外，海伦不去教堂，受她的影响，最终孩子们也不怎么会上教堂。我一直希望她有朝一日会上教堂，但是当我跟她提到朱兹长老（Mr. Jutze）想登门看看她时，她就大发雷霆，说她想把自己的名字从教堂的名单中删掉。同样地，这也只会对孩子们后续（在教堂）的出勤率造成不良影响。

以上就是总体情况。如果只有其中一种情况发生，我们可能可以

1　帕特即帕特里夏的昵称。——编者注

挺过去，但这一切实在太难熬了。至少我确信所有人现在都去了天堂。如果事态继续发展下去，谁知道会不会是如此光景。

当然，我妈妈之所以也包括在内，是因为我对家庭所做的事情对于她这个年纪的人来说会是一个巨大的打击。所以，考虑到她也是一个基督徒，我觉得还是让她免于世俗的纷扰最好。

一切都结束后，我为他们做了祷告——祈祷文都来自赞美诗。这是我能做的最起码的事了。

现在说说善后事宜吧：

海伦和孩子们都更倾向于火葬。请务必保证成本低廉。

他接着又给出了各种实际的指示，比如把他的母亲葬在何处、家族里该联系谁以及剩下的财产如何处置等。然后他又回到了对这些人来说最重要的人——他自己身上：

至于我，请把我从教堂会众的名单中删掉。我把自己交到正义且仁慈的上帝手中。我相信上帝会帮助我们，但显然他不会以我所希望的方式回应我的祷告。这让我觉得可能就孩子们的灵魂而言，这是最好的选择。我知道很多人只会考虑到他们本可多活几年，但如果最终他们不再是基督徒，又有什么意义呢？

而且我肯定很多人会说，“怎么会有人做出如此可怕的事情呢？”——我唯一的回答就是：做出这样的决定实属不易，是深思熟虑后的结果……

约翰伤得更重，因为他似乎挣扎了更长时间。其他人很快就感觉不到疼痛了，约翰也失去了知觉。

请您在祷告的时候记得提到我。无论政府弄清事情后是否履行职责，我都需要祈祷。我只关心能与上帝讲和，我也很确信这一点，因为基督甚至也愿意为我而死。

附言：妈妈在阁楼的走廊里——在三楼。她太重了，我搬不动。

约翰

好了，事情就是这样。很不可思议对吧？以下几点可能有助于我们透过现象看本质。

李斯特是一名会计、一名注册会计师。对于他这样一个胆小、温顺的人来说，这似乎是个最佳职业。很显然他是一名优秀的会计——他总是知道自己在数字面前的立场，一切是是非非，非黑即白，但是却一直失业。我看得出像这样的人能升上更高的管理职位，但以他的个性是到不了那样的职位的。据报道，李斯特在丢了银行的工作之后，别人上班的时候，他就到通勤列车站看书，而没有向家人坦白他又被解雇了。他对自己的职业弱点知之甚少，尽管认识他的人都说他无法直视别人的眼睛，他还是找了份卖保险的工作。所以这成了他人生中的又一次失败。

他是独生子，在恪守教规、虔诚的母亲的掌控下长大成人。虽然没有对他进行过体罚，但他的母亲不允许他把自己弄得脏兮兮的，或者是做其他男孩子会做的事情，还总是确保他能安分守己。约翰出生的时候他的父亲已经六十几岁了，显然无法对他施加什么影响了。到了十几岁的时候，家里还不让约翰跳舞。即使是他母亲阿尔玛（Alma）所在的教堂的牧师都说她太过分了。而约翰就是这么长大的。他娶了一个美丽的女人——海伦·莫里斯·泰勒[1]（Helen Morris Taylor）。她的

1　此为海伦·李斯托的娘家姓名。——编者注

第一任丈夫与约翰截然相反，是个充满生机和活力的人，但在朝鲜战争中丢了性命。他们有一个女儿。海伦还染上了梅毒——这一点约翰并不知道——显然是从她第一任丈夫那里感染的。海伦的病在这段婚姻中逐渐恶化，甚至大脑萎缩，整个人也越来越神经质，而且嗜酒如命。李斯特担心她已经给孩子们造成了太多负面影响。帕特里夏想成为一名演员。在约翰因宗教信仰而僵化的、谨慎有序的头脑中，那是一条通往地狱之路，或者多半是通往地狱之路的其中一条。她曾经表示对巫术感兴趣，而且可能尝试过大麻，这也让约翰备感担忧。

尽管海伦与阿尔玛相处不来，且约翰也憎恶自己在成长过程中接受过的严苛教育，但阿尔玛还是和他们住在了一起，因为她给了他们约达 20 万美元的资助，这使约翰得以勉强维持生计，以及支撑那座对他的自我形象、公众形象都十分重要的 18 个房间的大房子。

在我研究、采访的杀手中，即使不是大多数，也有许多人在承认他们的所作所为的同时，往往会找一个人替他们背锅——母亲、妻子、老板、政治阴谋、整个社会——任何与他们的情感境遇相关的人或物。李斯特的境遇——其眼中周遭的世界是一个规规矩矩、虔诚、敬畏上帝的教徒的世界，所以当他决定将责任推卸给“别人”时，那个“别人”就是上帝。按照这种逻辑，如果上帝能够为他出头并回应他的祈祷，怎么会有这一烂摊子事呢？约翰试图让我们相信他只是“以其人之道还治其人之身”。

我觉得，真正的动机是一切变得过于混乱、复杂，让他觉得无所适从，所以他崩溃了。他就是那种呆板的强迫症患者，他所期望的生活必须是井井有条的。高压锅积聚了过多水蒸气必然要开盖放气，他就是这样一种人。他坦言，他不想破产，不想过乞丐般的生活，尽管他是假借孩子们之口说出这番话的。对他而言，唯一的出路就是重新来人世一趟。如果这意味着得摆脱家人，那好吧，送他们去天堂最好了。如此一来，他就好像洗清了自己，他的行为也变得合情合理了，如此便可拥有另一种生活。

我不想让人听着觉得我是在轻描淡写，或者是淡化李斯特的精神及情绪问题，因为很显然，任何有灭门的念头却又口口声声说那是为他人好的人，除了身上具有精神病医生认定的性格障碍外，精神上也患有严重的障碍。不过，对于我这一行的人来说最重要的问题是，这种精神障碍是否已经严重到会迫使原本可以明辨是非的人杀害自己的家人。而对于这样一个问题，精神病学目前也很可能无法给出明确的答案。

但有趣且值得注意的是，约翰·李斯特在整件事中都有条不紊，事后也消失得无影无踪。精神不稳定或神志错乱的罪犯通常乱七八糟，而且会留下一连串证据，让人有迹可循，而不是像约翰·李斯特这样。他的每一位家人都是在不同时间、不同情况下被单独杀害的。

如果李斯特真的是为了送家人们上天堂而杀害了他们，却又因为自杀的人进不了天堂而不自杀——杀死全家人还想拿到上天堂的门票？鬼知道他是怎么想的——那他为什么不在事发后直接投案自首、承担后果呢？又为什么不亲自去找牧师，与之诉说呢？有的时候你会发现这些人口口声声说什么要将所爱之人送上天堂，独留自己在世上煎熬。但显然没有证据表明李斯特在谋杀发生后感到过痛苦，也没有证据表明他打算在迈向新生活——在官方的追捕下东躲西藏时承受过痛苦。

即使他早已打算自杀了事，像他这样的人也很可能会先杀了家人。他极其固执，极有控制欲，对他来说，让家人们存活于世上，不受其控制，是他断断无法接受的。

约翰·李斯特做出了选择。他证明了自己不过是个自我陶醉的懦夫，选择了在家人背后开枪这种对他来说比较容易的方式。别忘了，这家伙连生意伙伴的眼睛都不敢看。

李斯特凭空消失简直成了办案警察的一块心病，尤其是詹姆斯·莫兰（James Moran），他是到达现场的第一批警探之一，后来当上了韦斯特菲尔德警察局（Westfield Police Department）局长。我提供了一份定期更新的逃犯评估报告（a fugitive assessment），以帮助警察局更有的放矢地搜寻逃犯。和其他逃犯一样，我指出李斯特也许会逃往令他感到舒适的地方，可能是他曾经居住过或者旅游过的地方，总之是他喜欢的地方。以他的性格，他不会远离一直以来所做的事情。如果他有工作，不是和数字打交道，就是做枯燥乏味的活儿，反正都不用经常和别人接触就是了。

在 1989 年，这个案子引起了《美国头号通缉犯》（*America's Most Wanted*）节目组的注意，当时这个节目才播出一年多。这一电视节目由我的律师朋友约翰·沃尔什（John Walsh）主持。在佛罗里达的时候，他和妻子芮芙（Revé）曾眼睁睁地看着自己 6 岁的儿子亚当（Adam）死在了一个专门残害儿童的歹徒手中。这一经历改变了沃尔什的一生，为此他致力于将罪犯绳之以法，并投身于受害人权利运动之中。

为了再现一个已经消失在公众眼中 18 年之久的逃犯，节目制作人只得向弗兰克·本德（Frank Bender）求助。弗兰克·本德是费城的一名艺术家和雕塑家，天赋超凡，能根据警方给他的任何证据——一块头骨、一具腐烂的尸体或是一张老照片——在三维空间中重现人的头部和脸部。他的人物重现展示出的不仅是肉体上的精确；作为一个真正的艺术家，他还能演绎出人物性格。本德曾为弗吉尼亚州（Virginia）阿灵顿县（Arlington）国家失踪和受剥削儿童中心（National Center for Missing and Exploited Children）做过大量志愿者活动，我也曾在匡提科听过他的讲座和演示，其技艺之高超令人叹为观止。

警方给了本德一些李斯特在谋杀案前不久拍的照片，以及节目制作人手上所有的侧写信息，当然那只是最基本的信息而已。不到一个月，他就拿出了与约翰·李斯特真人大小一般的半身像，这是本德想象出的如果李斯特仍在世的样子，包括他会戴什么样的眼镜，甚至他平时很可能出现的面部表情。

这期节目于 1989 年 5 月 23 日播出，内容包括现场重现（这是节目一贯的特色）以及弗兰克·本德提供的约翰·李斯特半身像（本德认为的李斯特当下的模样）。热线电话差点被打爆，知情者提供了数百条线索，联邦调查局投入了大量人力，对各条线索逐一加以核实。

其中一条线索起了作用。

这条线索来自于科罗拉多州（Lance Ware）一位名为万达·弗兰纳瑞（Wanda Flanery）的女士，她觉得那半身像和她做会计兼报税员的老邻居鲍勃·克拉克（Bob Clark）出奇地像。鲍勃的妻子德洛莉丝（Delores）在他们搬往弗吉尼亚州里士满（Richmond）附近的中洛锡安（Midlothian）时，曾给过她邮件转投地址，所以鲍勃很可能在那里做会计工作。我觉得这个地点很有意思，因为李斯特和他妻子海伦相遇的地方就是里士满郊外。如果鲍勃·克拉克就是约翰·李斯特，那这个逃犯的确回到了那个对他来说既熟悉又舒适的地方。

1989 年 6 月 1 日，联邦调查局探员特里·奥康纳（Terry O'Connor）前往克拉克家，并向德洛莉丝展示了半身像的照片。她承认，照片里的人像的确很像她的丈夫——那个她从 1977 年在丹佛路德教堂的一次社交活动上认识至今、在 1985 年与之结婚的人。可他是那么友好、安静且温和的人，他不可能做过任何像这个约翰·李斯特做过的事。

同一天早晨，探员们去了克拉克工作的地方。他对不法行为矢口否认，声称根本不知道约翰·李斯特是谁。随即他遭到了逮捕，被警方带走并提取了指纹——鲍勃·克拉克和约翰·李斯特就是同一个人。

约翰·沃尔什认为，是李斯特案给了《美国头号通缉犯》必要的助力，使其声名鹊起并继续播出。而那个沉寂多年、有条不紊的杀手，在逃脱法律制裁近20年后，终于受到了审判。

现在警察和联邦调查局终于可以拼凑出其余细节了。李斯特在厨房里射杀了他的妻子海伦，那时她正在用早餐，吃着吐司、喝着咖啡。然后他上楼射杀他的母亲阿尔玛。在那天晚些时候，他开车去接女儿回家后，也开枪杀了她。接着他又出去接弗雷德里克回家，同样朝他开了枪。小约翰（John Jr.）比预期早结束了足球练习回家，使他爸爸措手不及——约翰不得不用两把枪朝儿子开了十枪，直至确定他死了为止。

实施谋杀后，他在屋子里吃了晚饭，又睡了一觉。第二天，在开启逃亡生涯之前，他还吃了一顿早餐。他"贴心"地调低了取暖器，因为他不想油箱在尸体被发现前耗尽，导致管道冷冻爆裂。这会给持有房屋按揭的银行带来不必要的开支，但李斯特认为，既然银行什么也没有做错，就不应该因为他的行为而蒙受损失。他飞往丹佛，开始了新生活，他申请了一张新的社保卡。他甚至谨慎地选择了化名——那是个常见的名字，但在李斯特的密歇根大学（the University of Michigan）毕业班中，曾有个名为罗伯特·克拉克（Robert Clark）的人。所以如果有潜在雇主想调查他的背景，他们就会找到学校记录供以证明。

他承认自己策划了这场犯罪，而且提前购买并测试了武器：一把口径9毫米的半自动手枪和一把0.22口径的左轮手枪。探员发现凶器被小心地保存在了标有“枪支弹药”的抽屉里。他一个月前申请了持枪证，但后来一直都没去取。在申请书中想要枪的理由那一栏，他写的是“家庭防护”。

[顺便说一句，我在新西兰的同事特雷弗·莫利（Trevor Morley）报告说，在他的国家，枪支申请程序包括联系及访问申请人的配偶、邻居以及任何与之过从甚密的人，以确认是否有了解他的人不同意他持枪，或者此举是否有任何怪异或不寻常的表现。如果美国也采取这一切合实际的程序，那么我想会有多少被谋杀者——包括李斯特一家——能幸免于难啊。]

在被捕后的几个月里，见过李斯特的人总是说他安静有礼，是个愿意配合的囚犯，从不会给任何人添任何麻烦。

在为期九天的庭审中，辩方律师小伊莱贾·J. 米勒（Elijah J. Miller Jr.）在开庭陈述时告诉陪审团，李斯特是“怀着对母亲、妻子及孩子们的爱”杀死他们的。几名辩方精神病医生称，虽然李斯特能分辨是非，但他根本就已精神崩溃，这才导致他打着宗教的旗号犯下这些事。

李斯特告诉控方精神病医生，他过了一阵子才得以将谋杀案忘诸脑后，只在结婚纪念日时想起家人们，然后才开始享受新生活。他的连襟说李斯特有一堆关于犯罪和谋杀的书，特别是关于悬案的，而且他还喜欢战争游戏。

辩方辩护称，那封信是李斯特写的，但没有寄给牧师，不能作为证据采用。新泽西高级法院（New Jersey Superior Court）的法官威廉·韦尔泰梅（William Wertheimer）裁定，这封信和房屋剩余部分及其所含之物一样，都是被遗弃的财产，所以不包含在“神父—忏悔者”守密特权中。

1990 年 4 月 12 日，经过 9 个小时的陪审团评议，约翰·李斯特被判有 5 项一级谋杀罪。尽管李斯特在这期间表现悲痛，请求宽恕，并解释这些罪行应"归咎于我那时的精神状态"，法官韦尔泰梅仍判处其连续 5 次无期徒刑，这是法律允许的最高刑期。这位 64 岁的被告在 75 年内都没有保释资格。

法官在表述清晰、感人的宣判发言中称："被告的名字以及他在 1971 年 11 月的所作所为已成为人们的恐慌。与他良心上很快就没有了负担不同，这恐慌在大众心中不会轻易抹去。"接着他说，"经过 18 年 5 个月零 22 天后，现在该是海伦、阿尔玛、帕特里夏、弗雷德里克以及约翰·弗雷德里克的呼声从坟墓里传出的时候了。"

遗憾的是，约翰·李斯特式的家庭谋杀案很难预测，因此也很难预防，甚至难于马修·贝克案。在李斯特试图掌控他的人生与境况时，他的家人以及——如果他有工作的话——一起工作的人很可能会注意到他变得越来越奇怪，越来越固执。最终，维持这种程度的控制只会让人筋疲力尽，也就是在这时候，让人变得容易抓狂。但问题是，这类人在情感上不会让人与之亲近，所以人们只能观察其外在行为。而且无论如何，你根本想不到他这种人会做出这种事来。这就是为什么研究这些案例并看看我们能从中学到什么是如此重要，因为这样一来，我们未来也许就有能力在麻烦升级成危机前发现问题。

约翰·李斯特在新生活中扮演鲍勃·克拉克会构成多大的威胁呢？我们在国家学院中教到：**未来暴力唯一可靠的预示物就是过往暴力史**。但是这家伙在一生中只有过一段暴力经历。他有没有可能续弦后又杀死第二任妻子？答案是：一切视情况而定。如果一切顺利，如果他有了所需的经济保障和自尊，那么大概率会天下太平。但如果类似的情况再次发生，如果他面临着可能人设坍塌以及人人皆知的窘迫，他就会想好摆脱这种困境的方案，而且像任何成功的惯犯一样，他知道如何实施计划。

或者，既然我们已经承认犯罪模式会逐渐演变，那么他在工作场所而不是家里开枪的可能性是不是更大呢？我不这么认为。李斯特太懦弱、太不爱出头了，从未想过如此直接的事。

话虽如此，但我确实觉得在当今这种以随机暴力发泄怒火的风气下，很多之前会选择在家自杀或者先谋杀后自杀的人现在可能很容易就把懊丧的情绪发泄到同事们身上。

但在这个特殊案例中，与马修·贝克或者大卫·伯克不同的是，李斯特试图将自己从困境中抽身而出，而不是结束一切。他在家中事发后逃跑了——想通过暴力昭告天下的人是不会这么偷偷溜走的。不像其他二人，这对李斯特来说不是谢幕，而是可行的解决办法。

在下一章我们会看到，逃犯有他自己的一套计划和动机。

CHAPTER Ⅵ
第六章

ON THE RUN
亡命天涯——利用心理侧写术识别逃犯

一名逃犯的下场有三种：落入法网、逍遥法外或是“扬名天下”——他或许将名声在外视为一种荣耀，而在我和我的同事看来，这标志着他是个可悲的懦夫。

约翰·李斯特曾是一名逃犯，我们花了近 20 年才把他绳之以法。本章会先谈论另一宗罪案，尽管表面上具有相同的动机，但从行为证据来看，我们会发现，这个罪犯和李斯特大不相同。此后我们会再比较另两种下场的其他可怕案例。

我们在匡提科给联邦调查局探员或国家学院的同事授课时，总是要求他们透过现象看本质，因为从表面上看许多的罪犯都有着许多共通之处——一事无成、游手好闲、独来独往。同时我们还要求学员理解每个案件中构成以下这个公式的各个部分：**为了什么 + 怎么做的 = 凶手是谁**。于我们而言这是一个至关重要的公式。当然，在每个案件中，这几个组成部分的内容各不相同，犯罪心理侧写师的重视程度也存在差异，并没有一种固定模板能准确地告诉他 / 她应该如何加以理解。这事关经验、直觉、技巧，也是为什么有的学员在地方外勤处已经展现出天赋，但我们仍需要花上近两年的时间才能将其打造成聪明、老练的探员，才能在我曾经所在的部门从事高效的工作。简而言之，我们在本书中涉及的正是传授给探员们的不同类型犯罪的识别方法和考察角度。

1976年3月2日，一名护林员在北卡罗来纳州（North Carolina）蒂勒尔县（Tyrrell County）的沼泽地里的浅埋坟墓中发现了五具燃烧的尸体。该地位于华盛顿特区以南约320公里处。她看到那里有烟雾冒出，以为发生了森林火灾，打算前去灭火。经法医确认，受害者共五人，包括两名女性，一名30多岁，一名年纪更大；三个男孩的年龄从5岁至15岁不等，均为暴力击打致死，但由于没有任何表明身份的东西，目前死者身份无法确认。

唯一的线索是在坟墓附近发现的干草叉。北卡罗来纳州鉴定局（North Carolina Bureau of Identification）的调查人员进行了追踪，发现这个干草叉来自马里兰州波托马克（Potomac，Maryland）的一家名为“波奇”（Poch）的五金店。该地位于华盛顿特区蒙哥马利县（Montgomery County）郊区。

两个多星期后，3月18日，在北卡罗来纳州和田纳西州边界的大烟山国家公园（Great Smoky Mountains National Park）中发现了一辆栗色的雪佛兰迈锐宝（Chevrolet Malibu）汽车。汽车的后备厢中遍布干涸的血迹，里面放着带血的毯子、一把霰弹枪、一把斧头和一盒狗饼干。汽车前排座位的杂物箱里放着南方各州的地图和一个处方镇静剂塞雷克斯（Sereax）的包装。

这辆雪佛兰迈锐宝的车主是来自马里兰州贝塞斯达（Bethesda, Maryland）的小威廉·布拉德福德·毕晓普（William Bradford Bishop Jr.），现年39岁，是美国国务院的一名外交官。

邻居们通过照片对3月2日发现的尸体进行了辨认，确认死者是毕晓普37岁的妻子安妮特（Annette），以及他们的三个儿子，分别是14岁的威廉·布拉德福德三世（William Bradford Ⅲ）、10岁的步伦顿（Brenton）和5岁的杰弗里（Geoffrey），还有毕晓普68岁的母亲洛贝莉（Lobelia）。洛贝莉和毕晓普一家同住在加州卡德洛克斯普林斯住宅区（Bethesda's Carderock Springs）的错层现代住宅里。三个男孩都穿着睡衣。邻居一开始发现房里没人时并没有多想，因为大家都知道毕晓普一家喜欢找乐子，一时兴起就来一场说走就走的旅行。这次大家以为他们只是去滑雪了。警察搜查了毕晓普的房子后，发现卧室和前厅都有血迹，看来这里曾经发生过暴力搏斗。

小威廉·布拉德福德·毕晓普（人称“布拉德”）和他们家的金毛寻回犬利奥（Leo）仍下落不明。美国联邦调查局、国家公园管理局（National Park Service）、北卡罗来纳州和田纳西州的警方组织了一次大规模搜捕行动。在发现雪佛兰的那个公园的游客中心附近，追踪犬嗅出了毕晓普的气味。当局一些负责搜寻毕晓普的人士推测他可能藏匿山林，要么自杀，要么冻死。他们也找不到利奥。

那么，这个布拉德·毕晓普是谁？究竟发生了什么？

实际上，他看上去就是个典型的美国男人：英俊迷人的国务院外交官；毕业于耶鲁大学（Yale University）；精通西班牙语、意大利语、法语和塞尔维亚－克罗地亚语，其中塞尔维亚－克罗地亚语是他在驻南斯拉夫（Yugoslavia）军队任职时学会的。他还因为反间谍方面的突出工作获得嘉奖，当时他的任务之一是渗透正在意大利训练的南斯拉夫陆军滑雪队。结束军队生涯后，他取得了意大利语的硕士学位，加入了国务院，并在埃塞俄比亚（Ethiopia）、意大利（Italy）和博茨瓦纳（Botswana）的美国大使馆就职。在前往博茨瓦纳的美国大使馆前，他又取得了第二个硕士学位，专业是非洲研究。他还在博茨瓦纳接受了飞行员培训。他热爱竞技体育，有着丰富的露营经验，参加过私人白水皮划艇课程，因此人们猜测他可能划着独木舟神不知鬼不觉地离开了公园。金发碧眼的布拉德和他那褐色头发的妻子都面容姣好，二人在加州读高中，那时就是情侣。当时布拉德是橄榄球队的四分卫，而她是啦啦队队长。他们唯一的一次分离就是他去了东部的耶鲁大学，而她去了伯克利（Berkeley）。1959年，二人大学毕业，结为夫妻。

蒙哥马利县治安官办公室的治安官及其下属们试图弄清楚到底发生了什么，经过调查，他们发现布拉德在3月1日抱怨自己得了流感，还提早下了班，这十分反常。他因没能顺利晋升而心烦意乱。当天早些时候，他去银行取了400美元。回家途中，他去了蒙哥马利购物中心（Montgomery Mall）的西尔斯罗巴克（Sears Roebuck）商店，买了一个大锤子和一个五加仑容量的汽油罐，然后开车去德士古加油站（Texaco station），给汽油罐加满了油。

虽然邻居们没有听到任何可疑的声音，但调查人员推测，就在当晚的某个时候，布拉德用锤子砸死了自己的妻子、母亲和三个孩子。然后他把他们的尸体放在雪佛兰的后座上，驱车向南抵达北卡罗来纳的外海岸（Outer Banks）。

从尸体情况和犯罪现场线索来看，案发经过大致如下：

毕晓普最初在书房里袭击了安妮特。在杀了她不久后，洛贝莉带着利奥散步回来，吓了他一跳。他用一件自己的夹克把尸体遮住，偷袭并杀害了他的母亲。接着毕晓普上楼来到三个男孩的卧室，当时孩子们都在睡觉，他用锤子杀死了他们。他用毯子把五具尸体包裹起来，装上家庭旅行车，然后开了一整夜的车去了北卡罗来纳。在小狗利奥——他唯一肯大发慈悲的“家庭成员”的陪伴下，开着那辆装着可怕的“货物”的车成功通过了数个收费站，没有引起任何注意。

信用卡收据显示，3 月 2 日，毕晓普的银行卡曾在北卡罗来纳州杰克逊维尔（Jacksonville）的一家体育用品店被用于购买运动鞋。这家店在尸体被发现的地方以南约 161 公里处。警察找到目击证人，证实了使用银行卡的正是毕晓普本人。毕晓普结账时，一名身份不明、皮肤黝黑、有着加勒比人长相的女子牵着他的狗。店主回忆说，毕晓普是个彬彬有礼、谈吐文雅的人，他和那个女人看起来像是一对。

在接下来的几周内，有些沿着阿巴拉契亚山道（Appalachian Trail）徒步远足的人说曾经看到过他，也有一些人说曾在东南海岸的多个地方看见了他的身影，甚至远及佛罗里达州的代托纳海滩（Daytona Beach）。

时至今日，小威廉·布拉德福德·毕晓普依然下落不明。世界各地都有人声称见过此人，但均未得到证实。当局一直不愿意宣布他已经死亡，因为谋杀是一种没有法定诉讼时效的罪行。

1978 年 7 月，谋杀案发生两年多后，毕晓普以前的熟人说在瑞典斯德哥尔摩（Stockholm，Sweden）的大街上看到了他。20 世纪 60 年代毕晓普驻扎在埃塞俄比亚，据当时与他相识的一位瑞典女士说，她曾经在斯德哥尔摩街头见到他两次，但她都没跟他打招呼，也没立刻联系警方，因为她忘了美国警方正在通缉杀人犯毕晓普。她说他蓄着胡须，衣着得体。瑞典警方没有找到任何他在本地出现过的证据，而且在瑞典这个国家，当局通常不会借助公众力量追缉逃犯。当地的一些刊物甚至拒绝刊登嫌疑人的姓名或照片。

1979 年 1 月，一位国务院雇员称自己在意大利索伦托（Sorrento）度假时在公共卫生间看到了他。在这次目击事件中，毕晓普依旧留着胡子，但却衣衫褴褛，邋里邋遢。毕晓普在意大利生活过——在维罗纳（Verona）参过军、在佛罗伦萨（Florence）读过研究生、在米兰（Milan）当过外交使节，所以他对这个国家了如指掌。

我们在匡提科给他做了逃犯评估，并且每年都会进行更新。毕晓普不像约翰·李斯特，甚至不像奥德丽·希利，你能预料到这两个人被捕时所处的情景和他们逃离时相似（当李斯特落网时，他做着和犯案前相去无几的事情；奥德丽被捕的地点在她的出生地附近）。由于具有外事背景，精通多门语言，社交技巧高超，毕晓普几乎在世界上任何地方都能找到立足之地。又因为外国警方并不会像美国警方一样竭力追踪他的下落，其他国家（尤其是欧洲国家）就成为他最舒适的地带。我们回顾了毕晓普的人生，想由此发现他最快乐的时光是在哪里度过的，我们认为他最有可能出现在这些地方。如果毕晓普还活着，我们还有可能抓住他，不过需要极大的运气成分。尽管大家付出了很多的努力，毕晓普也曾一度出现在联邦调查局的“十大通缉犯名单”（Ten Most-Wanted List）上，我们还是没法将他缉拿归案。要想逃到没有播出《美国头号通缉犯》这个节目的地方，约翰·李斯特还不具备这种能力，而小威廉·布拉德福德·毕晓普就大有可为了。

布拉德福德·毕晓普还未被定罪，因此法律上依然对他进行无罪推定。然而，仔细思考一下这个案子，让我们假设他确实犯了罪。这个案子和五年前李斯特的案子有着惊人的相似之处：二人都是有家室的男人，居住在郊区，接受过教育，从事专业性工作，都和妻子、强势的母亲和三个孩子住在一起。在某个时刻，他们明显对自己的人生感到失望，似乎两个人都崩溃了，在自己家中杀害了至亲后逃之夭夭。

但是二者又天差地别。想找到比约翰·李斯特和小威廉·布拉德福德·毕晓普更截然不同的两个人可是难上加难。李斯特是一个胆小的、有强迫症的人，年近五十，几乎没有社交技巧，只靠宗教作为支撑。而毕晓普是一名职业外交官，年近四十，具有外交官的社交风度，擅长处理人际关系，能在荒野中生存，在海外生活同样让他如鱼得水。李斯特可以说是个可怜虫，而毕晓普是大部分人艳羡的对象。

二人犯罪后的行为也是千差万别。一方面，李斯特在谋杀结束后还继续待在房子里，甚至第二天早上在离开前还吃了早饭，由此可见，这是个极无组织性的罪犯。但我们注意到，他以一种“关怀备至”的方式排列尸体，由此我们会得出凶手和受害者关系亲密的推论。

而另一方面，毕晓普在实施谋杀后片刻都没耽搁，马上逃之夭夭，还带走了犯罪证据。车上发现的地图表明他的犯罪行为经过了一定的精心谋划。让我们感到不同寻常（当然，此处的不寻常只是相对而言的，本身这个案子已经太不正常了）和困惑不已的是他对家人痛下杀手的方式：距离极近、非常残忍。这种谋杀并不“痛快”，不像突然在后脑勺给人开上一枪。毕晓普一家名副其实是被打致死——包括一个正在酣睡的5岁的孩子。作为父亲，我记得哪怕是在最艰难的日子里，看看睡着的孩子们，我总能明白什么才是真正重要的。对于孩子们来说，不管这一天过得多么糟糕，他们在睡着时还是那么漂亮、那么无邪。那时他们有一种神奇的魔力，能让人心平气和，直击父母的灵魂，只想给予他们全部的爱，为他们奉献一切。因此，让同样为人父母的我想象伤害自己的孩子已经是丧尽天良，策划在他睡着时残暴地把他打死更是不可理喻！如果毕晓普的杀人手法和警方的推断一致，那么这起谋杀必然是他处心积虑的结果。他一定想象得出自己的行为会造成何种后果。想到这儿不禁让人脊背发凉。接着是抛尸的过程：他更关心如何毁灭证据，将尸体的尊严和逝者的安息弃之不顾。

但我还是反复分析了他的行为，即犯罪方式。能把家人击打致死，说明其中一定含有某种愤怒，这种愤怒既强烈深切又起伏不定。而这一点在李斯特身上并没有得到体现。即便你是个躁狂抑郁症患者（证据表明毕晓普就是），你也不至于一时冲动就去买来锤子和汽油，然后把家人活活打死。这一定存在情绪的累积。因此，在 1976 年 3 月 1 日毕晓普真正付诸行动前，弑亲的想法必然已经在他的脑海中酝酿了一段时间。这个人的双手本来可能早已染上了妻子、母亲和孩子的鲜血。

假设毕晓普就是真凶，该如何解释他的愤怒和绝望？事业如日中天时第一次晋升失败带来的失望？抑郁症？（他当时正在接受精神病医生的治疗。）和母亲关系紧张？有秘密女友？这些看上去都不太可能，都构不成合理的动机，自然更无法解释他为什么要选择这种犯罪手段。它们甚至没有内在联系。只有从罪犯自身的角度出发才能得出李斯特的动机。总体而言，毕晓普的生活看似一帆风顺。就算稍有不如意，难道不能离婚或者跳槽吗？

除却已知的信息，毕晓普的生活对我们来说还是个谜。对于李斯特的犯罪动机，我的解释一定是准确无误的，我对此自信满满。而对于毕晓普的犯罪动机，我就没那么确定了。

我们遇到过这样的案子：有些人沉湎于自身形象，因此他们对成功和成就的看法与别人怎么想没多大关系——就像一个厌食症患者对自己是否肥胖的判断跟周围的人完全不同一样。举例来说，像毕晓普这样的人，他们很难开口承认自己的婚姻遇到了问题，这会让他的形象不再那么完美。晋升失败也是一样的道理。我们将他这样的人称为“危险的不惑之年”，上述现象常发生在他们身上。40 多岁时，回首过去，如果发现生活并没有按自己的计划来，他们可能就会爆发。

除了不断寻求精神治疗以外，调查人员还发现毕晓普的财务状况不佳，但这对于 30 多岁、居住在那种社区的人来说并不太稀奇。由于毕晓普的母亲和他们夫妻俩住在一起，婆媳二人的关系有些紧张。安妮特去国外旅行的热度逐渐减退。即便如此，我们希望看到的那种压力源还是没有出现。即使在体育用品商店里确实有个女人牵着利奥，也不能推断出毕晓普有婚外情。这根本说不通。

至于毕晓普能不能像李斯特一样全凭一己之力顺利逃脱，这也值得怀疑。这不仅是由于在案发后的第二天，有目击者看到他和另一个女人一起出现，还因为他将自己的车丢在了国家公园里。那他要怎么逃走？或许是坐了顺风车，又或许是划走了那只独木舟。那又怎样？他提前规划好交通工具的可能性更大。

和李斯特案的处理方式一样，我们必须问自己，像毕晓普这样的人是否有再次作案的可能？此处的答案与李斯特案相同。只要他的生活顺风顺水，他就不会成为危险人物。但是如果发生了什么事，此事在他看来是巨大的绊脚石，那么同样的情绪压力又会卷土重来。虽然二人都杀害了自己的家人，但与李斯特相比，这个人（重申一下，如果他确实是凶手）展现出了更加暴力的一面。他更加足智多谋，如果面临落网的威胁，我也不确定他会乖乖束手就擒。他也不像是个真正的懦夫。比起被捕，我觉得他这种人更可能选择自杀。

毕晓普的结局就和 D. B. 库珀（D. B. Cooper）一样。库珀是个声名狼藉的空中海盗，他在 1971 年 11 月强占了一架西北航空公司的由波特兰（Portland）飞往西雅图的客机，勒索了 20 万美元后跳伞逃跑，从此杳无音信（也没有发现他的尸体）。小威廉·布拉德福德·毕晓普也成了一名传奇人物，在小说、电视电影和电台歌谣中成了不朽的传说。联邦调查局仍在寻找他的下落，马里兰州蒙哥马利县地方治安官办公室从未放弃追捕，迫切希望找到他并将他绳之以法。

我也一样。因为和其他任何案件相比，这是我最迫不及待地想知道**为什么**的那个。

1957 年冬天，臭名昭著的查尔斯·斯塔克威瑟（Charles Starkweather）和卡里尔·安·富盖特（Caril Ann Fugate）在美国中西部进行了长达数周的凶残犯罪，当地人们深陷恐惧。与此类似，1984 年夏天，奥尔顿·科尔曼（Alton Coleman）和德布拉·丹尼斯·布朗（Debra Denise Brown）也在美国中西部掀起了属于他们的恐惧狂潮。在我的职业生涯中，几乎没有遇到过比奥尔顿·科尔曼道德更加败坏的人，几乎一切有生命的东西都会成为他强暴和杀害的对象，而且他完全不在乎后果。

奥尔顿·科尔曼，1955 年出生于伊利诺伊州的沃基根（Waukegan, Illinois），家庭环境恶劣，母亲是个妓女，此前已育有两个孩子。他主要是由母亲一手带大的。他常常被同龄人嘲笑，他们叫他“尿王”，因为他总尿裤子。早年他当过街头混混，从那时起就有了案底。他九年级时就辍学了。18 岁时，他因为强奸及抢劫沃基根的一名年长女性被捕，但最后竟然从轻发落，只判了抢劫罪，在充斥着暴力的若利耶监狱（Joliet penitentiary）服刑。我曾经到这个监狱采访过许多危险的暴力罪犯。他并不是一个模范囚犯：他在获得假释前曾和多名狱友发生性关系。没过多久，在 70 年代末，他又因为一系列性侵行为受到指控，但其中两项指控没有成功，因为他的律师成功说服了陪审团，让他们相信了性行为是在女方自愿的基础上发生的。当时其中一名受害者就是他的亲侄女。异于常人的家庭背景和心理构造似乎使得科尔曼的良知荡然无存，让他对权利、感觉、他人的痛苦漠不关心。像他这样的人会觉得自己一无所有，没有人在乎他，他有权得到自己想要的一切，用不着管别人想什么。

他受到的强奸指控与日俱增，警方怀疑1982年一名15岁女孩的奸杀案是他干的。1984年，他被保释出狱，等待另一场强奸罪的审判，他的暴行就是那时候开始的。那时科尔曼和一名10多岁的女孩结了婚，不过婚姻很快就结束了，因为这个女孩离开了他，向警察寻求保护。28岁时，他和21岁的德布拉·布朗成为恋人。布朗家境殷实，家庭稳定，遇到科尔曼之后，违背了和未婚夫的婚约，开始和科尔曼同居。在科尔曼的一生中，偶尔打打零工就是他从事过的全部工作。

1984年5月29日，科尔曼和布朗用化名诱拐了威斯康星州基诺沙（Kenosha，Wisconsin）一个名叫维尼塔·威特（Vernita Wheat）的9岁女孩，让她和他们一起去沃基根。他们一去不返，维尼塔的母亲很快就从警方提供的照片中认出了带走她女儿的人。联邦大陪审团以绑架罪起诉了这两名嫌疑人，联邦调查局也介入了此案。

6月18日，科尔曼和布朗驾车穿过印第安纳州的加里（Gary，Indiana）。当他们看到走在街上的两个小女孩——7岁的塔米卡·特克斯（Tamika Turks）和塔米卡9岁的亲戚时，他们就停了下来。他们上前找那两个小女孩问路，还说如果她们愿意上车帮忙指路的话，就会给她们钱。后来他们把女孩们带到了远处的小树林里，布朗把塔米卡摁在地上，科尔曼实施强奸后把她勒死。另一名女孩也遭到了强奸和殴打，但她逃离了魔爪。最后她从警方提供的照片中认出了施暴者。

第二天，加里一名25岁的美容师唐娜·威廉姆斯（Donna Williams）神秘失踪，此前她在沙龙上认识了一对“从波士顿来的夫妇”，他们想看看她平时做礼拜的教堂，于是她答应去接他们，然后唐娜就不见踪影了。其他参加了那次沙龙的人们从警方的照片中指认了科尔曼和布朗。就在同一天，维尼塔·威特的尸体在沃基根的一幢废弃建筑里被发现，她是被勒死的。

6月24日，科尔曼和布朗已逃窜到了底特律，他们在一名妇女的家门口对其实行持刀绑架，还胁迫她开车送他们去俄亥俄州。她故意撞上一辆停着的卡车，跳车逃跑了。两个不法分子开着她的车逃走了。四天后，他们闯入了位于迪尔伯恩高地（Dearborn Heights）的琼斯一家的房子。当时琼斯夫妇正在吃早饭。他们不仅殴打了琼斯夫妇，还抢了一些现金，偷了他们的车。现在联邦调查局和当地所有涉案的执法机关都在全力追捕这两名罪犯。

7月2日，他们闯入底特律地区另一对中年夫妇的家中，殴打他们之后偷走了他们的车。他们把车开到俄亥俄州的托莱多（Toledo），光顾了当地的一家酒吧，打算实施绑架，但由于酒保拿枪指着他们，他们被迫放弃了犯罪计划，但还是成功逃脱了。7月7日，他们强奸并勒死了30岁的弗吉尼亚·坦普尔（Virginia Temple）和她10岁的女儿罗谢尔（Rochelle）。二人把尸体藏起来后，将受害者的房子洗劫一空。7月11日，美容师唐娜·威廉姆斯的尸体在底特律被发现，于是奥尔顿·科尔曼被列入了联邦调查局的“头号通缉犯名单”。由于名单上仅有的10个名额都已经用光，警方将科尔曼列为第11名，这种情况十分罕有。

15岁的托妮·斯多里（Tonnie Storey）在辛辛那提（Cincinnati）失踪了。目击者再次指出，最后一次见到托妮时她与科尔曼和布朗在一起。四天后，她的尸体被发现，头部有多处刀伤和枪伤。

到目前为止，所有的受害者都是黑人，且受害者从青春期前的孩子到老年人不等，从这里可以看出他在选择受害者上没有明显偏好。7月 13 日，科尔曼去到辛辛那提郊区诺伍德（Norwood）一对白人夫妇的家中，他们是四十五六岁的哈里·沃尔特斯（Harry Walters）和玛琳·沃尔特斯（Marlene Walters），借口是想买他们的露营车（当时那辆车挂着“出售”的牌子停在车道上）。夫妻二人都遭到了猛烈的殴打，任凭哈里苦苦哀求施暴者不要伤害他的妻子也无济于事。玛琳身负重伤，离开了人世。据警方描述，她因为遭受了撬棍和钳子的攻击，整个后脑勺都被掀掉了。二人十多岁的女儿谢莉·沃尔特斯（Sheri Walters）回家后发现了他们。此后哈里在医院里住了三个多月，并向警方描述了那对年轻黑人夫妇的模样。他说当时他们是骑着自行车来的，最后开着哈里的车离开了。

三天后，他们绑架了一位名叫奥林·卡米哈尔（Oline Carmichal）的大学教授并偷走了他的车，他们俩把他载到了俄亥俄州的代顿市（Dayton），然后弃车而去。但非同寻常的是，他们竟然没有要奥林的命。第二天，他获救之后说，他被两名男子和一名女子绑架了——这个不同点马上就得到了解释。就在同一天，代顿市一位年长的部长和他的妻子也在家中遭到暴力袭击，但好在保住了性命。他们告诉警方，他们热情招待了一对年轻夫妇数日，部长还曾经开车带他们去辛辛那提参加祈祷会。但这对夫妇返回后，就对他们发动了袭击，还偷走了他们的车。

次日，这辆车在印第安纳波利斯（Indianapolis）的一家洗车店旁边被发现。

店主是 77 岁的尤金·斯科特（Eugene Scott），他遭到了绑架，车也被偷走了。几个小时后，斯科特的尸体在一个沟里被发现，跟此前的受害少女托妮·斯多里一样，他头部也有多处刀伤和枪伤。谁都可能成为这两个凶手的目标。

与此同时，代顿警方逮捕了一名叫托马斯·哈里斯（Thomas Harris）的男子，他承认自己是绑架卡米哈尔教授的共犯。他说是他说服了科尔曼留卡米哈尔教授一条活路，这就解释了为什么卡米哈尔没有惨遭杀害。

联邦调查局要求我们部门对科尔曼和布朗做出逃犯评估。虽然二人极其残暴，但我逐渐明白，毕晓普的精干老练和聪明过人是他们不具备的。他们的组织性足够支撑他们一次又一次重复相同的罪行，而且进行得似乎非常顺利。然而他们在所到之处都留下了指纹，而且哪怕他们知道警方已经下达了通缉令抓捕科尔曼，他们也没有真的想要伪装自己。我没有把布朗看作一个顺从的受害者，因为和科尔曼一起亡命天涯完全是她自愿，但说了算的绝对是科尔曼。据我猜测，虽然她迷恋科尔曼，但她也惧怕他，同时受他支配。

我认为这和科尔曼的动机有关。尽管他造成的破坏令人毛骨悚然，但他的动机其实平平无奇。通过研究他的背景和犯罪记录，我清楚地了解到，科尔曼从小就幻想着能在性事上主导和控制他人，因为和众多连环强奸犯一样，这让他产生良好的自我感觉，给他带来最大的成就感。自然，这些感觉都是他从自身成就和恋情中无法得到的。他早期的施暴目标都是黑人，我认为这说明了这些犯罪的本质和性有关，和把气撒到全社会不完全等同（这也是其中一方面，且在一些后来的犯罪行为中有所体现）。实际上，当他开始在底特律向那对身处家中的中年夫妇施暴时，他进行了一次实实在在自相矛盾的长篇大论，讲到一些黑人是如何逼迫他杀害其他黑人的，似乎这能在一定程度上自圆其说，对他的罪行做出合理的解释。由于从小就过着无法无天的生活，所以科尔曼能将性犯罪当成一种满足自己的途径。换言之，他不但实施强奸、殴打，甚至谋杀，一时兴起的话他还会劫财劫车。从根本上说，这些人将犯罪活动当成自己的工作。你为什么要工作？因为你觉得那是你该做的。我们没理由认为科尔曼的想法与此有任何不同。

我们在地图上画出了科尔曼每一次作案的踪迹，并标注他出现的日期，我们发现科尔曼不会走太远，也不会在他觉得不熟悉和不安全的地方长时间逗留。一旦离开沃基根或芝加哥地区，他便真的和外界格格不入了。在我看来，这个罪犯的基本特征是想返回故里，因为只有在那里他才会感到舒适。其实要预测他的行为很容易，我们后来发现我们甚至真的猜中了他回家时会选择的公路。我们告诉当局，用不了多久，科尔曼便会回到沃基根，也可能是芝加哥，他们应该开始在那两个地方对他展开搜寻，并将其体貌特征公之于众。

7 月 20 日，埃文斯顿（Evanston）警方接到了一个匿名举报（埃文斯顿位于沃基根和芝加哥之间），举报人是科尔曼和布朗的熟人，声称看到他们坐在公园篮球场对面的露天看台上。警察手持上膛的枪支，包围了这对夫妇，由于双方力量悬殊，他们被迫投降。科尔曼给了警方一个假名，布朗则原原本本地承认了自己的身份。科尔曼随身携带两把血迹斑斑的匕首，布朗的手提袋里还有一把 0.38 口径的左轮手枪。她还戴着谢莉 · 沃尔特斯的墨镜。当天下午，警方在距公园几个街区的地方发现了尤金 · 斯科特的车。犯罪现场技术人员从车内成功提取到了布朗的指纹。

科尔曼和布朗在不同辖区分别受到多重谋杀指控。二人罪有应得，均被判处死刑。从 1985 年 5 月至 1987 年 1 月，科尔曼在不同的州分别被判处四项死刑，布朗被判处两项死刑。1991 年 1 月，即将离任的俄亥俄州州长理查德 · 塞莱斯特（Richard Celeste）（众所周知他反对死刑）将布朗在该州的死刑判决减为无期徒刑（同时获得减刑的还有另外六名杀人犯），理由是他的一名工作人员在起草的报告中称布朗有智力缺陷。但她因谋杀塔米卡·特克斯在印第安纳州获得的死刑判决仍然有效。在写作本章之际，科尔曼仍然贼心不死，不断上诉，妄图推翻死刑判决。

在多次审判中，最不可思议的是科尔曼总是不断提出要自行辩护。在俄亥俄州汉密尔顿县的玛琳·沃尔特斯谋杀案的审判中、在威斯康星州的最后审判中，以及在9岁的维尼塔·威特谋杀案的审判中，他都自行充当律师。他认为，他的辩护水平比任何一个法庭指定的律师都更出色。

布朗也几乎同样不配合她的律师。在因谋杀玛琳·沃尔特斯和恶意攻击哈里·沃尔特斯而受审时，她竟然不让律师把她带上被告席，也不让或许能将她刻画成一名顺从受害者进而为她争取减刑的目击者出庭。

代顿市律师丹尼斯·利伯曼（Dennis Lieberman）就卡米哈尔教授被绑架一案为这对夫妇辩护。他告诉《芝加哥论坛报》："我可以肯定地说，当他们的代理律师绝对是我律师生涯里最糟糕的经历之一"，接着他以一种极具说服力和洞察力的口吻发表了自己的看法，布朗"已经决定和科尔曼同生共死了，无论结局如何。这从最开始就困扰着我，她就好像被催眠了一样。科尔曼对布朗具有一定的影响力，这我从来没有怀疑过"。

在隔离陪审团拿到德布拉·布朗的案子，同时她的言行再也无法改变陪审团的裁决后，她收到了一张传票——猜猜看是来自谁的？科尔曼要求她作为目击者出庭作证，而奥尔顿·科尔曼在那次审判中既充当被告又充当辩护律师。

科尔曼成功地让布朗走上了证人席，并承认是她攻击的玛琳·沃尔特斯。

“我说是我干的。”布朗说。

“能请你说得更清楚点吗？我和这件事有任何关系吗？”

“没有。”布朗回答道。

“是你把她弄进地下室的吗？”

布朗犹豫了很长时间，然后答道：“是的，是我。”

“你打过她的头吗？”

“我打过她，但我不记得是不是打了她的头。”

“你在地下室的时候，我在哪儿？”

“你在楼上。”

科尔曼辩称，当用1.2米长的木制烛台猛击受害者头部时，他只是想“控制”他们，但是布朗发了疯，出于报复心理将沃尔特斯夫人殴打致死。

令人惊讶的是，在审讯过后不久，科尔曼竟然说出了以下这番话：“布朗，你有点害怕吧，是不是？”

“嗯。”她答道。

“咱们有难同当吧，布朗。你知道我们的处境不容易。”

在问讯过程中，控方律师卡尔·沃尔曼（Carl Vollman）使得布朗撤回了自己此前的证词，并说明自己在作案期间一直服用可卡因和大麻。科尔曼则一直在饮用伏特加。当沃尔曼问布朗地下室里的血量有多少时，她回答：“我不知道。我当时不在那儿。”

在向陪审团做出的总结陈词中，科尔曼表示，他非常爱布朗，还表示为了证明他与沃尔特斯夫人的死毫无干系，布朗真是鼓足了勇气。

科尔曼甚至以他和布朗是事实夫妻为由，提出要和布朗在狱中行房。法官理查德·尼豪斯（Richard Niehaus）拒绝了这一无理要求。他告诉记者，他觉得科尔曼在法庭上的表现“令人瞠目结舌”，还说“我从来没见过如此荒唐的事情。我希望自己别再摊上这种事儿了”。

在量刑阶段，为了让爱人免受电椅死刑，布朗发誓说：“我杀了那女人，我一点也不在乎。我玩得很开心。”

最终科尔曼被判处死刑，布朗被判处无期徒刑。其中一名陪审员在得知了隔离期间布朗在科尔曼的庭审中所做的证词后，表示十分后悔没有把她也送上电椅。

无独有偶，当威特谋杀案在伊利诺伊州开庭时，科尔曼由于不满先前多名法庭指定的律师的表现，要求莱克县巡回法庭法官弗雷德·盖格（Fred Geiger）允许他为自己辩护，法官心不甘情不愿地答应了。在陪审团做出另一项有罪判决并即将进入量刑阶段时，科尔曼要求法官召回他的两名律师。尽管检察官马修·钱西（Matthew Chancey）拒绝再次出庭为被告辩护然后再次被嫌弃水平不够，盖格法官还是同意重新让律师参与庭审，他说：“科尔曼先生现在的言论有点道理。”

然而结果并无不同。陪审团只花了四个小时多一点就裁定科尔曼有罪，陪审员们检查了物证，最后做出了和此前所有陪审团一致的决定：判处奥尔顿·科尔曼死刑。

庭审结束后，我在狱中采访了德布拉·布朗。我无法判断她是否真的有智力缺陷，这不是我擅长的领域，但我确实发现她是一个极为被动、俯首帖耳的人，一切对她产生过影响的人都能塑造她的个性，无论是奥尔顿·科尔曼还是特蕾莎修女（Mother Teresa）。这证实了在追捕二人期间我得出的结论：科尔曼和她近乎主仆关系。就她的立场看来，我认为像她这样的人不太可能与科尔曼那样的人抗衡，或者在局势开始充斥着暴力和恐怖时离开他，因为在他愤怒的边缘试探才更恐怖。

当二人仍在逃亡时，我就建议媒体公开我们认为她对他言听计从，她被他伤害的危险与日俱增的消息。这一举措实际上暗示我们认为她的罪孽没有他那般深重，她应该通过自首来自我保护。如果他们没有落网，我们应该会大力实行这一策略。

让我一笔带过吧：尽管所谓的顺从受害者（如本案中的德布拉·布朗）或许可以作为一个连续的统一体加以看待，但是请记得，我们现在谈论的这个女人能够控制受惊的女孩，帮助男友实施强奸。帕蒂·赫斯特（Patty Hearst）的情况则十分不同。她先是遭遇了绑架，之后几乎被彻底洗脑，一起洗劫银行，更不用说曾经被锁在衣橱里，而且据她所言她还遭到强奸。我认为她更是深受其害，而不是一味顺从。加拿大掠夺型恶魔、性虐狂保罗·伯纳多（Paul Bernardo）的妻子卡拉·霍姆卡（Karla Homulka）也曾帮助丈夫实施过犯罪，我们在《恶夜执迷》一书中叙述了他们所犯的罪行，包括强奸霍姆卡的妹妹并给她注射过量致命药物。卡拉·霍姆卡的角色则介乎两者之间：她既是受害者，又是加害者。

这并不意味着和每个与奥尔顿·科尔曼或保罗·伯纳多接触的女性都有成为顺从受害者的危险。这更关乎于她的个性，而我们的个性都是自身的选择。当我在西海岸参加电台录制为新书做宣传时，一名极度敏感、忧心忡忡的母亲拨通了节目组的电话，告诉我们她的女儿和被定罪的杀手、被指控的连环杀手格伦·罗杰斯（Glen Rogers）有所往来。1995 年，格伦·罗杰斯在警方的围追堵截中于肯塔基州落网。此后他又因为备受关注、举止招摇，很快就成了南部和西南部几乎所有悬而未决的性谋杀案的嫌疑人。

罗杰斯此时已经被套上重重枷锁在狱中服刑，但这位母亲只要一想到女儿接触过此人就不寒而栗。“我女儿被这个恶棍谋杀的概率有多大？”她问我。

我回答："你女儿之所以没被谋杀，也没发生任何不测，我想可能是因为她不是一个非常被动的人，对吧？"

"是的，确实如你所言。"她回答。

"事实上，我敢打赌她一定信心十足、雄心勃勃，而且还是个非常有主见的人。"

"是的，完全正确。"这个女人说话的语气仿佛我是个预言家一样。

"她是做什么的？"我询问道。

"她是酒吧经理。"

"那就难怪了。她懂得照顾自己，人脉很广，不会跟任何人废话。即便像罗杰斯这样的人能和她约会，他也无法按自己的意愿控制她，他主宰不了她。罗杰斯会选择自己控制得住的受害者，即那些脆弱，不自信，正遭受着分居、离异或其他创伤的人。四下寻找猎物的罪犯善于发现这些女性、识别她们的身份。"

我曾经告诉过家长：应对猥亵儿童犯最有力的武器莫过于让孩子树立自信。同样，我也告诉这位广播听众：性侵者的目标受害者正是那些他们发觉缺乏自信、怀疑自我价值的人——他们觉得自己可以成功引诱、任意操纵目标猎物，让其与家庭、朋友分离，与价值观背道而驰。

奥尔顿·科尔曼在德布拉·布朗身上找到了他的所想所需。

布朗和奥德丽·希利或斯特拉·尼克尔不属于同一类型的罪犯。我认为她不会独自进行狂欢杀戮。这就表示她不危险了吗？并不尽然。每个"奥尔顿·科尔曼"总能找到自己的"德布拉·布朗"。暴力是有情境性的，这是我反复强调的重点之一。例如，仅仅因为一名猥亵儿童犯在狱中表现良好，并不意味着在出狱后又有作案机会时他不会重蹈覆辙。同理，尽管我觉得德布拉·布朗没有和科尔曼在一起时"不会对人产生威胁"，但她没有表现出任何良心未泯的迹象。因此我完全无法保证，如果再次受到奥尔顿·科尔曼这种人的影响，她不会重操旧业。因为无论科尔曼的动机中包含了多少愤怒和对性的迷恋，她的动机关乎于被人接纳、被赋予生活方向，无论这个方向在外人看来多么丧心病狂。

在我看来，奥尔顿·科尔曼和德布拉·布朗都以各自的方式印证了哲学家汉娜·阿伦特（Hannah Arendt）所说的"平庸的邪恶"（banality of evil）。他们都做出了选择，从对科尔曼的分析以及对布朗的问讯中，我发现二人在做出选择前都不需要考虑太多道德内涵，也不用做出挣扎。这也正充分说明了为什么我不希望他们在有生之年获得再次选择的机会。

作为正直、敏感的人，我们每次看到多重谋杀犯时，都会立刻产生反感的情绪，这和具体情境没多大关系。对于从事刑侦工作的人，这种反感情绪会持续存在，但具体情境至关重要。在联邦调查局，我们将多重谋杀归为三种基本类型：连环杀手、大屠杀凶手、狂欢杀手（serial，mass，and spree killers）。每种类型的杀手都具有一系列截然不同的动机。

首先，让我们先了解一下它们的定义。

连环杀手指至少实施过三起谋杀，在每两次作案之间都存在情绪冷静期的杀手。这个冷静期可能是数天、数周、数月甚至数年。在少数情况下，冷静期只有短短数小时。但是，连环杀手的每一次作案都是出于不同的情感诉求，这是一个重要的考量角度。

大屠杀凶手指在单次作案中在同一个地方杀死四名及以上受害者，作案地点可能是带有多个房间的建筑，作案时间从几分钟到几小时不等，但所有的杀戮都是出于同样的情感诉求的杀手。

狂欢杀手指在两个及以上不同场所实施谋杀且两次行凶之间没有任何冷静期的杀手。因此，这类杀手所犯下的谋杀往往时间跨度更短。不过，如果连环杀手的冷静期足够短，他的作案速度甚至可能比狂欢杀手更快。

在我的职业生涯中，我在追踪和研究连环杀手上倾注了大量的心血。坦白说，要终结犯罪，在这类罪犯的追踪和研究上需要做出的努力是最大的。他们的名字个个耳熟能详："泰德"·邦迪、"山姆之子"约翰·韦恩·盖西、克利福德·奥尔森和迈克尔·罗斯。连环杀手令人闻风丧胆，因而他们的重要程度和数量完全不成比例，他们永久地占据了我们集体心理的一个黑暗的角落。不过理解另外两种类型的杀手也同样重要。本书此前谈论过的案件中，托马斯·瓦特·汉密尔顿（邓布兰惨案中的杀手）、约翰·李斯特和小威廉·布拉德福德·毕晓普都属于大屠杀凶手。科尔曼和布朗是狂欢杀手。这类杀手也是我们接下来要谈到的。

为什么情境如此重要？因为情境可以直接表明动机，揭露罪犯希望通过作案"获得"什么，以及在他策划犯罪时脑子里想的是什么。

这些都是一般结论，但是说到动机，连环杀手希望作案后逍遥法外，大屠杀凶手没想着自己能成功逃脱，而狂欢杀手可能根本还没想得这么深入。除了操纵、支配和控制外，几乎所有的连环杀手都具有另一个重要动机：性。即便这一动机在大卫·伯科威茨所犯的罪行中没有体现得那么明显。连环杀手之所以犯罪，是因为犯罪能让他们获得成就感，只要有机会他们就会继续犯罪。他们被贴上连环杀手的标签，意味着他们成功实现了自己下定决心要完成的事情，而且成功的次数越多，他们就会越自信。这些杀手对于抓不到自己的警方和调查人员往往具有一种优越感，觉得自己凌驾于他们之上，从而进一步确信自己的力量。

为了进行更清晰的说明，我们将大屠杀凶手划分为两类。一种是去到公共或半公共场所（如公司或学校），然后进行犯罪。这种大屠杀凶手是在声明自己的立场，这个立场对他们而言极为重要，在他们的生命里有着举足轻重的地位，因此他们为了让别人理解自己甚至不惜搭上性命。当汉密尔顿带着大杀伤力武器走进学校操场时，他就已经不要命了。这类大屠杀凶手是以任务为导向的。就好像他们在写一部自传体小说，最终章便是一场暴力的死亡。

另外，如果犯罪发生在暗地里，或是在掩人耳目的情况下实施的，那么杀手希望在作案后逃之夭夭的可能性更大。约翰·李斯特告诉调查人员，他没想到他可以逍遥法外那么长时间，但从他的行为来看，他分明就想逃脱法律制裁。毕晓普也是如此。

狂欢杀手在犯下一起凶案后能以非常快的速度投入下一起。一段时间后，几乎所有的狂欢杀手都会认为自己所向披靡。我发现，在以上三类杀手中，这一类人最少考虑未来——未来对于他们来说只存在有和没有的区别。我觉得科尔曼还没有深沉到会去担忧自己的罪行能持续多久。像查尔斯·斯塔克韦瑟（Charles Starkweather）这样的人或许可能想着他最后会被抓住或杀掉，但是最多也只是一个模糊的念头——无论怎么看都算不上是个正儿八经的想法。

对于连环杀手，我们在不明嫌疑人落网前无法得知他们的身份。对于大屠杀凶手，我们在厘清案情后就可以知道他们的身份。对于狂欢杀手，我们通常知道他们的身份，并把他们列为逃犯加以追踪。这一点非常重要，因为当杀手获悉我们知道他们的身份、大家都在通缉他们时，他们会感到“压力山大”、备感折磨，这对我们来说更为有利：

他们为了应对日常压力会开始饮酒、吸毒，还会开始出现纰漏。

正如我们的犯罪现场呈现出的线索包含了有组织和无组织的成分，有时候我们也会看到这三种杀手称号并不是相互对立的。最普遍的例子就是连环杀手常常沦为狂欢杀手，“泰德”·邦迪的结局就体现了这一点。随着犯罪活动越来越疯狂，他的冷静期越来越短，直至几乎不复存在。到那时，他的压力不断累积，他变得更神经兮兮、邋里邋遢，他开始怀疑自己能不能成功逃脱。我们总是试图通过确定这个阶段的时间，来寻找一个频频作案的逃犯。

通常而言，当一起特定案件或一系列案件成为全国媒体的焦点时，记者、电视台、电台制作人就会邀请我和曾经的同事们对案件发表评论，给出我们自己的观点，在辛普森·戈德曼（Simpson-Goldman）案、格伦·罗杰斯案、俄克拉何马城（Oklahoma City）爆炸案和大学炸弹客事件（Unabomber）恐怖分子落网后皆是如此，其余就不一一列举了。但是在 1997 年 7 月 15 日，当设计师詹尼·范思哲（Gianni Versace）在迈阿密南海滩（Miami's South Beach）的住所外被谋杀时，媒体的狂热程度是我从未经历过的。犯罪嫌疑人是安德鲁·菲利普·库纳南（Andrew Philip Cunanan），据说他的作案范围已经遍及半个美国。人们对该案表现出极度的兴趣、害怕和恐惧，因此全美几乎没有任何一家新闻机构或任何一档电视节目不曾致电咨询我的意见。

似乎这个年轻男人和这起毫无意义的、处决式的谋杀在某种程度上把我们对此类杀手的恐惧和我们自身的脆弱性都具象化了。

安德鲁·菲利普·库纳南来自加利福尼亚州圣地亚哥郊区的兰乔贝尔纳多（Rancho Bernardo）的一个中产阶级家庭，他出生于 1969 年 8 月 31 日，在四个兄弟姐妹中是老幺。他的父亲名叫莫德斯托（Modesto），又名皮特（Pete），来自菲律宾，曾是一名美国海军军官，1972 年退役后做了股票经纪人。库纳南以前是个充满阳光、好奇心十足的男孩，很早就会识字。根据现有资料（包括他母亲的描述），他从来没有遇到过任何重大的困难。母亲玛丽安（MaryAnn）是一名虔诚的天主教徒，为了把宗教价值传达给孩子们殚精竭虑。到 12 岁时，黑头发的库纳南已经出落成一个高大帅气的男孩。在圣地亚哥的私立主教（Bishop）预科学校就读时，因为容貌出众、智慧超群而备受关注，而且据说他父母为了让他进这所学校花了很大一笔钱。

在探究影响库纳南个性养成的因素时，我们发现了多种可能性。根据他本人所言，莫德斯托严于家教，有时候会体罚他，把他身上弄得青一块紫一块的。对于库纳南这样聪明过人又极度敏感的男孩来说，这会引起他的愤怒和憎恨，也会让他自责为什么他会导致父亲采取这种严厉的方式对待他。库纳南似乎把他自我毁灭的行径看作是这种棍棒教育的后果。但是他的两个兄弟姐妹在后续接受采访中表示，他们都不记得安德鲁曾经受到过严重的体罚。事实上，他们说库纳南是家中那个养尊处优、娇生惯养的"没教养的家伙"。莫德斯托在接受 ABS-CBN 菲律宾电视（ABS-CBN Philippines TV）采访时指出："我们家从来不使用暴力。安德鲁在成长过程中从没挨过打。"

玛丽安的个性可能有些强势。亲戚们注意到她和安德鲁似乎格外依赖彼此，她似乎总是干涉安德鲁的交友，希望帮他筛选出一些适合他的朋友。

13 岁时，他和一个男孩发生了性关系，那是他的第一次。他没有隐瞒自己的性行为，反而四处吹嘘。和其他一切一样，旁观者对他有两种迥然不同的解读。一种认为他表露出对自身性能力的自豪和自信是健康的行为。另一种认为他过分关注自己，总是试图成为焦点，能通过操纵他人来获取自己所需，根本意识不到自己伤害了别人或者压根不在乎。这是我们在研究反社会的暴力犯时发现的他们的重要特征之一。

在高中年鉴中，库纳南被票选为“最容易被记住的人”。

他不仅英俊，而且样貌比实际年龄成熟。15 岁的库纳南长了一张 18 岁的脸，是圣地亚哥希尔克雷斯特区（Hillcrest）各个酒吧的常客。他觉得“库纳南”一听就是个菲律宾名字，所以他给自己取了一些听上去更浪漫的拉丁文名字，还给名字赋予了人物性格和个人经历，包括“安德鲁·德西尔瓦”（Andrew DeSilva）和“大卫·莫拉莱斯”（David Morales）。库纳南后来和一名已婚大龄男人有染，这个男人送他价格不菲的礼物，把他安置在希尔克雷斯特区的一套公寓里，这种滋润的生活也成了他日后始终梦寐以求的。当这个男人在公寓里看见库纳南其他情人的衣服时，二人的恋情走到了尽头。库纳南不得不搬回家住，但家又让他觉得拘束，对母亲隐瞒自己的性行为也颇不容易。虽然父亲怀疑他，但母亲从没怀疑过。16 岁生日时，父母给他买了一辆二手的红色尼桑 300ZX 轿车（Nissan 300ZX），想以此让他长住家里。但据一位朋友说，库纳南早就看穿了他们的伎俩，他说父母以为“用钱就能买回我的爱”的想法非常“悲哀”。

等到真的年满 18 岁，他开始频繁地和比他大得多的男性约会。他们为他打开了通往圣地亚哥富人社交圈的通道。多年来，他凭借自己的小聪明过活，知道怎样从不同环境中得到自己想要的东西。在性掠夺者的早期个性形成过程中，这种引诱、操纵他人的力量是他们的另一种特征。

1988 年 10 月，库纳南 19 岁，是加州大学圣地亚哥分校（University of California）的一名大一新生。当时他的父亲莫德斯托被解雇，根据他妻子后来递交的诉讼材料显示，莫德斯托当时被指控侵吞客户 10 万多美元。他卖掉了房子，让妻子靠卖房拿到的那笔钱度日，他自己回菲律宾找了一份新工作。出售房子所得的微薄收入和莫德斯托的海军养老金加起来仅够玛丽安和库纳南勉强度日，生活水深火热。根据其中一种说法，库纳南因为自己的性取向和母亲发生了激烈的争吵，甚至把她摔到了墙上。从个性演化的角度来看，尿床、纵火、虐待动物这几个连环杀手和性侵者的凶杀案三要素都不会反映在库纳南身上，但他冲动鲁莽、脾气暴躁，和狂欢杀手更为类似。

和母亲闹翻后，库纳南从大学辍学，前去马尼拉（Manila）附近的一个小镇投奔父亲。但是一到那儿，他就惊呆了：父亲住在一个肮脏破败的小棚子里，连自来水都没有，靠在街上卖廉价商品糊口，还期待儿子能给他搭把手。对于库纳南这样一个如此注重形象的人来说，这无疑又是致命一击。他为了赚足回美国的钱出卖自己的肉体（有时还男扮女装）。

1989 年春，库纳南回到美国后搬进了旧金山卡斯特罗区（Castro district）一间寄宿公寓，找到了一份薪水微薄的工作养活自己。与此同时，他塑造了不同的人物角色并不断加以完善，从而达成自己的目的。这些角色包括毕业于乔特中学（Choate）及耶鲁大学的海军军官、胸怀抱负的演员、建筑承包商，甚至塑造过一个结过婚，还有一个小孩的形象。每个角色都有自己的行头、个性和鲜明的特征，库纳南的演技是如此出众，大多数相识的人在他换成另一个角色后都认不出他来了。库纳南的目标从始至终都是那些财力雄厚、精明能干的年长男人，因为他们有能力维持他满心期待过上的生活。他穿着精美的服饰，喝着上等的香槟，抽着最好的雪茄，昂贵的礼物源源不断，每个月还有一大笔零花钱。需要时，他也会扮成异性恋，以免那些意图掩盖自己性取向的高层人士在见到他时感觉不自在。尽管他魅力四射、精于打算、善于伪装，但到那时为止他还没有干过什么正经工作，他完全倚靠被人包养来维持生活。

1989 年万圣节的晚上，库纳南和另一个比他年长的男人相遇了，这个男人是个演员。不久后库纳南就搬进了他家，他对外称库纳南是他的秘书。库纳南依然不断地和年纪比自己小的男人约会，这个演员也赞成他的行为，还和库纳南一道去看戏、看歌剧、参加富人的派对。有迹象表明，他可能在次年 10 月的一次餐厅招待会上见过詹尼·范思哲。

1992 年，他再次傍上了另一个年长男人，库纳南用这个男人给他的信用卡取悦他的年轻情人和朋友。二人关系结束时，他返回圣地亚哥，很快又找到了一个新的情人，此人不仅让库纳南过上了美滋滋的日子，还满足了他通过挥金如土给人留下深刻印象的心理。然而，那年夏天，库纳南发觉自己手头有点紧，于是不得不再次回家和母亲一起住，如此一来母子二人都能付得起房租。尽管母亲不再干涉他的生活方式，但她还是不断敦促他去教堂。这种生活对于两个人来说都非常难熬。

作家文斯利·克拉克森（Wensley Clarkson）在他的书《每站死亡》（*Death at Every Stop*）中写道，1994 年，为了给朋友帮忙，也为了赚取 1000 美元，库纳南和一个西班牙裔女人结了婚，这样一来这个女人就能拿到绿卡。他们在婚礼一结束后便分道扬镳，但几个月后二人再次相遇，居然有点一见如故的味道。库纳南说他真的很喜欢那个女人，还疑心自己是不是双性恋。那个女人后来怀了他的孩子，他们甚至考虑过要不要真的结婚。但是结婚意味着他必须找一份真正的工作，不能再依赖有钱的“干爹”过日子了，这不是库纳南想要的生活方式。

克拉克森指出，孩子出生以后，库纳南人生中一段重要的异性恋就此终结。

和某些类型的连环杀手、强奸犯、猥亵儿童犯一样，库纳南也会在脑海中勾勒自己期望遇到的对象。对他来说，既腰缠万贯又不为家庭所累的男性是最佳对象，他会费尽心机融入他们的圈子。

第二年，他和60多岁的半退休商人诺曼·布拉奇福德（Norman Blachford）交往，布拉奇福德每个月都会给他一笔钱，还送了他一辆全新的绿色英菲尼迪（Infiniti）。如此一来，他便不用再和母亲挤在一个屋檐下。他搬走后，母亲无力独自承担房租，不得不搬家——她搬到了伊利诺伊州尤里卡（Eureka，Illinois）的一个公共住宅区，那里离库纳南的哥哥克里斯托弗（Christopher）家很近。

和布拉奇福德在一起后，库纳南过上了更好的生活。信用卡填满了他的钱包，欧洲游更是家常便饭。但是历史又重演了，布拉奇福德逐渐厌倦了男友把自己的钱花在别的男人身上，于是他们又分手了。不过足智多谋的库纳南又以迅雷不及掩耳之势跟一个富裕的室内装修师好上了。此人50多岁，库纳南在与布拉奇福德交往期间认识了他，他此后又领着库纳南进入了另一个高端聚会的圈子。虽然如此，我还是相信，当看到母亲搬到公租房里时，他一定还是会意识到自己的整个奢华生活方式是多么不堪一击。

与库纳南相好的年轻男人中有一个名叫杰弗里·特雷尔（Jeffrey Trail），他有一种粗犷的帅气，是海军学院（Naval Academy）的毕业生，被分配到圣地亚哥的海军部队就职。库纳南为之倾倒，虽然这个海军军官只想和他来一场柏拉图式的爱恋。1996年，特雷尔退役，和新欢离开了加州，库纳南受到重创。但是下一个打击或许更为沉重，那是安德鲁·库纳南的秘事之一。

1997年1月，库纳南生了病，症状虽然并不严重，但却迟迟不见好转。他开始担心自己可能得了艾滋病，于是进行了检查，同时寻求了咨询。但是如果他真的患了艾滋病，他也从来不曾把自己对病情的了解明确地告诉咨询师，我们对此也就仍然没有确切的证据。

此时，杰弗里·特雷尔在明尼苏达州布卢明顿（Bloomington, Minnesota）的一家天然气公司担任经理。得知杰弗里恢复单身后，库纳南前往明尼阿波利斯（Minneapolis）和他见面，在那里待了几个礼拜，还和特雷尔的朋友大卫·马德森（David Madson）相处得十分融洽。33岁的大卫是个建筑师，才华横溢，一头金发，长相俊美，库纳南此前在旧金山与他有过短暂的接触。这一次，三个男人非常投缘。库纳南请他们吃高档餐馆，花起钱来大手大脚，就好像自己真是个富人一般。明眼人都能看出他深深爱上了马德森，他后来称马德森是他的一生挚爱。但马德森不久便开始疏远库纳南，因为库纳南隐藏很深（据说他连地址和电话都是骗人的）又让人难以捉摸，这都让他觉得不适。他还怀疑库纳南贩毒、吸毒，如果确实如此，那么库纳南可能是个危险人物。

回到加州南部后，库纳南继续和样貌出众的男人纠缠不清，但又因为自己无法成为其中一员而自惭形秽。

他好像钓不到别的金主爸爸了。没有金主爸爸的日子，他寸步难行，情绪继续恶化。他开始发福，也不再锻炼了。1997年春，他在洛杉矶街头男扮女装，从事卖淫活动，大约持续了一个礼拜的时间。

回到希尔克雷斯特后，库纳南卖掉了车，和室友一起住在小公寓里。他把自己的卧室改造成了演员汤姆·克鲁斯（Tom Cruise）的虚拟神龛，在墙上贴满了海报，还告诉室友他想把克鲁斯绑起来，从而“哀求我给他更多”。他承认想杀死克鲁斯的妻子妮可·基德曼（Nicole

Kidman），因为他如果这么做了，就可以把克鲁斯占为己有。这是一种典型的纠缠行为，一方面对被纠缠者充满迷恋，另一方面幻想只要改变某个事实，纠缠者就能和他“爱慕”的对象过上美满的生活。在本案中，我们反复地发现，这个杀手在实施真正的谋杀前，不断地表现出纠缠行为，对象包括政治领袖和娱乐明星。这一点十分重要，值得我们深思。在下一章中我们将会进一步展开讨论，但是目前看来，安德鲁·库纳南已经显露出杀手的个性特征。

1997 年 4 月，他计划前往旧金山，宣布要在那里永久定居。在一场挥霍无度的送别会后，朋友们对他颜值骤降评头论足：他看上去臃肿不堪，对发型和衣着也没有过去那么讲究了——他得了艾滋病的流言不胫而走。大约也在这时候，他和杰弗里·特雷尔在电话里大吵了一架，因为他怀疑杰弗里·特雷尔背着他和大卫·马德森搞在一起。虽然后来二人关系得到缓和，但据说库纳南还是扬言要杀掉特雷尔，特雷尔为此担惊受怕。

然而，库纳南并没有前往旧金山，而是飞往了明尼阿波利斯。4 月 26 日，大卫·马德森到明尼阿波利斯的机场接机（尽管库纳南对此持保留意见），还把库纳南带回自己的阁楼公寓。值得注意的是，虽然信用卡早就被刷爆，库纳南还是买了一张去明尼阿波利斯的单程机票，完全忘了他告诉朋友们自己计划搬到旧金山的事。他和大卫·马德森、大卫的朋友们一起吃饭。第二天晚上，库纳南向特雷尔发出邀请，于是特雷尔带着与他同居的恋人来到了公寓。

特雷尔一来，他们就吵了起来。我们不知道具体发生了什么，但是邻居们说听到了大吵大闹、高声尖叫的声音。调查人员认为库纳南走进了厨房，从抽屉中拿出一把羊角锤，然后回到客厅，袭击了特雷尔，对他发动了连续不断的暴击，直至他倒地不起，墙上和地上遍布特雷尔的血迹。数日后，警方对特雷尔进行尸检，发现他的手表定格在晚上 9 点 55 分。你根本不需要着眼于一系列谋杀案，因为单从这起案件你就能把凶手的动机推断得八九不离十：在凶手和死者熟识的情况下，近 30 下的锤打是一种过火的杀戮行为。同时库纳南的嫉妒心理、无法抑制的愤怒都清晰地提供了理论支持——这属于一起人格原因型凶杀。

库纳南和马德森用卧室里的东方地毯把尸体包裹起来，又在公寓里找了个地方存放尸体。后来，有人猜测马德森是受库纳南指使，但没有确凿的证据。甚至有目击者看到这两个男人在案发后还一起遛了马德森的狗。马德森总是无故旷工，引起了同事的担忧。他们联系了马德森公寓的物业，在一名邻居的陪伴下走进了马德森的家，看到了鲜血，找到了尸体。库纳南和马德森当时可能还在现场。物业报了警，警方到达现场后发现了库纳南的健身包、特雷尔的空枪套和空子弹盒。他们不知道的是，这是大卫·马德森一生中犯下的最大错误。

我一直强调的一点是，如果你不幸成为一起犯罪的受害者，罪犯又命令你和他上同一辆车——千万别照做！如果你听从指令，他去哪儿你跟到哪儿，那么你活下来的概率会大大降低。

但二人开着马德森的红色切诺基吉普（Jeep Cherokee）逃跑了。5 月 2 日，他们出现在明尼苏达州斯塔克市（Stark）的满月餐厅（Full Moon），这家餐厅就在明尼阿波利斯市北部 35 号州际公路附近。据目击者描述，马德森看上去十分紧张，二人之间看起来没什么矛盾。实际上，他们相对而坐时还偶尔拉拉手。

午饭过后，他们继续一路向北，最后库纳南把车停在通往一间废弃的农舍的小道上。从犯罪现场看，他好像叫马德森下车，然后用特雷尔的枪朝着同伴的头上和背上开了好多枪，其中有一枪射穿了马德森的眼睛。这种犯罪方式给我们提供了一条重要的线索：就算没人看到库纳南和马德森在一起，如此近距离朝面部发动的攻击也会让我们一下子就判断出这是一起个人原因型谋杀。几个小时后，一些渔民发现了大卫·马德森的尸体。明尼苏达州芝加哥县治安官兰德尔·施威格曼（Randall Schwegman）在验尸时注意到了死者手指上有自卫造成的伤口，可以看出死者对自己的死亡有所预料。

马德森的家人不仅悲痛万分，还震惊不已。他们坚称他不可能和谋杀特雷尔有任何干系。马德森的父母相信他可能只不过是碰巧目睹了谋杀，然后被库纳南挟为人质，后来库纳南又因为他扬言要逃跑并公开这件事便对他下了杀手。确实有证据表明马德森是在案发后才到达现场的。马德森习惯在晚上 10 点钟左右带上他的斑点狗去跑步。尽管地上有大量血迹和足迹，但邻居们并没有听到狗叫声，现场血迹中也没有留下狗的爪印。如果案发时狗不在公寓里，那么很可能马德森也不在。警方前往了马德森的公寓，发现他的狗还在那里。

要了解杀害大卫·马德森的动机非常困难，但其中有几个可能的因素。其一，杀人灭口的实际需要，防止目击者向警察报案。但或许更重要的因素在于，库纳南开始算旧账了。如果他杀害特雷尔是因为遭到了严词拒绝，那么这下遭殃的就是大卫·马德森了。如果库纳南按自己的意愿行事，他会企图报复在他可悲的一生中曾经将他拒之门外的每一个人。

治安官施威格曼前往圣地亚哥，为了寻找线索，他与当地警方一起搜查了库纳南的公寓。当看到汤姆·克鲁斯的神龛时，他非常震惊，提醒当地警方一定要对汤姆加强安保措施。

截至目前，安德鲁·库纳南是一名人尽皆知的通缉犯。警方对他的住所展开了监视，以便在他回家时对他实施抓捕。全国各地都发布了通缉令，民众也开始意识到有一名新的连环杀手仍然逍遥法外。

库纳南的下一站是芝加哥，他常常光顾那里的酒吧，睡在马德森的吉普车里，因为他快没钱了。夜晚来临，他驱车前往该市大名鼎鼎的黄金海岸（Gold Coast）地区，最后停在两座褐砂石建筑前，那是李·米格林（Lee Miglin）和他妻子玛丽莲（Marilyn）的家，他们已经结婚 38 年了。72 岁的米格林是一位著名的房地产开发商，同时也是商业园区概念的创始人，该概念是他从旧仓库里得来的。他的父亲是来自立陶宛的移民。李·米格林白手起家，从一无所有到走上人生巅峰。他谦逊、安静，但又智慧过人，在建筑行业和慈善团体中均享有极佳的声誉。妻子玛丽莲 59 岁，成功经营着一家市值数百万美元的化妆品企业。他们的两个孩子都已经成年。当晚玛丽莲在多伦多出差。

这个案件本来就有许多让我们困惑的细节，现在又增加了一条：库纳南是如何进入那座房子的？当天早些时候，米格林在车库里做事情，大门是敞开的，那么库纳南从这里进去的可能性最大。库纳南可能想劫财，因为他推测能住在这一带的人一定手头有钱。但是他进门后，局面就失去了控制。在车库里，他用橙色电线捆住米格林，用胶带把他的整个头包裹起来，只在鼻子上留下一个孔用于呼吸。他疯狂折磨米格林。然后他坐进了米格林的绿色雷克萨斯 1994（1994 Lexus），在车库里开着它在尸体上来回碾轧。接着他把死者藏在另一辆车下，堂而皇之地走进房子，从冰箱里给自己弄了点吃的，就像是在自己家一样，然后在米格林的床上睡去。第二天早上，他带上数千美元现金、一件皮夹克、一块昂贵的手表，开着雷克萨斯扬长而去。

为什么他会对一个素不相识、毫无恩怨的人展开如此残暴的杀戮呢？这个问题尚未解决。但是如果是米格林做出什么举动惹怒了库纳南，我一点也不会感到惊讶。我猜想，可能是米格林告诉小混混库纳南，他不会把车和钱交出来，还教育库纳南离开他家，去找份工作。米格林是个强硬的商人，虽然年事已高，但我并不认为他会被这个年轻的入侵者吓倒。但是这种抵抗把库纳南人生中所有的内在问题暴露了出来，这个成功人士直指他的问题，还借此羞辱他，让他产生了报复的欲望。于库纳南而言，杀死米格林是犯罪策略，而且为了宣泄情绪必须支配他、毁灭他。米格林对他具有象征意义，或许让他想起了总是对他非打即骂的父亲。

这起充满愤怒和狂暴的谋杀让我相信，即便库纳南原先是一个连环杀手，那么到他杀掉米格林时，他绝对已经成了狂欢杀手。根据犯罪现场的证据来看，动机纷繁复杂。在某些案件中，我们发现他为寻求刺激杀人，以操纵、支配和控制他人为乐，这他只能通过杀人获得。在另一些案件中，他出于暴怒或对某种东西的需要而杀人。他没有试图掩饰自己的罪行，这表示他不是一个纯粹的连环杀手。

在我看来，库纳南与大多数狂欢杀手不同，他是个性掠夺者，这也体现在他生活的方方面面。在特雷尔之前，他并没有杀过人，这是由于在那时他的人生还相对处于他的掌控之中。我多次指出，暴力是具有情境性的。我认为他和特雷尔见面时并没有打算杀了他，因为凶器是他在犯罪现场偶然找到的。但是一旦他开始作案，每一次杀戮好像都会变本加厉，同时进一步激发他作案的欲望。同时，到那时为止，他或许意识不到自己是在自掘坟墓，他并没有做长远打算。他没有像其他成功的连环杀手一样，小心翼翼避免留下线索。他不再是不明嫌疑人，而是众所周知的逃犯。日复一日，他一次又一次作案，如果他稍稍考虑过未来的话，我相信他不会认为自己在这场狂欢结束后还不用血债血偿。

库纳南在很多方面都符合狂欢杀手的形象：白人男性，屠杀同种族的人；漂泊不定；智慧过人却成绩欠佳，从没真正做出什么成绩。与连环杀手不同，连环杀手事先会在脑海中幻想作案情形，但是在特雷尔和马德森谋杀案之后，并没有证据表明库纳南曾经幻想过这两起谋杀案。狂欢杀手的愤怒是没有策划、无从预测的，这就解释了为什么库纳南在狂欢杀人时留下线索、使用真名的概率更高。不同于连环杀手，对付狂欢杀手的诀窍不在于弄清楚**他是谁**，而在于他**在哪里**，以及他接下来要去哪里。补充说明一句，直接研究此类罪犯难度更大（我研究过连环罪犯），因为锒铛入狱对他们而言并非常态，而我们在监狱里才能和他们沟通，但我们更经常在验尸官的解剖台上见到他们。

5 月 4 日，玛丽莲·米格林回到芝加哥，由于在机场没有见到前来接机的丈夫，她立刻就产生了担忧。到家后，她发现屋里一片狼藉，于是报了警。警方在车库里发现了米格林面目全非的尸体。现场没有强行闯入的迹象，因此警方推断米格林可能与凶手相识。但对案情进行回顾后，我们发现最有可能的情况是，或许米格林的儿子在洛杉矶遇到过库纳南，因为他是个演员，而年轻的米格林否认了这一点。如此一来，二者之间就没有任何已知的联系了。

此类犯罪很容易让调查人员陷入谜团。如果库纳南没有把马德森的吉普车开到犯罪现场，如果他没有偷走或当掉易于追查的物品（如米格林的金币），如果他的犯罪计划更加周密而不是在所到之处都留下表明身份的线索，那么调查人员就没有理由认为安德鲁·库纳南和这起谋杀存在联系，也没理由把这起谋杀看作狂欢杀人的组成部分。该案件可能会被当作人格原因型凶杀案来调查，现场没有强行闯入的迹象，却有狂暴杀戮的行径，因此对犯罪现场的解读千差万别。如果真那样做了，调查可能就走进了死胡同，结果是浪费了大把的时间。

实际上，警方在距离米格林家附近不到一个街区的位置发现了大卫·马德森的红色切诺基吉普，因为乱停车被贴了好几张罚单。车里有库纳南的照片以及其他证明他身份的东西。在库纳南位于圣地亚哥的住所中，警方发现了一个性虐视频，他对李·米格林实施的暴行就是这个视频里的一个场景。

此后，库纳南从芝加哥出发，向东前往费城，用米格林的手机给圣地亚哥的一个朋友打电话。但是当他听到广播中说警方正在抓捕他，并且通过手机信号追踪他时，他就把手机从窗户扔下桥了。5 月 9 日，星期五，他出现在芬恩角公墓（Finn's Point Cemetery）守墓人的住处，芬恩角公墓是内战时新泽西州乡村彭斯维尔（Pennsville，New Jersey）的一个墓地。守墓人是 45 岁的威廉·里斯（William Reese），他是一名受过培训的电工，也是一名研究内战的业余学者，时常参与战场重演活动。妻子丽贝卡（Rebecca）是一所小学的图书管理员，他们有一个 12 岁的儿子。

库纳南可能是以一些诸如问路之类的借口接近里斯。接着他拔出了特雷尔的枪，逼里斯交出他那辆红色雪佛兰 1995 皮卡（1995 Chevy pickup truck）的钥匙，然后抵住他的头开了一枪，了结了他。他把满是线索的雷克萨斯弃置一旁——弹壳、用来刺杀米格林的螺丝刀、一本护照，开着最新得到的车离开了。当天晚些时候，丽贝卡·里斯出门寻找丈夫。当发现他的车消失不见，取而代之的是另一辆车时，她拨打了治安官办公室的电话。警方发现里斯的尸体瘫在桌子上。

这表明库纳南已经陷入了绝望，而且他的犯罪活动完全没有经过筹划。举例来说，如果他不曾在此地更换交通工具，如果他使用了另一种武器，那么警方依然没有理由怀疑他是这起凶案的始作俑者。甚至，假如他只是想要交通工具，许多其他罪犯每天都能把车弄到手，根本没必要把自己卷入谋杀案中。库纳南意识到他为了逃亡需要更换交通工具，但由于经验不足，他没有想到只需要偷一辆车或者在废弃的停车场里使用热启动的方式启动车辆即可。他唯一能想到的办法就是杀死车主，拿到钥匙。

我们怎样才能知道库纳南只是为了获取新的交通工具而犯案的呢？这是他在不含任何情绪的情况下犯的第一个案子：前三次谋杀中，他在近距离对受害者进行了多次致命打击、枪击、折磨，表明了凶手内心的愤怒是一个非常重要的诱因。这种愤怒的来源可能是他认识受害者，或者是因为受害者的表现和对他做出的反应（米格林案就是如此）。但他并没有要折磨受害者的意图。如果从受害者研究的理论加以说明，不同于战场重演时的情形，在现实生活中，人人都说威廉·里斯是个好人，从不与人结仇。他只是在错误的时间出现在了错误的地点罢了。

狂欢正如火如荼地进行，库纳南会尽其所能让这场狂欢持续下去。但是这个经验不足的罪犯越想控制局面，越是控制不住，这种现象在狂欢杀手身上屡见不鲜。他们还有其他典型特征：在那辆雷克萨斯里，库纳南放了三起其他谋杀案的剪报。与我交谈过的许多连环杀手告诉了我他们这样做的原因——记录“成就”并陶醉其中，在冷静期内读到自己的“丰功伟绩”时，他们会通过想象一遍又一遍地重温那些场景。然而，狂欢杀手就享受不到这种乐趣了。对于一名逃犯来说，时间没有那么充裕，他没空停下脚步、回忆过去。但当他开始读到自己的“杰作”时，他一样会开始收集情报，想知道我们对他的身份和去向掌握了多少，而这又增加了他的压力。

里斯被谋杀后，库纳南发现自己被联邦调查局列入了“十大通缉犯名单”。他也反复在《美国头号通缉犯》节目中出现。现在他引起了大众的注意。连环谋杀案不再只是同性恋者之间的恩怨了。任何人都会成为他杀害的对象。

虽然他精神堕落、马虎草率，但他靠自己的聪明才智在南卡罗来纳州佛罗伦斯（Florence，South Carolina）的凯马特（Kmart）停车场里找到一辆跟他之前开的那辆相似的卡车，并偷了一个牌照，以此摆脱警察的追踪。

5月10日，他入住了位于迈阿密海滩上的诺曼底广场酒店（Normandy Plaza Hotel）的一间海滨客房，使用的是以前的一个化名安德鲁·德西尔瓦，房费周结。这家酒店价格低廉，正面粉刷着粉红色的墙灰，与他以前住过的那些装修得富丽堂皇的酒店大不相同。一周后，他支付了楼层更高的另一间房的费用。又过了一周，他支付了楼层更高的第三间房的费用，此费用为按月支付。刚入住不久，一位在离这家酒店几个街区的迈阿密潜艇烧烤店（Miami Subs Grill）工作的员工根据电视上的照片认出了他，拨打了911，但警察赶到现场时他已经销声匿迹了。

库纳南夜夜泡吧，是南海岸那些时髦酒吧的常客。白天他基本待在酒店房间，看电视，浏览施虐受虐色情作品，主要靠外卖比萨过活。同时，他的母亲搬回了圣地亚哥的国家城（National City），米格林死后，她告诉当局，她怕儿子会回去伤害她，于是我们安排了一个武装警卫保护她。

7月7日下午，库纳南来到酒店附近一家名叫"海滩上的现金"（Cash on the Beach）的当铺，典当了一枚从李·米格林那里偷来的金币。他用护照作为身份证明，地址填的是诺曼底广场，他还提供了拇指指纹。但是店主不认识他。根据法律规定，店家会将典当交易的副本交给迈阿密海滩警察局，但由于这是例行公事，它只会被放在业务员的办公桌上，无人问津。此外还有另一起关于库纳南的目击事件，职业网球选手大卫·托迪尼（David Todini）在迈阿密海滩的主要街道科林斯大道（Collins Avenue）上认出了这名逃犯。托迪尼报了警，但当警察赶到时，库纳南已经消失得无影无踪。

对于库纳南冒险出现在公共场所并留下种种线索的行为，一些人认为他是在嘲弄警方，但实际上那些都是粗心大意，表示他不仅处于精神崩溃的边缘，而且从来都不是一个非常精明自信的罪犯（这和他的公众形象不符）。总体来说，不同于大部分因性杀人的杀手，在进入杀人狂欢前，他并没有将很多时间花在提升自己的作案水平上（此处指的是之前那些还没有那么高调的案子）。因此他终将自我毁灭。尽管后期的谋杀案存在时间间隔，但其实根本算不上冷静期。

詹尼·范思哲是南海滩最声名显赫的居民之一，他在海洋路（Ocean Drive）买下了两套破旧的建筑，花了数百万美元把它们改造成了一座宫殿般华丽的豪宅，他称之为木麻黄之家（Casa Casuarina）。1991 年起，范思哲开始生活在南海滩地区，他见证了这里的变迁：南海滩曾经是迈阿密一处萧条荒凉、破败不堪的地方，后来却变得热闹繁华、令人赞叹，还带有超强装饰派艺术，成为年轻俊男美女的休闲场所。南海滩无奇不有。虽然 50 岁的范思哲在曼哈顿和米兰拥有多所豪宅，在科莫湖（Lake Como）还有一幢巨大的别墅，但他依然享受在南海滩度过的时光，热爱那种充满活力的社交场面和可以随处走动的自由。此次他和随行人员于 7 月 12 日抵达这里。从警方的案件重构看来，他一来便引起了库纳南的注意。当范思哲站在木麻黄之家门前时，距离库纳南停放皮卡的车库仅有两个街区之遥。

7 月 15 日（星期二）上午 8 点 30 分左右，范思哲离开住宅，步行几个街区后来到新闻咖啡馆（News Cafe），他在那儿买了咖啡和一些周刊。不久后他回到家，准备打开木麻黄之家的锻铁大门。就在这时，据警方认定的最佳目击证人（一位女士）所言，一名穿着白色 T 恤衫、灰色短裤、戴着黑色棒球帽、背着黑色背包的年轻男子走向范思哲，从背后向他开枪。范思哲受了致命伤，倒在石阶上。这名杀手俯身在范思哲的头上又开了一枪，然后离开了现场。当时处于屋内的范思哲的同伴安东尼奥·达米科（Antonio D'Amico）在听到枪声后冲到屋外，追赶杀手，然而杀手转过身来，用枪指着达米科，后来便消失在了附近停车场的方向。

警方在搜寻停车场后发现了威廉·里斯的红色雪佛兰皮卡车，还有那个偷来的车牌，车的挡风玻璃上贴着好几张违章停车罚单。在驾驶室里，他们发现了一件血迹斑斑的衣服，达米科证实是那凶手穿过的衣服，还有一本安德鲁·菲利普·库纳南的美国护照。车内还有很多剪报、库纳南开具的一张美国银行的支票，以及一个名单，上面写着他打算杀害的名人们。其中有两人住在范思哲附近——麦当娜和歌手朱利奥·伊格莱西亚斯（Julio Iglesias）。警方让名单上的所有人都保持警惕。

在谋杀现场发现的两个用过的弹头与大卫·马德森尸体上发现的子弹相匹配。在名为“扭曲”（Twist）的酒吧里，一个夜总会监控摄像头拍到了库纳南的身影，那也是范思哲常去的酒吧。附近酒吧的员工和目击证人也证实在之前的几周库纳南一直在那里出现，这说明他在跟踪范思哲并对其住所进行了监视。

调查人员尝试在范思哲和杀害他的凶手间建立联系。这名设计师通常不会独自出门，因此可能是库纳南先给他打了电话约他见面，但是我们也没有足够的证据。联邦调查局接到通知，前往协助此次搜捕行动，这是美国历史上规模最大的搜捕行动之一。警方密切监视范思哲的追悼会，希望能抓住凶手。

一个如此耀眼的名流在自家门前的台阶上惨遭杀害，举国上下惊恐不已。库纳南随时随地都可能大开杀戒。人们的恐惧情绪加上此前对他服装百变、善于伪装的报道，库纳南忽然之间就被媒体塑造成了一个杀人如麻的伪装高手。我们听说，库纳南像一只变色龙，能和任何环境融合，而且警方根本注意不到他。有些人由犯罪线索认定他是在和警方玩猫捉老鼠的游戏，从而展示自己的智慧。实际上，库纳南曾经的朋友在电话答录机上收到了一条来自他的留言，他说："嗨！我是安迪（即库纳南）。联邦调查局永远别想抓到我——我就是太他妈聪明了。"在我看来，这条留言表示他开始相信自己是个神话般的存在，而且这也是他迫切需要的。无论从事哪一行，这种想法永远都是充满危险的。

7月17日，戴德市（Metro Dade）警方在接到盗窃警报后，前往距离范思哲的豪宅16公里的迈阿密泉镇（Miami Springs），在西尔维奥·阿方索（Silvio Alfonso）博士家中发现了他一丝不挂的尸体。库纳南的形象变得更加丰满。和范思哲一样，阿方索也是头部中枪。有人看到一名符合库纳南外貌特征的男子离开阿方索的家。但是，几天后，库纳南仍然逍遥法外，一个长相酷似他的人被逮捕并受到指控，此人的动机是与阿方索的经济纠纷。

声称曾见到过库纳南的人越来越多，几乎超出了我们的能力范围。

当然，在现实生活中，库纳南和媒体描述的犯罪高手完全不沾边。他的手段根本比不上布拉德福德·毕晓普、约翰·李斯特或奥德丽·希利。他确确实实是个充满绝望、毫无规划的失败者，现在他已经穷途末路了，那条电话留言完全是异想天开。他必须意识到，在暴怒之下结果了特雷尔后，他就再也回不了头了，过去的生活就离他远去了。并不是他有多聪明，而是我们的执法系统还不能高效地应对这种类型的犯罪。事实上我们错失了好几次能抓住他的机会。我指的不单单是他在典当行留下的证据，还有警方在范思哲遇害后总算找到了库纳南居住的酒店，但却搜错了房间。此外还包括一些在刑事侦查中普遍存在的失误。尽管我们取得了 DNA 分析和激光成像这样的突破，但刑事侦查还是没能成为一门精确的科学，可能永远也没机会。而且他非常走运，每次警方接到情报后，他总是能在警方到达前几分钟离开。

此前我也解释过，我认为他留下的线索和猫捉老鼠的智力游戏完全无关，它们只是表示这个凶手做事马虎、时间紧张。正如我和马克·奥尔谢克 7 月 23 日（星期三）在《华尔街日报》的专栏文章中所写的那样，全国各地的警察局数不胜数，在它们开始协作前，连环杀手可以轻而易举地逍遥法外，这是主要问题。尽管困难重重，我们还是预测他不久后就会落网。在我们看来，这个凶手目前效率太低，如果还要继续进行更长时间的逃亡，他只会随着时间的推移变得越来越粗心，越来越绝望。因为他属于以控制受害者为导向的杀人凶手，他不会选择自首、坐牢。他更可能要么自杀，要么创造一种情形让警察不得不为了自保而结果了他。如果传闻为真，库纳南的艾滋病检查结果呈阳性或许是引发狂欢杀戮的事件之一，如果什么都不干，他就只能在艾滋病的折磨下日渐消瘦，直至死去。我们认为这种情况可能性更大。然而，由于他的尸检记录未曾公开，事件真相尚无定论。

我们在《华尔街日报》发表文章的当天下午，警方接到费尔南多·卡雷拉（Fernando Carreira）的报案。费尔南多 71 岁，是一艘停泊在迈阿密海滩印第安溪谷码头（Indian Creek）的双层游艇的管理员。他发现船上有一名入侵者，而且似乎听到了一声枪响，便拨打了报警电话。警方封锁了该地区，特警队将游艇团团包围，国家电视台记录下了这一幕。各类权威人士和我曾经的一些同事都登上了脱口秀节目，发表自己关于凶手是不是安德鲁·库纳南、他会不会乖乖束手就擒的推断。其中许多人认为此人不可能是安德鲁·库纳南，因为这与他的侧写并不相符，以他的聪明才智，不至于让自己处在如此不利的地位。十有八九他早就离开了迈阿密，这才能解释为什么在全国各地会发生那些目击事件，甚至堂而皇之地出现在华盛顿，就在联邦调查局的眼皮子底下。我一边看电视，一边想这些人要过多久才会被打脸。

晚上 9 点左右，在经过几个小时的观察和等待后，突击队员向艇内发射了催泪瓦斯，然后荷枪实弹冲了进去。他们发现安德鲁·库纳南仰面躺在床上，身上只穿着平角短裤，用他之前用过四次的那把 0.40 口径的手枪朝自己嘴里开了一枪。那是他仅剩的一颗子弹。他毁掉了那张无法再为他所用的脸。有证据表明他在那里住了大概一个星期。不出我所料，他没有留下遗书。

从心理学角度推测，在库纳南眼中，詹尼·范思哲代表了他所依赖的那些有钱的年长同性恋，他杀死范思哲是为了象征性地报复那些人对他的利用。这种猜测或许不无道理。许多犯罪都有多种诱因和决定因素，但从我对这类罪犯的研究来看，我认为这起谋杀中最重要的因素是，范思哲是库纳南无论如何也不可能成为的人，范思哲的名气和生活方式都是他永远无法企及的。范思哲创造力强，成就非凡，他的生活是靠自己的努力和才华获得的，而且他有能力把这种生活一直维持下去。库纳南能言善道、外形迷人，却只是空有一副好皮囊，他的魅力日渐减退，离自己向往的生活越来越远。如果自食其力，他只能过着穷困潦倒的生活，单单念及于此就让他备感凄凉。我认为如果范思哲在国外再待上一个礼拜左右，身无分文、没有人脉的库纳南将十分绝望，很可能在名流云集的南海滩寻找另一个目标来引发最后一场轩然大波，他或许会在光天化日之下换另一个光鲜亮丽的人来当范思哲的替死鬼——他**应该**会在光天化日下动手，原因之一就是他希望通过此举恶名远扬。

我还想到了另一种可能。在米格林华丽的住所中，库纳南认清了自己。虽然二人并没有发生过性关系，谋杀米格林在某种程度上是为谋杀范思哲热身——米格林让库纳南看到了一个事业有成、勤勤恳恳的人，他的万贯家财是库纳南穷尽一生都不可能拥有的。换言之，从米格林的年纪来看，他代表了库纳南永远无法企及的未来。设想一下，一个四十五六岁的男人，工作多年，结婚生子，但却还没有实现自己的愿望，于是在灰心丧气中举起了屠刀。而与此相比，库纳南更像是个“跟踪骚扰型杀手”（stalker-assassins），这类罪犯如果在最初就认识到自己无法让生活有所起色，那么他们在二十五六到30岁间就会开始谋杀。任何职业都有分界点，在这个分界点上，我们会意识到，自己的结局无非成功或失败两种。对于库纳南这样的杀手来说，他们的职业分界点和运动员们一样，都出现在接近30岁时。

库纳南和范思哲恰巧都是同性恋，因此库纳南可以将他视为杰出的榜样。除此以外，同性恋在此案中只不过是偶然罢了。库纳南的极端愤怒和犯罪行为其实更常见于异性恋凶手。不管库纳南的性取向如何，他成了一名跟踪纠缠者，最终成了杀手。

和其他跟踪纠缠者一样，他开始摧毁自己最崇拜、最渴望的东西，从而引人注目。跟踪纠缠者和无关政治的杀手都对自身关注的对象和（或）对象的象征意义着迷。在某些案件中，这些凶手确确实实想成为受害者那样的人，就和马克·大卫·查普曼（Mark David Chapman）杀害约翰·列侬（John Lennon）是一个道理。当他们无法成为自己梦想中的人，他们就认定其他人也别想如愿了。我觉得某种程度上这就是安德鲁·库纳南和詹尼·范思哲之间发生的事情。当然，范思哲即便认识库纳南，也对他知之甚少。然而，安德鲁·库纳南想要凭借对范思哲的了解达到使自己名扬四海的目的。就像查普曼和列侬，约翰·辛基（John Hinckley）和他的偶像女演员朱迪·福斯特（Jodie Foster），以及其他的跟踪者一样，库纳南也希望和他的目标永远关联在一起，所以他就付诸了行动。

在思考类似的杀人狂欢时，我们会结合以往对犯罪动机和行为的研究进行分析。与所有其他类型的犯罪一样，本案中第一起犯罪也是最重要的。尽管库纳南第一次作案的地点并不在自己的地理舒适区内（我们推测他的舒适区在圣地亚哥的希尔克雷斯特区），但受害者都是他的至亲之人，即在他的情感舒适区内。这些亲人易于接近，因此容易成为受害者。库纳南的第一次作案（也可能是第二次）属于激情犯罪。一旦他发现自己能达成企图，他便会拓展暴力行为的范围，最终演变为一场狂欢。库纳南给我们提供了各种能将案情联系起来的线索，我们再次发现这有多么重要。举例来说，如果有足够的证据表明，谋杀里斯是他的初次犯罪，那么调查就会完全偏离轨道。这就是为什么在连环犯罪看上去彼此独立时，我建议必须考虑你见到的第一起案件到底是不是这个罪犯第一次作案。

此处我还要补充一点，尽管我认为库纳南是个做事潦草、受愤怒驱使的业余杀手而非犯罪高手，我将持续强烈反对那些所谓的专家关于库纳南潜意识里渴望被抓住的言论。在我看来，他的犯罪行为、侧写以及最终行径都支持了我的观点。如果获得更多机会，他会再度杀戮，他没有金盆洗手的理由。

要想对付一个罪犯，必须用他那一套和他打交道，还要利用他的弱点。奥尔顿·科尔曼比安德鲁·库纳南更精通犯罪，从作案花费的时间和犯罪次数来看，他远比安德鲁·库纳南“成功”许多。他的犯罪经验也丰富得多。他对自己的要求相对简单，并且一而再再而三地犯同样的罪。科尔曼缺乏的是远离自己的舒适区并融入其他环境的那种圆滑世故，而这恰恰是库纳南拥有的，因此他能游历四方。我们对每个罪犯了解越深，能做的也就越多。例如，我认为当局、联邦调查局（包括我在内）都能采取更积极的举措（尽管我们确实已经对此进行了一些尝试）来对付库纳南。无论他逃到天涯海角，我们都确信他会流连于夜生活场所。同时我们掌握了确凿的证据，证明他去过迈阿密海滩地区，并且在那里进行了逗留。我们了解到男同性恋这一群体非常担心此人混入他们之中。因此，花费大量时间和精力在餐馆和俱乐部里散布此人的照片和行为描述是合情合理的。同样重要的是，如此一来可以建立一种机制，当接到目击者报案时，该机制能迅速作出反应。事实证明，要想抓住他，等待警察抵达现场是行不通的。

和大多数连环杀手一样，阻止第一起谋杀非常困难。但如果说我们能从库纳南案中得到什么教训的话，那就是我们在《华尔街日报》上提出的观点：我们必须建立一个有组织的、全国性的执法系统，以便实时分享信息。虽然它无法阻止连环杀手或狂欢杀手开始实施犯罪，但它肯定可以在他们逃亡过程中起作用。一旦出现了在逃的暴力罪犯，应用这个机制就成了我们真正要做的事情。

CHAPTER VIII

第七章

SHADOW OF A GUNMAN

枪手的影子——利用心理侧写术识别持枪杀人犯

1966年8月1日上午11点25分，在多云闷热的得克萨斯州中部，一位金发碧眼，身高1.8米，体重89公斤的前海军陆战队队员（现在是建筑工程系学生），脚踩运动鞋，身穿蓝色尼龙工装、牛仔裤和一件红色格子衬衫，开着他的雪佛兰黑斑羚（Chevrolet Impala）来到了得克萨斯大学奥斯汀分校（University of Texas at Austin）行政大楼旁的钟楼，钟楼外墙为石灰岩，高约93.5米。他停下车后，从后座上拿下一个橄榄色的军用自动储物箱，然后乘货梯上到了第27层，之后顺着楼梯爬上了观景台。观景台为环形，离地面约70米，就在四面大钟的下方。没有迹象表明他会主动放弃此次行动转身下楼。事实上，有充分迹象表明他认为这是他生命中的最后一天。

这个佛罗里达人的名字叫查尔斯·约瑟夫·惠特曼（Charles Joseph Whitman），那天早晨，除了他的家人和他自己小小的朋友圈，别人都不知道这个名字。而在接下来的一个半小时内，他的选择和行动将让13个无辜的陌生人丧生。此后一个小时内，他就成了"举世闻名"的"钟楼狙击手"，而他的名字将成为"自发型恐怖"（spontaneous horror）的代名词永远存在。

在这之前的几个小时，他身上已经背负了两条人命，警察在他妻子凯瑟琳（Kathleen）和母亲玛格丽特（Margaret）各自的家中发现了两人的尸体，她们的胸口被捅了好几刀。另外，他还往母亲的脑后开了一枪。惠特曼留在这两具尸体边上的便条都表明他深爱着这两个女人。他提前采取了措施，他先在母亲的住所门上给公寓管理员留了一张便条，以母亲的口吻写道：昨晚睡得很晚，请勿打扰。接着，他给妻子上班的电话公司的老板打了电话，说她今天抱病，请假一天。

他拖进钟楼的箱子里藏着一个令人难以置信的“微型军火库”和一个生存补给包。他的“军火库”里有一把枪管已锯掉的 12 口径霰弹枪、一支装有 4 毫米利奥波德牌（Leupold）瞄准器的闩动 6 毫米雷明顿步枪（Remington rifle）、一支泵动式 0.35 口径雷明顿步枪、一支 0.30 口径 M1 卡宾枪、一支 9 毫米的鲁格尔（Luger）手枪、史密斯韦森 0.357 口径手枪以及 700 多发子弹，另外还有三把猎刀、一把弯刀和一把斧头。他的生存补给包里有罐装意大利饺子、香肠、猪肉罐头、水果、水、火柴、汽油、高倍率双筒望远镜、咖啡、右旋糖酐（Dexedrine）、止痛药（Excedrin）和一台收音机。这样他就可以通过收音机时时监控有关自己的报道。

除了自己的妻子和母亲之外，他完全是在随机挑选受害者。在钟楼上布置武器时他就干掉了三个受害者。第一个受害者叫埃德娜·汤斯利（Edna Townsley），47岁，是一个离异的母亲，有两个儿子。惠特曼遇到她的时候，她正以接待员的身份欢迎他到观景台。惠特曼先是用霰弹枪枪托对着她的头猛击，她的头骨马上碎了，接着他又回头一枪杀死了她。藏尸的时候，一对年轻夫妇唐·瓦尔登（Don Walden）和谢里尔·博茨（Cheryl Botts）正好从观景台下来，他们看到这个既帅气又年轻的金发男子拿着两支步枪，觉得有点怪异。但他友好地冲两人打了打招呼，两人就走下台阶坐电梯去了。第二天，当地媒体称瓦尔登和博茨是"奥斯汀最幸运的一对"。

但是后面遇到惠特曼的人就没那么幸运了。马丁·加布尔（Martin Gabour）（人称"马克"），是得克萨斯州特克萨卡纳岛（Texarkana）的一名16岁高中生，他的18岁的哥哥迈克（Mike）刚在空军学院（Air Force Academy）读完大一。他们与父亲M.J.和母亲玛丽（Mary）一起到奥斯汀看望姑姑玛格丽特·兰波特（Marguerite Lamport）和姑夫威廉（William）。他们六个人当天早上都来到了得克萨斯大学钟楼。他们在第27层走下电梯到达前往观景台的楼梯时，惠特曼已将埃德娜·汤斯利的桌子移到楼梯的顶部，以防他人登上观景台。玛丽以为清洁工正在做卫生，但马克和迈克决定亲自去确认一下。他们把桌子推到一边，挤了进去，想看看究竟是怎么回事。

惠特曼一注意到他们，就把霰弹枪转了过来，一顿扫射，两个人都被打中了。遭受了蒙头一顿扫射之后他们便从楼梯上摔了下去，惠特曼继续冲着楼梯下的那一家子扫射。在他停止射击之前，马丁·加布尔和玛格丽特·兰波特早已丧生，迈克·加布尔和他的母亲受了重伤。

这是惠特曼受到的最后一次干扰，他终于可以放手实施计划，在观景台上安顿好了一切：1.3 米高的石墙成了掩体，而那些细长的雨漏则成了射击孔。

然后，他开始径直冲着下方开火，雨点般的子弹射向了四个街区。地面上的人看到旁边的人突然倒在血泊之中，无助地抬起头，还不明白发生了什么事。接着他们开始惊恐万分地寻找藏身之地——只要能藏身，什么都成：汽车、灯柱，甚至是邮箱或垃圾桶。已经受了伤的人在烈日炙烤下的路面上一动不动，希望射手无论在哪里，都不要再去找他们了。

奥斯汀警方接到了紧急求救电话后火速赶到了突然变成杀戮场的校园，但一时之间警方也束手无策。惠特曼深谙战术并深知堡垒与制高点的战略价值，他为自己争取了大量时间来继续他的屠杀。

在迅速确定了最有效的方法——空中制敌——之后，警方调来了一架小型飞机，由飞行教练和威廉森县（Williamson County）兼职副治安官吉姆·鲍特韦尔（Jim Boutwell）担任勇敢的志愿飞行员，警方还派出了一名狙击手——奥斯汀警长马里昂·李（Marion Lee），计划从空中狙杀枪手。但是，当他们飞近钟楼时，人行道和混凝土建筑物散发出的热量形成了巨大的气流，狙击手无法瞄准。既然无法成功击中目标，狙击手就不打算冒险伤及无辜了。惠特曼冲着小飞机连开两枪，子弹撕裂了机身的纤维材质。

尽管狙击手无法锁定钟楼上的不明嫌疑人，但是他和鲍特韦尔从空中成功吸引了嫌疑人的注意力，也算居功至伟了。趁这当口，不仅地面上有些人逃到了安全地带，而且拉米罗·马丁内斯（Ramiro Martinez）（时年 29 岁，有两个 5 岁的双胞胎女儿）和休斯敦·麦科伊（Houston McCoy）（时年 26 岁）两名奥斯汀警察，率领一支由警察和平民志愿者组成的小型突击队登上钟楼，进入了观景台。这两名警官沿墙角绕到了过道北侧，看到了惠特曼。马丁内斯用左轮手枪开火。惠特曼转身用卡宾枪向其射击，子弹击中石灰岩墙后尘土飞扬，弹片横飞，模糊了他的视线。这让紧跟在马丁内斯之后的麦科伊更清楚地看到了枪手。麦科伊瞄准了惠特曼戴着的白色头巾，扣动了霰弹枪的扳机，一下击中了惠特曼的眼睛和鼻子。惠特曼应声扑倒在地。马丁内斯抓住时机，抓过麦科伊的霰弹枪，冲着嫌疑人蠕动的身躯又打出了一整匣子弹。

当时是下午 1 点 24 分，距离钟楼上响起第一阵枪响过了一个半小时多一点。

在 1966 年的美国，这样的罪行还算不上所谓的“引起公愤”，但已经足以让每个人都为之震惊了。不到一个月前，理查德 · 斯佩克闯入了芝加哥一个护士生宿舍，残忍地屠杀了八名护士生。每个人都想知道为什么。调查一旦开始，就会产生各种各样的答案，但是没有一个答案真正足以解释这样一种行径。

查尔斯 · 惠特曼和第一个被许多人记住的斯佩克一样，都是大屠杀凶手。在试图理解这一罪行及其动机时，理解惠特曼的“杀手人格”（这是我所在的部门的内部说法）是很重要的。虽然大部分嫌疑人可能不同意这样一种评估结果，因为其结果是一种丧心病狂的大规模杀戮行为，而不是有目的地去暗杀某位政治人物或名人。但这样一种最终结果与使之走上这种或那种犯罪道路的过程相比，却不足为训了。

接下来让我们看看我们的分析，看看它是否适用于像查尔斯 · 惠特曼这类人。

从我们的研究中可以发现，大部分研究与其他专家的工作是相匹配的，比如肯 · 贝克（Ken Baker），他是特勤局的行为科学大师，我在美国联邦调查局的职业生涯中一直与他密切合作，我们确定了这种人格类型的某些相对稳定的特征和激发因素。“杀手人格”往往是有自尊问题又独来独往的白人男性——这并不奇怪，因为有相当一大批暴力罪犯都具有这样的特点。更确切地说，他们通常是功能型偏执狂。他们不应与“偏执型精神分裂症患者”混淆，后者患有严重的精神病，通常以人格分裂为特征。我们正在打交道的人可能有妄想症，但他们并非因幻觉而行凶。相反，他们的偏执症可能是高度组织化或条理化的妄想系统。如果你能够接受这一基本前提的话，这样的说法可能会更令人信服。换句话说，如果你能够接受这一个基本前提（非幻觉），即每个人都要抓住一个人，都在准备并能够加害别人，那么以下说法就具有说服性：在敌人攻击他之前，这个个体应主动进攻并消灭敌人。

有时，妄想系统会以真理的内核为基础，但这个系统里所定义的问题和该采取的应对行动之间没有关联。例如，我在西弗吉尼亚州奥尔德森市（Alderson，West Virginia）的联邦监狱采访了绰号“嘎吱鬼”的琳内特·弗罗梅，她是曼森家族（Manson Family）的一员，也可能是会暗杀杰拉尔德·福特总统的杀手。她告诉我，查尔斯·曼森曾经指出的所有问题基本都与环境污染和腐败有关，对此我不置可否。但这和试图杀死总统有什么关系呢？当然，尽管可以有许多更有效的方法来达到这个目的，但是她可以说她是在“唤起”人们对这些问题的“关注”。但无论如何，暗杀行为都不会改善弗罗梅所说的情况，她用这种方式反而暴露了一个更深层次的情感问题。在大多数情况下，政治成分只是为暴力行为正名的幌子。

显然，“嘎吱鬼”是一个不同寻常的杀手类型，因为她是女性。但在某些方面，她又符合这种模式。其中最重要的一个方面就是她的个性和判断力服从于一个更大的群体，服从于一个有权威的领导者。杀手通常不是领导者，其中一个原因就是他们会被强大的、有魅力的个体所吸引，这样是为了弥补他们有意识或潜意识里看到的自己的情感缺陷。跟连环杀手一样，他们这类人都是从童年阴影中过来的。

很多时候，他们也试图通过其他方式进行补偿。是的，你可能也想到了，最常见的一种方式就是恋枪癖。他们往往从他们的父亲那儿学到了枪支和狩猎的启蒙知识，但随着他们逐渐长大成人，他们对枪支的迷恋也会与日俱增，他们会开始囤积武器和弹药。枪是赋予他们力量、弥补人格缺陷的一种手段，以此确保他们在想要达到某种目的时候，能够运用操纵、支配和控制这三种老方法。

另一个显著的特点是杀手表达自己的方式。他们中的大部分人都有写日记或做日志的习惯，他们不仅会像大部分人那样把每天发生的事情以及自己的心情记录下来，还会把他们想的每一个小阴谋以及详细的计划写下来。由于他们没有任何亲密的朋友或可信赖的知己，这些社会孤立者会通过这种详细的秘密通信方式来跟自己交流。在很多情况下，他们实际上是用写日记的方式来为犯罪做好准备。

1972 年，阿瑟·布雷默试图在马里兰州的劳雷尔（Laurel）暗杀亚拉巴马州州长兼总统候选人乔治·华莱士，他有一本详细的日记。西尔汉·西尔汉（Sirhan Sirhan）也是如此，他于 1968 年在洛杉矶谋杀了参议员罗伯特·肯尼迪（Robert Kennedy）。布雷默并没有特别反对华莱士州长。事实上，他最初计划暗杀理查德·尼克松总统，因为这会给他带来更大的荣耀和更大的媒体影响力。但总统的安全措施过于严密，布雷默无法靠近。袭击发生后，联邦调查局发现了布雷默的一本详细的日记，日记中透露了他内心深处的情感障碍，他没有女朋友，也没有亲密的朋友。他在日记里幻想自己抢劫了密尔沃基的一家银行，然后逃到一座桥上。警察在桥上与他对峙的时候，他从桥上纵身跳下，在往下跳的过程中冲自己的头部开枪。这是他人生中第一次想到这样的方法，他的目的就在于要做出一些惊天动地的事情。

那么查尔斯·惠特曼是“杀手人格”吗？让我们接着往下看。

从表面上看，惠特曼就是一个典型的美国男孩：帅气、迷人，他还有一个美丽的金发娇妻，她的教学事业前途一片光明。他曾是海军陆战队的一员，现在打算在工程事业方面闯出一片天地。但令他不安的是藏在这些表象之下的东西。

查尔斯·约瑟夫·惠特曼出生于 1941 年 6 月 24 日，是三兄弟中的老大。从出生到他 6 岁时，他至少搬了八次家，最后才在佛罗里达州的莱克沃思（Lake Worth）定居下来。从小学到高中，他上的都是天主教学校，他最后在 72 名高中生里以排名第七的好成绩从西棕榈滩高中（West Palm Beach）毕业。天主教教育要归功于他虔诚的母亲玛格丽特，几乎所有认识她的人都说她优雅亲切。她的儿子查利（查尔斯小名）曾经是世界上最年轻的鹰级童子军[1]（Eagle Scout）。他弹得一手好钢琴，而且从小就是一个枪支爱好者。

他的父亲查尔斯·阿道弗斯·惠特曼（Charles Adolphus Whitman），人称查·阿，童年颇为不幸，凭着一己之力一路走向发家。他童年的大部分时间都是在佐治亚州（Georgia）孤儿院里度过的，最后他成了忙碌的管道工程承包商和成功的商人。由于查·阿从小缺乏正规的教育，所以他主要靠的是决心和勤奋。他经常殴打妻子玛格丽特，对三个孩子要求严格，动辄对他们进行残酷的体罚。多年后，老惠特曼承认自己以前对妻子不好，也因此惭愧不已，他认为这是因为自己脾气暴躁和玛格丽特的固执造成的，但是他坦言自己对妻子一往情深。

回顾起过去教育孩子的方式，查·阿觉得自己那么做并没有问

1　指美国童子军的最高级别。——编者注

题。儿子大开杀戒之后不久，他告诉《新闻周刊》(*Newsweek*)："我的三个儿子打小儿只会说'是的，爸爸'和'不是，爸爸'，他们都很在意我。我对孩子们动辄大打出手，但是我一点都没有感到羞愧。和你说实话吧，我觉得我当时打得还不够。我觉得当时他们就应该受到更多的惩罚。"

这可能是查·阿的看法。但就在查利18岁生日前后，他和朋友出去喝酒，回来时明显醉了。他的父亲狠狠地揍了他一顿，然后把他扔到后院的游泳池里。听说查利差点就淹死了。他终于忍无可忍了。他放弃了上佐治亚州理工学院（Georgia Tech）的计划，转而加入了海军陆战队，在那里他向父亲展示了自己有足够的能力处理任何事情。

某种程度上，由于他父亲的缘故，查利在参军上有一个显著优势。因为查·阿称自己是个枪支爱好者、"打猎好手"，他把这些经验传授给了儿子，所以查利在海军陆战队服役不久就获得了"神枪手"的称号，成了一名技巧娴熟的狙击手。无论是在部队，还是在普通生活中，武器始终让他引以为豪。

我们可以用"嘎吱鬼"弗罗梅参与曼森家族的方式来解释惠特曼加入海军陆战队的动机。两者都试图从比自己更大更强的东西中获得自己的人生意义和方向。但是查利与海军陆战队的关系跟他与父亲的关系一样陷入了困境。

起初他在考试中获得了高分，获得了海军及海军陆战队奖学金，由此踏入了大学殿堂并有望从一个士兵成长为军官。1961年9月15日，他进入得克萨斯大学主修工程学。截至当时，一切皆好，但他也已经展露出一些令人担忧的性格迹象。比如，他经常玩扑克，但拒绝偿还赌债；他在偷猎严重违规的州非法狩猎；一名沙特阿拉伯学生不小心占了他的座位，他就对这名学生大打出手；用枪威胁其他驾车者。他曾经对一个朋友说，得克萨斯大学钟楼易守难攻，敌军纵有千军万马也难以攻克，而你却可以指哪儿打哪儿。就像连环性侵者的犯罪始于幻想一样，惠特曼也是如此，每当他走过校园，抬头望着钟楼塔时，这种幻想就越发强烈了。

大一过后的那个夏天，也就是1962年8月，他与爱人——来自得克萨斯州尼德维尔（Needville）的凯瑟琳·莱斯纳（凯西）喜结连理。她在某种程度上缓解了他的一些恶习。在外人看来，这是一对幸福而迷人的伉俪。

然而，惠特曼却是一路走下坡路。因为他的成绩还不够出色，海军陆战队取消了其奖学金，把他送回北卡罗来纳州的勒强营（Camp Lejeune）继续服役。凯西则留在奥斯汀完成学业。1963年11月，惠特曼因各种指控（包括威胁另一名海军陆战队队员以及非法持有武器）被送上军事法庭。他被判处90天劳役、30天监禁，军衔从下士降为二等兵。正是在这个时期，惠特曼开始写日记，内容十分详细——这也是杀手的另一个特点。在日记中，他记录了自己对海军陆战队的新仇恨。（海军陆战军是否成了又一位对他严加管教的父亲呢？）在日记中他还写道，有时之所以自己没有原地爆发仅仅是因为他对凯西的爱。他称自己的日记为“查尔斯·约瑟夫·惠特曼的每日记录”。

1964年12月，他从海军陆战队退役；1965年，重新进入得克萨斯大学学习。在新的学校生活中，他像对待生活的其他许多方面一样，残酷、偏执，凭借着处方药安非他明和伪麻黄碱，他可以接连几天不眠不休。

但是回顾往昔，惠特曼的生活中又出现了一个突如其来的压力源。1966年春天，他的父母分居了。玛格丽特终于受够了查·阿对她的行为。惠特曼亲自开车到佛罗里达去接她，并把她带回奥斯汀，因为他真心害怕父亲会杀了她。此时，查·阿打电话来恳求她回家，答应从此再也不动她一根手指。但惠特曼不想多做纠缠，他觉得母亲的举动终于使他获得了解放，他终于敢于直面自己恐惧的情绪，他甚至跟一位教授坦白说他想杀了自己的父亲。后来，他咨询过的校园心理医生称他是一个“每一个毛孔里都充满着敌意”的人。

毫无疑问，在面对人生诸多纷扰时，他的成绩也直线下降，惠特曼担心自己会再一次被退学。此外，他开始重蹈父亲的覆辙，父亲的卑劣行径他也一一学会了。在和凯西争执的过程中，他至少动手打过她两次。据说，有一次她告诉女房东，她不敢把他的枪藏到安全的地方，因为她只要这么一做，“他一定又会对我拳脚相加”。她偷偷告诉父母，她担心他的火暴脾气一上来肯定会杀了她，就像查利担心父亲会杀了母亲一样。

很快，查利对自己的行为就后悔了，他发誓要做得更好，并以一种让他感到舒服的方式说出了这个誓言：他像记日记一样，在索引卡上写下了以下的内容，以自我提醒。在他死后，奥斯汀警察局公布了这张索引卡，标题是“记住：好好对待凯西的几点要求”：“1. 不要唠叨；2. 不要强迫让另一半改变主意；3. 不要批评；4. 真诚欣赏；5. **不要事事在意**；6. 要彬彬有礼；7. 要温柔。”

当时查尔斯·惠特曼正在计划可以让他“一举成名”的最后行动，所以他会留下了书信之类的东西也没什么稀奇。有一封信的开头是这样的：“我不太明白是什么促使我写下这封信的。也许是为了给我最近的所作所为留下一些模糊的理由。”

第一段很长，他描述了他承受的所有压力，然后他开始写第二段：

经过再三考虑之后，我决定今晚到电话公司接我妻子凯西下班后就杀了她。我非常爱她，她是我最好的妻子，也是任何男人都梦寐以求的女人。我无法合理地说明这么做的具体原因。我不知道这是自私，还是我不想让她面对我的行为必定会带给她的尴尬。然而，此时此刻，我满脑子想的理由就是：我真的认为这个世界不值得活下去，我也准备好了去死，我不想让她独自在这个世界里受苦。我要尽可能让她没有痛苦地死去。

在我看来，比起在胸口上捅上几刺刀，“没有痛苦地死去”的方式还有很多。但我想惠特曼最体贴的表现莫过于他是在妻子熟睡时杀死她的。但有意思的是，他认识的受害人都是被他近距离杀死的，而那些陌生人却是被他远距离射杀的。这是一个将自己的自私和自恋合理化的家伙，他知道什么是“最好的”——从中我们不难看出约翰·李斯特的影子。但主要的区别在于，惠特曼在杀掉妻子和母亲之后，就知道自己的末日也即将来临。这就是信里的第三段所描述的内容——他出于同样的理由杀死了母亲。

信就放在凯西的尸体旁边，警方一找到凯西的尸体自然就会发现这封信。

与那些刺杀政治人物的杀手不同的是，查尔斯·惠特曼并没有为他的愤怒或执念找到特别的目标，那个炎热的 8 月的午后丧生的所有人都是如此。我想，他这么做的动机，是想向自己和周围的人证明自己。这些年来他一直都想证明自己，但是终究没有取得成功。

得克萨斯州州长约翰·康纳利（John Connally）在约翰·肯尼迪总统遇刺期间险些也丧生。康纳利召集了一个委员会，责成他们找出个中原因：**为什么**？但最后，一个由杰出的精神病学家和科学家组成的专家小组得出了这样一个结论：“由于缺乏查尔斯·约瑟夫·惠特曼近期的精神病学评估报告，专案组无法做出正式的精神病学诊断。”

还有一个因素也可能是促使惠特曼采取行动的原因。大屠杀发生的第二天，在对他进行全面尸检时，病理学家科尔曼·德·谢纳尔（Coleman de Chenar）博士发现了一个小肿瘤，他这样写道：“肿瘤位于大脑中部，即红核上方、灰色脑丘中心下方的白质里。”

在过去 30 多年时间里，大家一直对这个肿瘤的重要性进行了无休无止的猜测，而它也直接引发了一场关于“暴力反社会行为从何而来”的辩论。那些相信暴力是器质性的、有生理起源的人往往会引用这句话来解释为什么惠特曼“突然”杀死了那么多无辜的陌生人。

在解决这个问题的过程中，我们可能永远都无法做到让每个人都满意。但是，因为我不是这个领域的专家，我只能广泛借鉴该领域专家的研究成果，同时我的观点只能停留在以下层面：肿瘤只是一个偶然的发现，真正的答案需要回到我们所说的特殊人格类型。

理查德·雷斯塔克（Richard Restak）博士是乔治·华盛顿大学医学中心（George Washington University Medical Center）神经学临床教授，也是全美首屈一指的神经精神病学家之一。他经常为我在匡提科的科室提供咨询服务，并对这一领域贡献卓著。1996 年 7 月出版的《临床神经精神病学研讨会》（*Seminars in Clinical Neuropsychiatry*）特刊题为《脑损伤和法律责任》的文章就是由他编辑的。从这个生长缓慢的肿瘤的大小、位置和特征来看，雷斯塔克认为它并不影响惠特曼的行为。

他解释说：“额叶的病变与精神病理反应有关，但是这个靠近中脑的肿瘤不能被当作是一种影响额叶的精神病。也不是那种会影响冲动控制或计划类型的疾病。在这种情况下，刺激和反应之间会产生多个突触，而我们所拥有的突触越多，在考虑采取任何行动之前我们就越有可能进行自我反省。”

这样看来，案件的真实情况就不言而喻了。惠特曼精心策划了最后的时光。整个行动没有任何自发性或冲动性，他提前一个多星期就来踩点了，并且全副武装，准备了足够用上几天甚至几周的食物、水和物资。言下之意，需要的话，他负隅顽抗几天甚至几周都没问题。他假借母亲的名义在公寓门口贴上了便条，并给凯西的老板打了电话，有条不紊地为自己争取到了足够的时间。但是，他又和布拉德福德·毕晓普以及约翰·李斯特这样的人不同，惠特曼并没有试图逃脱。他只是想要完成自己的计划。

如果说他的问题是本能性的冲动，惠特曼是否会克制自己不去射击那些进入他射程内的众多汽车呢？毕竟他只对人感兴趣。另外，他的机动能力也丝毫没有受到影响。面对活靶子时，他的射击准确率跟在海军陆战队狙击训练中面对死靶子时一样高：他击中了一个 457 米外的行人。

正如雷斯塔克所说："会有不少人将来会得脑瘤，但他们不会因此爬到钟楼滥杀无辜。"

换句话说，和腿疾或糖尿病一样，仅仅因为发现了一个又小、生长又缓慢的脑瘤并不一定会导致某种异常行为。这只是一种偶然生理发现而已，但是能有具体的解释总归是令人欣慰的。然而，对于惠特曼和我研究过的其他众多犯罪分子而言，这样一种解释是十分牵强的。

甚至从纯粹的精神疾病来看，我们的研究也已经证明，备受严重精神疾病折磨的人很少能如此有效地实施犯罪。

在上文提及的雷斯塔克编辑的专刊中，宾夕法尼亚大学法学院律师兼教授斯蒂芬·J. 莫尔斯（Stephen J. Morse）博士，在一篇题为《大脑和责备》（*Brain and Blame*）的文章中对因果关系和责任提出了一个有趣而深刻的见解。莫尔斯写道：

例如，如果惠特曼相信对无辜者的大规模屠杀可以为地球带来永恒的和平，他就应该获得宽恕，不管这种错误的信仰是大脑病理状态的产物，还是童年创伤，或者其他什么东西。但如果惠特曼是一个暴怒之人，他认为生活给予了他不公平的待遇，他就轰轰烈烈地赋予悲惨的生活以另一种意义，那么不管他的愤怒和信仰是肿瘤的产物，还是童年的创伤，还是不幸的性格，或者别的什么，等等，他虽然不幸但也要负责。

像我们之前谈到过的大部分暴力罪犯一样，查尔斯·惠特曼所做的那些事都是他充分考虑过后果和道德问题后才实施的。

1979 年 4 月 27 日下午 1 点左右，30 万名观众站在得克萨斯州圣安东尼奥市（San Antonio，Texas）的街道两旁，翘首以待“鲜花大战”（Fiesta Battle of Flowers）这一游行活动的开始。自 1891 年本杰明·哈里森（Benjamin Harrison）总统访问这座城市以来，这一游行就成了一个传统。迎接他的是一场模仿法国的“鲜花大战”，人们在游行活动中互掷鲜花。首次游行遭到了一场大雨的破坏。尽管如此，它还是成了一年一度的活动，以此向那些为得克萨斯州献身的人致敬。而今年，游行队伍受到了远比降雨更为严重的破坏。

突然之间，聚集在格雷森街（Grayson Street）与百老汇街（Broadway）交会处的 5000 多人成了枪手的活靶子。这个枪手据说“全副武装”，他把车停在游行路线的起始处，然后以他那辆白绿相间的温尼贝格房车（Winnebago）为中心开始向四周扫射。现场有两名妇女死亡，50 多人受伤，其中有 30 多人受枪伤，其他人则因试图逃离屠杀现场而受伤。从受害者的角度来看，凶手的首批目标是驻守在十字路口的六名警官。然后，枪手把目标对准了游行观众。但与查尔斯·惠特曼精心挑选射杀目标不同的是，目击者称，这位杀手“对任何能动的都开了枪”。

但他从房车往外向警察开枪时，狙击手大喊：“叛徒！叛徒！叛徒！”

一个女人和她的女儿，还有她女儿的男朋友一起来看游行。她女儿的男朋友肩上驮着女人年幼的儿子，他们一行人从温尼贝格房车跑过的时候，狙击手试图把小男孩拉进房车，所幸的是小男孩的亲戚们硬把他扯了回来。

射杀持续了大约半个小时。下午 1 点 45 分，也就是被迫突然取消的游行原定开始时间过后 15 分钟，圣安东尼奥特警队从附近的屋顶向房车发射了子弹和催泪瓦斯。他们冲进房车时，发现了 64 岁的艾拉·阿特伯里（Ira Attebury）的尸体，他用一把 0.38 口径的左轮手枪击穿了自己的右耳，自杀身亡。他们还发现了 15 件武器，包括一支双筒霰弹枪、一支半自动手枪、九支步枪和四支 0.38 口径的左轮手枪。

一名警官告诉记者：“他的弹药足够发动一场战争。”

死者身份已经确认，分别是 26 岁的艾达·朗（Ida Long）和 48 岁的阿玛利娅·卡斯蒂略（Amalia Castillo）。卡斯蒂略夫人扑在 6 岁的孙女身上为她挡了子弹。卡斯蒂略夫人 8 岁和 11 岁的孩子虽然受了伤，但都康复了。

这又是一场人性泯灭、令人震惊的“大屠杀”，和查尔斯·惠特曼一样，艾拉·阿特伯里就是一个偏执狂杀手人格的典型代表。这样经典的案例，我在匡提科执教时经常用到。这个案例是国家学院的学员为我提供的，这名学员现在是圣安东尼奥市的一名警官。

在艾拉·阿特伯里死后，我们了解到，他是一名退休的自营卡车司机，这历来都是一份孤独的职业，虽然比他小 14 岁的弟弟罗伊

（Roy）说艾拉很多年都没有像样工作过。艾拉不仅肥胖而且患有心脏病，因此他一直领取残疾人补贴。第二次世界大战期间，他曾在海岸警卫队服役。罗伊说，除了打猎外，艾拉并没有接受过枪支方面的专门培训。他的家人知道他拥有这么多武器时感到非常惊讶。他一直未婚。

据他弟弟所说，艾拉向来固执任性、喜怒无常，还经常和父亲打架，并且他在高中就辍学了，开着一辆卡车过着流浪汉一般的日子。大约在袭击事件发生一年前，阿特伯里就因为偏执的行为而被迫离开了一个房车公园。他声称警察一直在监视他，邻居们也在偷他的东西。他还怀疑有人偷了他车上的电池。他甚至怀疑警方在他的供水系统中投毒。罗伊说，他在过去几年里变得越来越神经质。

他的上一个房东说他像是一个沉默寡言的独行侠，因为他害怕银行，所以他一直都是用现金付房租。为了防止别人看到屋内的情况，他一直把窗户遮得严严实实的。他告诉房东游行结束后他要离开一段时间。

跟惠特曼一样，证据表明他也计划周全。一周前，他向一家轮胎店申请将自己的房车停在游行起点附近的停车场。他前一天就把温尼贝格房车清洗了一遍。游行开始时，注意到这辆房车的游客都觉得很奇怪，因为把车停在这里明显是为了获得更好的视野，但房车主人却把百叶窗全都放了下来。

阿特伯里在密苏里州靠近阿肯色州边界的一个农场长大，家里一共有七个兄弟，两个姐妹。在袭击事件发生的 15 年前，他曾卷入俄亥俄州的一起交通事故，事故曾造成两名女性死亡。警方认定该事故两个女性负全责，因为她们闯了红灯，导致他的卡车撞进了她们的车，他当时被困在自己的车里，而车子随时都可能起火。后来，他在退伍军人管理局医院（Veterans Administration hospital）里住了几个月，但健康状况一直很差。这次事故事实上终结了他的卡车司机生涯，但他仍然依靠储蓄金、养老金、伤残补助和部分家庭农场租金实现了经济上的自给自足。阿特伯里放弃了卡车司机的流浪生活，转而过上了住在房车里的退休老人的生活。只要他觉得他的生活有意义、有目标，他可能还好，但一旦他无法再工作了，手头有了大把大把的时间，他的偏执倾向就会越来越严重，而且把他所有醒着的时光占得满满的。1975 年，他给自己买了一个墓碑。

“自从那次事故发生后，一切都变了。”他的弟弟霍华德（Howard）告诉美联社，“他总是胡思乱想。”

阿特伯里的情况会跟惠特曼的脑瘤相似吗？当年的事故是否引起了生理上的变异？理论上当然存在这种可能，但这并不是说原来一个性格外向、以人为本的人会突然性情大变。但即使这个理论成立，即使他幻想别人倾巢出动就是为了和他过不去，也绝对没有证据表明他不了解自己的行为可能带来的后果，不了解是非。

在阿特伯里身上我们发现了很多典型的偏执狂、孤僻者的特点：没有配偶或朋友，孤僻的生活方式，拥有大量枪支。他甚至住在一个可以随身携带的房子里，这样他的财产永远都不会离开他的视线。据说，有人敲门他也不开，就算跟来访者说话，他也要拉上窗帘，躲到窗户背后。

为什么阿特伯里会选择了一群陌生人，而不是某个特定的名人来发泄私愤以达到出名的目的呢？这可能是因为他不够精明老练，无法从精神层面为所谓“事业”找到一个理由。或者，也有可能是因为他充分了解自己的感受和动机，所以他觉得没有必要。

即使是在监狱里采访这类人也很难，因为他们不想与你有任何眼神交流，甚至不想看你。他们很难信任任何人，尤其是像我这样代表联邦调查局的人，因为我们很容易就会成为他们妄想的一部分。你在采访他们的时候就会发现这类人很难融入团队。他几乎不可能参与任何阴谋，因为他不信任任何人。同样，也没有人会信任他，因为他看起来非常奇怪。我在采访阿瑟·布雷默的时候并没有从他那里获得什么有价值的信息，因为他对我始终疑心重重，甚至觉得我别有用心。像大多数类型的杀手一样，他没有直视我，而且在我直视他的时候，他明显感到很不自在。颇具讽刺意味的是，就在当年的种族隔离主义者乔治·华莱士险些遇刺后的几年里，布雷默成了监狱里许多黑人囚犯心目中的英雄。所以，即使他的余生都要在监狱里度过，他还是在某种程度上短暂地获得了他渴望已久的地位。

从执法的角度来看，面对这类人所存在的问题是：你如何监控这样的人？一个不与他人交往的人并不一定意味着他拥有“杀手人格”。但是没有人在周围监控他，你就不知道他会不会变成危险人物，也不知道什么时候会变成危险人物。像艾拉·阿特伯里这样的人已经变成现代生活中不可预知的危险之一。

如果这类人已经结婚，或者处于一种更稳定的工作环境或社会环境中，那么你就会有一个更好的机会可以监控他，但是显然很少有人能够把握住这个机会。

詹姆斯·休伯蒂（James Huberty）抱怨连连，说受到了威胁，说有间谍监视他，说中央情报局一直在跟踪他，还说自己找不到工作全怨军队。他怪过吉米·卡特（Jimmy Carter）总统，也怪过罗纳德·里根总统。邻居们对他的火暴脾气和与人为恶的性格颇为担忧。他家的门总是锁着，百叶帘总是拉着，门口还立着“严禁擅入”“小心恶犬”之类的警示牌，邻居们很担心他会躲在房内悄悄往外开枪。

1984年7月18日（星期三）下午4点左右，身着作战迷彩裤的41岁的詹姆斯·奥利弗·休伯蒂（James Oliver Huberty）走进了一家麦当劳餐厅。这家麦当劳餐厅与他家只有一个街区之隔，他家位于加利福尼亚州圣伊西德罗（San Ysidro,California），地处圣地亚哥县（San Diego County）最南端，靠近墨西哥边界以北的蒂华纳（Tijuana）。他拿出一支12口径的泵动温彻斯特（Winchester）霰弹枪就开始射击。霰弹没有命中目标，他又拿出9毫米口径的乌兹（Uzi）冲锋枪向22岁的经理内娃·凯恩（Neva Caine）射击。几分钟之后她就死了。除温彻斯特霰弹枪和乌兹冲锋枪外，休伯蒂还携带了9毫米口径的伯朗宁（Browning）半自动手枪。在这场历时约1小时零15分钟的大屠杀中，休伯蒂一共杀死21人，杀伤19人，最后他借警方之手自杀，被特警队狙击手一枪射穿胸口毙命。

调查过程挖掘出了一系列令人毛骨悚然又似曾相识的细节。像其他许多杀手一样，詹姆斯·休伯蒂不管做什么，似乎永远都做不好。他于1942年10月出生在俄亥俄州坎顿市（Canton，Ohio）。他的父亲厄尔（Earl）曾是一家滚柱轴承厂的检查员，但他却只想当一名农夫。吉姆（Jim）（詹姆斯小名）7岁时，厄尔终于实现了自己的梦想，在镇外约30公里处购买了一个农场，那时仍然继续在工厂工作。但他因此也付出了沉重的家庭代价。厄尔的妻子伊克莱（Icle）拒绝离开城镇，而且不希望自己与农场扯上任何关系。她认定自己的未来在于传教，于是她离家前往遥远的西部，成了印第安保护区的一名传教士，留下厄尔独自一人照顾吉姆和露丝（Ruth）姐弟俩。小吉姆当时还要与小儿麻痹症做斗争，腿上戴着的支架已经遭到同学们的嘲笑，他实在想不明白老天为什么要带给他这么大的痛苦，还把他的母亲生生带离了他们家庭。

休伯蒂自小便在孤独和孤僻的环境中长大。由于得了小儿麻痹症，他走起路来很是奇怪，这让他看起来颇为与众不同。他发现接触到枪支后，生平第一次感到自己充满了力量。随着年龄的增长，他对枪支的热爱与日俱增。他甚至可以自己制造弹药。

从俄亥俄州苹果溪（Apple Creek，Ohio）的韦恩斯戴尔高中（Waynesdale High School）毕业后，他开始在坎顿市马龙学院（Malone College in Canton）学习，后来他辍了学去宾夕法尼亚州殡葬学校学习，并萌生了自己开办殡仪馆的想法。然后他与在马龙学院相识的埃特娜·马克兰（Etna Markland）结婚，并在坎顿的一家殡仪馆找到了一份工作。但不到两年，休伯蒂就被解雇了。虽然他对这项工作很满意，但是因为他不知道如何与活人好好相处，因此经常让死者家属和其他哀悼者感到很不舒服。我们不需要花太多时间来分析一个人觉得和死人在一起比和活人在一起更舒适的意义在哪里，但是他接下来的一个职业，即作为一名电焊工，却是一个可以让他躲在金属面具后面，基本上不用去管这个世界的职业。

有一段时间，休伯蒂在一家公用事业公司工作，那时他还干得不错。他工作极其投入，经常加班加点。真的开口和别人聊天时，他总是滔滔不绝地大谈特谈阴谋论。他和埃特娜在城外大约 16 公里处买了一栋老房子。少数获准进入这栋老房子的人说，他们看到到处都是枪，而且子弹全都上了膛。

休伯蒂家有两个女儿，齐利亚（Zelia）和卡桑德拉（Cassandra）[他们也叫她“博比”（Bobbi）]。休伯蒂有时会勃然大怒，接着就对埃特娜或女儿们大打出手。在持家方面，埃特娜把自己能做的全都揽了下来，尽量不给丈夫增添太多压力。休伯蒂虽然没有写日记的习惯，但是他对所谓的“债”都一丝不苟地做了记录：只要他觉得别人对自己和家人有任何冒犯或怠慢之处他都会一一列出。他还会经常给警察打电话投诉邻居。没有其他可以发泄的途径时，他也会直接威胁邻居。

1982 年，雇用休伯蒂的公用事业公司倒闭了，在干了 13 年后，休伯蒂说失业就失业了。对于这种人格类型的人而言，一旦能够给他们带来安全感的某种东西突然被抽离（还有就是假如埃特娜离开他），这些人就会一下子崩溃。他曾对另一个下岗工人说过，如果他无法再养活自己的家人，他就会自杀，还会拉很多人陪葬。他想方设法找到了另一份工作，但一个多月后，那家工厂就倒闭了。很明显，在休伯蒂看来，显然是有人和他过不去。

次年 8 月，休伯蒂遭遇了一场车祸，他的车被追尾了。这次碰撞让他原本就不好的身体雪上加霜，他的双手也开始颤抖。就像阿特伯里遭遇的事故一样，这件事也是一个导火索。休伯蒂担心自己再也做不了焊工了。他考虑过自杀了事，还好埃特娜说服他放弃了这个念头。他们以超低价出售了房子，但这件事却加深了有人要加害于他的想法。

他决定举家搬去墨西哥，毕竟那里的生活成本低廉。也有证据表明，他认为去遥远的异国他乡可以发大财，到时候就可以嘲笑那些曾经侮辱过他的人了。于是他们全家搬去了蒂华纳（Tijuana）。齐利亚和博比去了圣伊西德罗（San Ysidro）的一个美国学校上学。埃特娜每天开车送他们往返于边境。但三个月后，休伯蒂发现其实自己并不习惯这样的生活方式，因为他既不会说西班牙语也赚不到很多钱。

于是，他们越过边境回到了北方，住进了圣伊西德罗卡顿伍德路（Cottonwood Road）的一套两居室公寓。他们是公寓楼里唯一的非西班牙裔。休伯蒂晚上的时候在阳台上射击，不仅把邻居们吵醒了，还吓到了他们。他向一家保安公司提出了求职申请，但面试结束后，公司老板认为他情绪不稳定，而且可能在申请中撒了谎，于是毫不含糊地告诉员工不得雇用此人。最后，他在一家公寓大楼找到了一份晚班保安的工作。他渐渐迷上了军事，从一家杂志订购了他在生命最后一天穿的那条迷彩裤。

后来，他的主管和之前的雇主一样，觉得他性情太不稳定了，于是他再一次丢掉了工作。休伯蒂认为辞退他纯粹是国防部在幕后搞的鬼。

有一天他突然灵光一闪，给一家精神科诊所打了电话，但是诊所认为他的病情还没有达到危重的地步，可以缓几天，等回访电话。诊所主任后来说，如果他有提到自己有武器，或者有任何迹象表明他正处于危机之中，诊所就会马上安排他前来就诊。

7 月 18 日（星期三）早上，休伯蒂出现在交通法庭上，但法官只是给了他一个警告，就把他给无罪释放了。那天他和埃特娜在市中心的麦当劳吃了午饭，之后他们在动物园里逛了逛。她记得休伯蒂对她说过："社会上总会有属于他们的机会。"

后来他们就回家了，在埃特娜为女儿们准备午餐时，休伯蒂换上了他的迷彩裤和栗色短袖衬衫。他对妻子说："我要和你吻别了。"

他对 12 岁的齐利亚说的最后一番话更是不吉利。他吻了吻她说："再见，我再也回不来了。"他把一个又长又窄的东西，包在蓝白相间的毯子里，拎着就走了。这段距离平时走路就行，但因为带的东西太沉了，所以他把它放在他那辆黑色的水星侯爵车（Mercury Marquis）里。最后警方认定休伯蒂在麦当劳内至少打出了 250 发子弹。最小的受害者只有 8 个月大，最大的 74 岁。

在恐怖事件结束之后，圣地亚哥法医应邀对他做了一次全面的尸检，就跟当时给查尔斯·惠特曼所做的尸检一样，以确定其大脑中是否有东西导致了这次的爆发。在本案中，法医毫无发现。但是其他人却另有看法。他的父亲厄尔推测，是休伯蒂小时候的体质问题最终导致了他的崩溃。埃特娜对麦当劳提起了一项诉讼，声称她丈夫的杀戮行径是因为吃了太多汉堡和麦乐鸡造成的——这些汉堡和麦乐鸡中含有过高的谷氨酸钠，与他在做电焊工期间体内长年累月积累起来的铅和镉相互作用产生了反应。不过，埃特娜败诉了。我也没听过有其他焊工发疯滥杀无辜男女老幼的案例。前旧金山警长丹·怀特（Dan White）曾在 1978 年杀死了乔治·莫斯科内（George Moscone）市长和哈维·米尔克（Harvey Milk）警长。他的辩护理由是，自己的智力因食用过多高糖垃圾食品而受到了不利影响，才会导致能力下降——这就是著名的甜点辩护案（Twinkie defense）。但颇具讽刺意味的是，1985 年 10 月，怀特在出狱一年半后自杀了，从而纠正了这一法律错误。

每个人都有一些别人可以指摘的东西，但是你在寻找个中的魔鬼之时，却很难将其直截了当地指出来。发生的这一切让我再次提出了这个问题，这也是我反复追问的问题：**难道再也没有任何人要对任何事情负责了吗？**

如果我们从受害者的角度来看，虽然受害者只是随机的，只是碰巧在错误的时间出现在了错误的地点，但我认为一般的受害者和目标都具有高度象征性。比如美国的总统，他是一个在任何时代都会被当作热点目标的人，因为他集中代表了这个国家的所有优缺点。麦当劳也是如此。就像可口可乐、迪士尼乐园和美国国会大厦（最近发生了一起可怕的致命袭击事件）一样，麦当劳是一个国家的象征和地标。休伯蒂去那里看到一家人欢聚在一起，度过美好的时光——所有的这一切都让他感到厌恶和不信任。另一方面，他生活拮据，周围都是他不信任的“外国人”，每个人都在迫害他。在某种程度上，他就像制造了邓布兰惨案的托马斯·汉密尔顿一样。如果他不能获得他应得的东西，他就会干掉那些无辜的人，比如那些孩子，无论在这家餐馆里，还是另外一个以孩子为主的环境里。仿佛他要刺杀的对象是美国总统一样，在休伯蒂眼中，他这么做是在攻击美国的心脏。他选择这家麦当劳的原因是这是离家最近、他最了解也让他感到最舒服的一家麦当劳。

麦当劳关闭了这家位于圣伊西德罗的餐厅，并捐资 100 万美元，为幸存者创立了一个基金。然后他们拆掉了那栋建筑，把那块地捐给了圣地亚哥市，把它变成了一个公园。

作为杀手，詹姆斯·休伯蒂年龄偏大了。大多数杀手的活跃年龄段为 25 岁至 29 岁，因为在这一阶段，他们生活无望，需要做一些引人注目的事情赋予自己的人生一定的意义和别人的认可。而年龄大的人，如休伯蒂和阿特伯里，他们之所以会沦为杀手则是因为某些东西突然分崩离析了。

塞缪尔·约瑟夫·比克（Samuel Joseph Byck）这个名字对于特勤局而言可谓如雷贯耳，因为特勤局担心他可能会刺杀总统。1972 年，他曾写信给尼克松总统，信中他列出了他的诸多不满，并威胁说，如果不满足他的要求，他就会采取行动。第二年，他因为未经许可在白宫前示威，要求政府归还宪法赋予他的权利，连续两次被美国公园警察逮捕，并被强制接受了精神病检查。1973 年的平安夜，他又回来了，这次穿着圣诞老人的服装。他告诉记者，“我想知道他们是否有胆量逮捕圣诞老人”。

尽管有这些异常和偏执的倾向，但只要他的世界是正常的，比如妻子、家庭生活、工作安好，比克就很正常。但到了 1974 年 2 月，他的世界开始分崩离析。前一年他的婚姻破裂了，与此同时他又失去了推销员的工作，他开始接受抗抑郁症治疗。到了 43 岁，他觉得自己不知不觉就到了这样一种境地：一切都没有了回旋余地。

跟惠特曼、休伯蒂甚至阿特伯里不同的是，比克既没摸过枪，也不熟悉枪支。但这并没有阻止他买了一把 0.22 口径的手枪，并在 2 月 22 日清晨驱车前往巴尔的摩—华盛顿国际机场（Baltimore-Washington International Airport）。他认为他仅仅通过看电视节目就知道如何使用武器。他还把两加仑汽油连接到一个触发装置，制造了一个土炸弹，隐藏在随身携带的手提箱中。他一靠近安检口，就拿枪对准警卫乔治·拉姆斯伯格（George Ramsburg）的头部，然后一枪爆头。拉姆斯伯格当场死亡。随后，比克冲进了达美 523 航班的登机口。这是一架 DC-9 飞机，原定于早上 7 点 15 分飞往亚特兰大。

当比克挥舞着手枪冲进机舱时，机上已经有 8 名乘客。他下令关紧舱门，然后走进驾驶舱，指挥道格拉斯·里斯·洛夫顿（Douglas Reese Lofton）机长说："把这架飞机飞上去！"洛夫顿解释说，轮子还卡在轮挡里，在轮挡搬离前飞不了。但比克显然不满意这个回答，他回到客舱，抓了一名妇女作为人质迫使机长服从命令。

回到驾驶舱后，洛夫顿再次向他解释说无法移动飞机。比克随后开枪打伤了他和副机长弗雷德·琼斯（Fred Jones）。然后他又回到客舱，拉了另外一名女子当人质，并把她带回了驾驶舱。他又重复了指令，但洛夫顿和琼斯再次解释说，在轮子还被卡住的情况下他们是不可能移动飞机的。然后比克又朝他们两个人各开了一枪，这一次他杀死了琼斯，洛夫顿则受了重伤。

与此同时，刚刚目睹拉姆斯伯格被枪击事件的警官查尔斯·特罗耶（Charles Troyer）在停机坪上试图用他的点 38 口径的左轮手枪射击 DC-9 的轮胎。这个举动没起到什么作用，于是他拿起拉姆斯伯格的

0.357 口径的马格南手枪又试了一次。凭借这把性能强劲的武器，他成功了。然而，他的主要目标是劫机者本人，比克在驾驶舱的窗户上一露面，特罗耶马上瞄准开枪，击中了比克的胸部和腹部。通常被这种子弹击中的人在一两分钟内就会毙命，但比克被击中之后，拿起自己的武器对准自己的太阳穴就是一枪，当场毙命。

现在，这个案例展示了一些非常有意思的细节。有确凿的证据表明，这一犯罪行为并不是身处绝境者不假思索做出的困兽之斗；相反，这一犯罪活动至少计划了六个月之久。据调查专栏作家杰克·安德森（Jack Anderson）说，他从比克那里收到过一盘磁带，这名嫌疑人最初打算劫持飞机飞往华盛顿，然后撞上白宫，这才能赢得无比的荣耀。

但与此形成强烈对比的是他在飞机上的行为——他反复往返于驾驶舱和客舱之间，并且莫名其妙地频繁更换人质。更重要的是，他一旦射杀了唯一会驾驶飞机的人，他觉得他还能做什么？在大家眼里他已经是一个完全崩溃的人。他虽然一意孤行，想将自己的计划付诸实践，但其实他已经完全失去了理智，对眼前之事心中一点都没有数。

我们可以从他录制的另一盘磁带中深入了解他的思维模式，这盘磁带是那天早上他坐在机场停车场自己的车子里录制的。他将这盘磁带命名为“潘多拉的盒子”。磁带显示，他已经想好了整件事，他一开始的意图是只在必要时打死副机长，然后机长就能对他言听计从了。直到飞机迫降到白宫，他才会开枪打死机长。

他很了解自己的犯罪动机，也很了解自己的内心。他说，他感觉自己就像沙滩上无数粒沙子中的一粒。他还担心自己把车停在了昂贵的停车场，而不是更经济实惠的长期停车场。随即他意识到这种担心有点可笑，因为他知道他既不必付钱，也不会回来开那辆车。但他仍然会因为自己挑错了停车场而感到不舒服。他还说他身上没什么身份证件。

我觉得这个看起来似乎很蠢但又很反常的行为是非常重要的，因为他本质上说的是：“我不属于这里，在这里停车的都是有钱人、要人，他们可以把车停在这里然后坐飞机到处飞。而我只不过是沙滩上的一粒沙子。我没有别人有价值。我只是一个无足轻重的小人物而已，只有做出一些能够影响那些大人物的行动，我才能变得重要。”和麦当劳一样，喷气式飞机也是现代生活的象征。像比克这样的人觉得这就是成功人士的旅行方式。如果他也可以坐一次飞机，那他也是成功人士了。事实上，他说他没有任何身份证件，这是他潜意识里就认为自己是一个无名小卒，是一个没有身份的人。

最后，他给自己的使命戴上了事业的帽子，他说这是“我觉得必须为人类做的工作”。

他把自己看作是现实生活中的独行侠（Lone Ranger）或谢恩[1]（Shane）。“我想我的墓碑上应该刻着‘他不喜欢他所看到的一切，于是他决定为此做些什么’。”

但与此同时他也担心，“我只是希望我不要被称为疯子或神经病而已”。他解释说，他的动机来源于“被偷走和骗走的尊严，以及眼睁睁地看到我的国家几乎就在我眼前被强奸和蹂躏，我不会袖手旁观，我不允许这些事情发生”。

这种类型的人是否会演变成杀手或大屠杀凶手，不管他是否杀死美国总统或是传奇摇滚明星——这都将取决于他个人情绪的发展，以及他所掌握的技能和兴趣。像查尔斯·惠特曼这样的人，因为他拥有

1 指 1953 年上映的美国电影《原野奇侠》的男主角谢恩，他从匪徒手里解救了一个村落。——编者注

出色的狙击技能，于是他可以基于这个特长想象自己的罪行。像阿特伯里这样的人，因为他没有这样的技能，所以他必须全情投入，以此来提高效率。如果一个塞缪尔·比克可以想出近距离刺杀总统的计划，他就不需要完成劫机这样的周密计划了。

但我想说的是：不管犯罪的具体细节是什么，不管所谓的“事业”是什么，暴力行为都是杀手内心深处的一种根深蒂固的缺失感造成的。我能想到一些比较罕见的例子，这些案例中可能有更高尚的目的，甚至是利他主义的目的。同样地，你偶尔会遇到一些跟社会脱节的彻头彻尾的妄想症患者。比如理查德·劳伦斯（Richard Lawrence）因为认为杰克逊是英国国王，所以他曾试图暗杀安德鲁·杰克逊总统（President Andrew Jackson），不过最后暗杀失败了。但这种情况是很罕见的，我们不用担心这样罕见的情况。

无论我们怎么找，我们都要找一种这样的人（绝大多数是 20 多岁的白人男性）——他经常自我感觉很差或是从来没觉得自己很好。在某种程度上，他就会把暴力行为看作是解决问题的办法。

两名美国中情局的雇员在抵达位于弗吉尼亚州兰利（Langley, Virginia）的美国中情局总部时，在车内被枪杀，这似乎是一起有政治目的的犯罪，目的是直击美帝国主义的核心。美国中情局和包括联邦调查局在内的执法机构上天入地，竭尽全力追捕嫌疑人。嫌疑人是 33 岁的米尔·艾马尔·卡西（Mir Aimal Kasi），后来他逃回了祖国巴基斯坦。他在最后说明自己的犯罪动机时，声称这是对美国“对伊斯兰国家的错误政策”的回应。但我认为，就像布雷默试图刺杀华莱士州长一样，这只是一个不入流的小人物的作品。这些人只想成为一个英雄，希望以此实现自我价值，借口都是现成的。

因为凶手具有种不健全感而最终导致刺杀或刺杀未遂，其中最极端的例子是马克·大卫·查普曼谋杀约翰·列侬案和小约翰·欣克利（John Hinckley Jr.）刺杀里根总统未遂案。

马克·查普曼特别崇拜约翰·列侬，并试图以他所能想到的所有方式模仿这位前披头士成员，甚至在列侬娶了小野洋子（Yoko Ono）后，他也开始物色亚洲女性做他的女朋友。他真的娶了一个比他大 4 岁的日本女人。查普曼一直想成为列侬，但是有一天他终于意识到这根本不可能，然后他自己的心理弱点也压垮了他。他在夏威夷工作时还因为自杀未遂而住院治疗。他告诉妻子格洛里亚（Gloria），他想杀死列侬，但她没当回事。1980 年 12 月 8 日，查普曼在曼哈顿达科他（Dakota）公寓大楼音乐家列侬的家门外枪杀了列侬。那么做的结果是他失去了一个自己永远无法企及的榜样，所以他本应该自然而然地把枪口对准自己。后来我的同事——肯·贝克探员在监狱里采访他时，他也承认了这一点。查普曼认为他可以通过消灭列侬来解决自己的问题，这种逻辑看似奇怪但有其内在的道理。他一扣动扳机，列侬一倒下，查普曼就不再是无名小卒了。他的名字将永远和他的英雄联系在一起。

有趣的是，查普曼想过，如果不能在自己这趟纽约之旅中杀死约翰·列侬，他就会采取另一个计划。他会爬到自由女神像的头顶，朝自己的头部开枪。在监狱里，他说："以前没有人在那里自杀过。我想在一片荣耀之光中走出去。"自由女神像又是一个极具象征意义的美国偶像，而且我们再一次听到了"荣耀之光"这个词组，似乎它是每个悲剧的核心。

格洛里亚在事后所做的评论也饶有趣味，她说马克在旅行前异常平静。这跟休伯蒂和惠特曼等许多人的情绪一致。因为一旦他们确定了行动方案，压力和矛盾之情便烟消云散了。

但也不完全是这样。在达科他公寓楼外闲逛了几个小时后，查普曼遇到了列侬，列侬非常亲切，还给他在录音带上签了名。查普曼开始对自己说，也许这就够了。他有了列侬的亲笔签名，或许他应该可以回家了。然而他脑海中的使命是无法撼动的，所以他又苦等了好几个小时，一直到列侬结束录音后从豪华轿车里下来。就在下车那一刻，马克·大卫·查普曼扣动了查特阿姆斯 0.38 口径手枪，向约翰·列侬连开了五枪。据他后来所说，当时他脑海中唯一的想法是这把枪居然这么好用，他高兴坏了。

查普曼和小约翰·欣克利在 20 多岁的时候都是既可怜又失败的白人男性，除此之外，他们还有一个共同点：对 J. D. 塞林格（J. D. Salinger）的小说《麦田里的守望者》（*The Cather in the Rye*）情有独钟。事实上，欣克利是从查普曼身上了解到这本小说的，从某种意义上说，查普曼也成了一个榜样。1981 年 3 月 30 日，新任总统里根结束在华盛顿希尔顿酒店的演讲后正准备离开，欣克利袭击了他，但显然欣克利的行为和查普曼的行为相比，其中的政治成分不相上下。言下之意，根本没有所谓的政治成分。他只是想要给他所痴迷的女演员朱迪·福斯特（Jodie Foster）留下深刻印象而已。在现实生活中，一个富有、美丽、著名的女演员是不可能和欣克利这样一个无名小卒有什么交集的，更何况他还是一个一事无成的人。回想起来，她在耶鲁接听他的电话这件事就做错了。为了体现她的平易近人，福斯特还口无遮拦地在无意中鼓励了他的幻想：只要好好表现，就有接近她的可能。于是他心想，如果我能真正做出一番惊天动地的事情，她就属于我了。

显然，这并不可能发生。福斯特作为演员和导演，事业有成，两次获得奥斯卡奖。在拍摄《沉默的羔羊》期间，我很荣幸向她说明了我所在的部门的工作。另一方面，欣克利因为精神错乱而枪击里根、新闻秘书吉姆·布拉迪（Jim Brady）等人的行为被判无罪，后来在华盛顿特区的圣伊丽莎白（St. Elizabeth）精神病院待了近20年。但在某种程度上，他的计划也是成功的。虽然这个男人没有得到那个女人，但他不再是一个无名小卒了。像查普曼一样，他的名字始终会与他所痴迷的对象绑定在一起。

这些人并不是在各个方面都一无是处。如果约瑟夫·保罗·富兰克林只是对抢劫银行感兴趣的话，他很可能会活得很精彩，因为他对此真的非常擅长。但就像其他杀手一样，富兰克林也心怀鬼胎。

富兰克林以狙杀的方式在美国大部分地区行凶杀人，尽管他也把触角向西伸向了犹他州，往东北伸到了宾夕法尼亚州这些遥远的地方，但他的谋杀主要还是集中在南部和中西部。因为他对黑人怀有几乎病态的仇恨，所以他的许多罪行都是针对黑人的。1977年8月，他在威斯康星州的麦迪逊（Madison，Wisconsin）杀死了一对跨种族联姻的夫妇。两个月后，他在密苏里州里士满高地（Richmond Heights，Missouri）杀死了一名离开犹太教堂的犹太人，受害者的两个女儿在一旁惊恐地看着他行凶。1978年7月，他在田纳西州查塔努加（Chattanooga，Tennessee），杀害了另一对跨种族通婚的夫妇，当时他们正从一家必胜客餐厅离开。1979年8月，他杀害了弗吉尼亚州福尔斯彻奇（Falls Church，Virginia）一家汉堡王餐厅的黑人经理。1980年1月，他在印第安纳波利斯的丘奇炸鸡店（Church's Fried Chicken）杀死了一名排队等候的黑人。两天后，他在同一城市的一个市场杀死了另一个黑人。那年4月，他还在印第安纳波利斯开枪打伤了另一对跨种族通婚的夫妇。5月，他在威斯康星州捎上了一个搭便车的女性，并在一个州立公园杀了这名女性。6月，他在辛辛那提的邦德山（Bond

Hill）杀死了两名走在路上的黑人青年。8 月，他在盐湖城（Salt Lake City）杀死了两名与白人女性一起在公园跑步的黑人。同年，他在西弗吉尼亚州的路易斯堡（Lewisburg，West Virginia）杀死了两名搭便车的白人妇女。而这些仅仅是他已经被定罪或已经承认的袭击案。还有诸多证据表明他是多桩谋杀案的嫌疑人。就连他自己也不清楚自己杀了多少人。他与那些近距离行凶的连环杀手不同，他跟受害人并没有情感上的关联。

但也许富兰克林最臭名昭著的两次暗杀都是他没能得手的刺杀。1978 年 3 月 6 日，富兰克林在佐治亚州的劳伦斯维尔（Lawrenceville，Georgia）枪杀了《好色客》（*Hustler*）杂志出版商拉里·弗林特（Larry Flynt），导致这位情色作品界的翘楚腰部以下永久瘫痪，还要承受着永久的痛苦。根据 1997 年《画廊》（*Gallery*）杂志的一次采访，他现在后悔自己参与了那个枪击案。1980 年 5 月 29 日，他在印第安纳州韦恩堡市（Fort Wayne，Indiana）乔丹下榻的酒店外，开枪打伤了著名律师、民权领袖和城市联盟（Urban League）主席弗农·乔丹（Vernon Jordan）。在这两起案件里，他都跟踪了他的目标大约一年时间。在射杀乔丹之前，他曾试图枪杀前佐治亚州立法者和民权活动家朱利安·邦德（Julian Bond），但他去邦德家时，家中居然空无一人。值得一提的是，辛辛那提两名黑人青年被杀的动机，是因为富兰克林觉得媒体认为刺杀乔丹只是出于种族原因的犯罪行为而已，他对此感到十分不满。

在撰写本书时，他仍在密苏里州矿点市（Mineral Point，Missouri）波托西惩教中心（Potosi Correctional Center）的死囚牢中服刑。真正让他恼火的是，他并不像其他连环杀手那么著名，尽管他认为那些人还不如他自己“有所成就”。

他于 1980 年 9 月被捕，但在经过五个半小时的审问后，他居然设法从警察局的窗户溜了出去。

10 月 15 日，在联邦调查局工作期间，一直和我有多年交情的好友、联邦调查局民权部（FBI Civil Rights Section）主任戴夫·科尔（Dave Kohl）请我对富兰克林做一个逃犯评估。于是我去了华盛顿的总部，查阅了整个卷宗。

他于 1950 年出生于亚拉巴马州的莫比尔（Mobile，Alabama），名叫小詹姆斯·克莱顿·沃恩（James Clayton Vaughan Jr.）。他说自己曾被酒鬼父亲虐待，也很讨厌过于严厉的母亲。他在学校的表现很不好，校方认为他就是个破坏分子。他读到高中就辍学了。十几岁时，为了逃脱家人的控制，他把自己的名字改成了约瑟夫·保罗·富兰克林。取名“约瑟夫·保罗”（Joseph Paul）是为了纪念纳粹宣传部长保罗·约瑟夫·戈培尔（Paul Joseph Goebbels），而取名“富兰克林”则是为了纪念本杰明·富兰克林（Benjamin Franklin）。这家伙是不是有点纠结和矛盾？我觉得很可能他就是这样一个人。

他加入了白人至上主义组织，如国家社会白人人民党（National Socialist White People's Party）。即使是在这些群体中，他基本上还是独来独往。他认为大多数成员都不是认真的。他摩拳擦掌，准备开始为这个事业行动时，大多数人则沉湎于空谈。他还担心这两个组织都已被联邦调查局的线人渗透。

他开始用炸弹攻击犹太教堂和犹太领袖，但他真正擅长的是狙击。这一点很重要，因为一次意外受伤，他的一只眼睛瞎了。然后他精湛的枪法就成了弥补这一缺陷的一种手段。事实上，如果我们从富兰克林的背景来看——枪法、更名，以及加入仇恨组织，这些行为完全是为了弥补他自以为存在的种种缺陷。缺乏信心的人必须通过努力才能实现自己的价值，而实现价值的一种方式就是去发现那些没用的或不如自己的人。如果你很难找到许多不如你的人，你就需要找到在种族或信仰上“不如”你的人。黑人和犹太人一直是最受“欢迎”的目标。显然，这一点和我的分析非常吻合。富兰克林把目标对准了拉里·弗林特，是因为他在《好色客》上看到了一张跨种族的照片，于是他决定要由他自己来维护自己种族的荣誉。

他的想法是，如果他杀了足够多的黑人，其他白人就会效仿他，也会参加到战斗中来。他声称他的灵感来自于查尔斯·曼森的“杂乱无章”（Helter-Skelter）的想法。富兰克林结过两次婚，每次婚姻都只持续了一年左右。报道称，他曾虐待这两任妻子。

在实施暗杀的同时，富兰克林还通过抢劫银行和抢劫便利店来维持生计。他知道这么做需要深入思考、精心谋划，但富兰克林愿意为此付出努力。我非常清楚的一点是，他只有在掌控一切的情况下才会感到自在。因为他的谋杀是狙击别人，所以他需要躲起来等待时机。因此我想，如果他被抓住了，他很有可能会选择自杀，而不是忍受那种他无法控制的身体对抗。我认为如果有机会他会回去看望他年轻的妻子和女儿，因为她们都是真实存在于他生命中的人，我想他可能会通过吹嘘自己的犯罪行径来提升自己的自尊。

我相信他很有可能会回到莫比尔，只有在那里他才会感到舒适。但我不知道他是否会待在原地，因为此时他已经非常老练，对警方的手段了如指掌，他也明白自己是被通缉的对象。但我想他可能会住在墨西哥湾沿岸（Gulf Coast）的某个地方，尤其是在北方寒冷的时候。

10月28日，他在佛罗里达州莱克兰（Lakeland）的一家血库现身，准备靠卖血赚点钱花。那里的护士通过文身认出了他。卡特总统即将来此地视察，考虑到富兰克林过去曾威胁过卡特，所以联邦调查局探员们就铺天盖地地向整个地区的人发放嫌疑人照片。护士们报了警，联邦调查局探员在附近的一家商店里逮捕了他，他正在里面兑换支票。他不承认自己就是富兰克林，但最后警方通过指纹比对确认就是他。他被带到坦帕（Tempa）的联邦调查局外勤办公室。探员在审问他时，问他要不要吃点什么或喝点什么，富兰克林回答说，他想要一个汉堡包，但前提是警方必须保证这个汉堡包不是黑人做的。尽管他不愿向探员们承认犯了任何罪行，但第二天，他向美国法警办公室（U.S. Marshal's Office）的狱友吹嘘的时候几乎坦白了所有的罪行。

11 月初，富兰克林将被送回盐湖城，接受指控。我们心想，到时如果他坐的是专机而不是商业飞机，我们正好借这个机会和他好好聊一聊。我们也知道他不喜欢飞行，所以他的压力水平会有所上升，此时，他很可能会向陪同他的人寻求情感支持。坦帕外勤办公室再次联系我，问我可否再和他谈一次。我告诉他们，可以谈，但是主谈的探员应该是联邦调查局级别非常高的权威探员，而且必须拿出联邦调查局的一整套派头，即清爽的白衬衫、黑色西装，所有的行头都得有，但是不要主动提出任何问题，要让他自己打开话匣子。我想，一旦他开始说话，我们就可以开始抚慰他的自尊心，树立他“在历史上的地位”。这个策略很有效。探员罗伯特·亨利·德怀尔（Robert H. Dwyer）穿了一身三件套西装，派头十足，腿上放着一大堆卷宗，其中包括一些与富兰克林有关的文章。当富兰克林主动挑起话头，并提出要看这些文章时，德怀尔答应了。当富兰克林想继续谈话时，德怀尔说他必须打开录音机，告诉他这是他的权利。富兰克林同意了。

在飞行途中，他向德怀尔详细描述了他使用的技术和伪装，甚至在犯罪事件发生时，他还把自己伪装成是在别的城市。德怀尔很惊讶他会对杀害黑人如此执迷，有一阵子富兰克林还说，自己非常讨厌密西西比州，因为那是一个如此“热爱黑人的州”。他也不会开凯迪拉克或林肯车，因为这些都是“黑人的车”。他接着描述了犹太人控制美国政府的阴谋。他唯一不会承认的罪行是弗农·乔丹枪击事件。从这一点上看，我们觉得他可能是因为没有“成功”而感到难过，因为他只是伤了乔丹。他在历史上的地位就是嫌疑人。

第一次审讯之后，他对压力做出的反应就是向他的狱友吐露一切，我想如果我们能在这次采访中对他施加足够的压力，在飞行后的 24 小时内可以从他身上获得更多信息。因此，当专机飞过辨识度极高的犹他州监狱时，联邦调查局探员指出，这就是加里·吉尔摩面对行刑队的地方。尸检显示，四颗子弹粉碎了吉尔摩的心脏。有人指出，如果富兰克林被判有罪并被判处死刑的话，以后那就是执行死刑的地方。事实上，富兰克林在 24 小时内就向盐湖城监狱里的几个人透露了这个消息。

20 世纪 90 年代初，我和肯·贝克在伊利诺伊城马里恩联邦监狱（Marion Federal Penitentiary）采访了富兰克林，这是特勤局以及联邦调查局暗杀联合研究计划的一部分。他被关在监狱的保护室里，因为人们担心一旦他跟普通囚犯关在一起，他很快就会因为他的种族歧视招致杀身之祸。最初，他一点也不活跃而且很少有所反应。他戴着厚厚的眼镜，然后他的眼睛一直在肯和我之间来回游移着，试图读懂我们。过了相当长一段时间，我们才向他说明了我们对他的背景和罪行了解多少，然后他就变得有所反应，人也更活跃了。无论如何，他不是一个超级聪明的人，也不是一个深思熟虑的人，但他愿意合作，善于表达。到了那个时候，我才感觉到他只是想要得到适当的认可，想给我们留下深刻的印象而已。但他从未对自己的行为表示过任何懊悔或悔恨。所有的一切都像是在陈述事实而已。

我们绝不可能理解富兰克林的人生观。但我们欣赏他的坦率和与我们合作的意愿，我们从他身上了解到了很多信息。在我们的采访以及此后的其他材料中，他清晰、直率、勇敢地表达了他许多极不受欢迎的观点。事实上，尽管他似乎非常关心自己的名声，也很关心自己的所作所为，但他似乎完全不关心自己是否“受欢迎”，也不关心别人对他的看法。有趣的是，对于一个惯犯来说，这是相当罕见的。

当我问他弗农·乔丹枪击案的情况时，他只是笑着说：“你觉得呢？我只想说，正义得到了伸张。”那时他还没有承认案子是他做的，但他的自尊心又容不得他否认。

他很乐意对自己犯下的罪行侃侃而谈。他跟我们描述了他在威斯康星州麦迪逊市开车时的情形。当时他觉得有一辆车突然插在了他的前面，于是他就追了上去，看到车上坐着一个年轻的黑人男子和一个年轻的白人女子。富兰克林一下子就被激怒了，于是他一直尾随这辆车来到一个购物中心的停车场。这对情侣发现了他，就下了车，可能是想骂他几句。那时富兰克林就已经动了杀心，于是他们一靠近他，就被击毙了。

他说他经常四处闲逛，四处张望，就像打猎一样。他向我们描述道，一旦他决定要杀人，他就会精心计划，甚至考虑到穿什么样的衣服更合适，以更好地融入他所选择的地点之中去。前一天晚上，他就会把武器藏在那儿，而且小心翼翼地把序列号刮了，因为只要犯罪行为一完成，武器就会被遗弃。在处理潜在证据时他还会戴上手套，把所有证据清理得一干二净。有时他会偷一辆自行车，从犯罪现场骑行到自己的车旁，这样目击者就无法辨认他的车。他有一个警用对讲机，这样他就可以监控警方的通信频道。根据现场情况，他可能会从五金店买一根 18 厘米的钉子，把它扎进电线杆，扎到一半时再用布把它包起来，然后把枪架在上面。就像打猎一样，他想打什么就打什么。如果目标是鹿而不是人，那也没关系。对富兰克林来说，四季皆为狩猎季节。

如果说有什么话题可能拨动富兰克林的心弦的话，我想应该是他的女儿。当我们一提到她的名字，他就变得非常沮丧，因为他的前妻不允许女儿经常和他交流。我们带了相机，他问我们是否可以给他拍几张照片寄给女儿。我们同意了，接着他摆出了一系列武打姿势——全都严肃认真，颇有男子气概。记住，这些照片是给他女儿的，但这也是他想要表现自我的方式。

与阿瑟·布雷默不同，像约瑟夫·保罗·富兰克林这样的人从来没有想过会在杀人时落网。他屡屡作案仍是为了个人满足，为了发泄怒气，为了出名。当这些目标都实现不了时，他就会感到非常沮丧。

CHAPTER VIII

第八章

RANDOM ACTS OF VIOLENCE

随机暴行——利用心理侧写术识别暴力犯

要了解艺术家，就要去研究其艺术作品。

在我的职业生涯之中，我经常引用上述这句话，但是迄今为止，我们说的只是其隐含意思，因为我们是从犯罪分子犯罪前、中、后的行为来分析案情的。现在我们要进入炸弹客的世界，此时这一概念有了更符合其字面含义的意思。

杀害家人的罪犯会让我们洞察其内心世界之构造，同样，炸弹的构造以及炸弹的“送货”方式都是揭开炸弹制造者身份之关键，因为制作炸弹的过程需要小心翼翼、诚惶诚恐、费时费力。当然炸弹制造者也可能毛手毛脚，一不小心就在炸弹上留下了指纹。

举个例子：

1989 年，我所在的部门应邀协查南方发生的邮件炸弹连环爆炸案。当时已经有两人丧生，一人重伤——要知道这一切还是在其中两枚炸弹被及时发现并排爆的情况下发生的。由于爆炸装置是通过邮件寄送的，所以联邦调查局介入了调查。上峰要求我们与多部门联合专案组（联邦调查局、烟酒枪支爆炸物管理局、邮政调查员、四个相关城市的地方警察、美国法警，等等）合作，共同拿出不明嫌疑人的侧写。

第一宗连环爆炸案发生于 1989 年 12 月 16 日（星期六）下午 2 点

钟，时年 58 岁的美国巡回上诉法庭（U. S. Circuit Court of Appeals）法官罗伯特 · S. 万斯（Robert S. Vance）正在厨房拆邮件。他家位于亚拉巴马的伯明翰（Birmingham，Alabama）附近。他年仅 27 岁的妻子海伦（Helen）就在他身边包圣诞礼物，她包累了，正好想休息一下。当天他们收到的那个包裹上的邮寄地址显示：包裹来自于另一个法官。万斯一边拆包裹，一边和海伦打趣说包裹里装的可能是情色杂志，这可是他和他以为的那个寄件人的共同爱好。

但是包裹里装的并不是杂志。海伦坐在餐桌边，离她丈夫大约 1.2 米的距离，但是随之而来的冲击波把她整个人都掀翻到了地上。身受重伤的海伦在医院里躺了整整两个星期，肺和肝都被藏在炸弹里的铁钉的碎片击中了。她的丈夫就没有这么幸运了。炸弹把他的腹部撕裂了。救援到来之前，他已经命丧黄泉。

数小时后，美国法警便收到指令，要求他们提醒只要和司法系统稍微有点沾边的每一个人都要留心任何可疑包裹，一有发现立马就要上报。万斯法官近期并没有受到任何威胁，而且他本人也不是一个有争议的人，他为什么会无端遭来横祸呢？所以，尽管这可能只是一个孤立的、偶然的事件，但是人们怀疑还有很多炸弹即将出现。

在接下来的那个星期一，一个安检人员在用激光扫描亚特兰大第十一巡回上诉法庭（the U. S. Eleventh Circuit Court of Appeals）（万斯法官曾经任职的法庭）邮件时又发现了一枚炸弹。当局的反应堪称英勇：火速疏散整幢楼，把包裹转移出城市心脏地带，排除警报，且未造成一人伤亡。我之所以说“英勇”是因为当局并没有把炸弹放在亚特兰大警察局的排爆桶里一炸了事，相反，来自联邦调查局、警方和烟酒枪支爆炸物管理局的排爆专家冒着个人生命危险，不遗余力地拆除了该爆炸装置，并将其作为物证进行分析。化验室是可以处理大量炸弹碎片，但是如果该“艺术作品”能够保持原样，可以获取的信息就会多得多。

当天下午晚些时候，黑人律师、市议员罗伯特·“罗比”·鲁滨逊（Robert “Robbie” Robinson）在其在萨凡纳（Savannah）市区的办公室拆开了邮件。他并不知道这个用牛皮纸包着，带有红白相间、打印整齐的地址标签，上面贴着图案为飘扬着国旗的约塞米蒂国家公园（Yosemite National Park）邮票的包裹将和另外两个同样外观的包裹一样证明其致命的威力。一阵冲击波过后，这个时年 41 岁的受害者跪倒在了那个曾经摆着大号樱桃木桌之前。他周围的墙上溅满了埋在炸弹里的铁钉的碎屑和他的肉屑。

埃默森·布朗（Emerson Brown）博士是一名验光师，他的办公室就在附近。听到爆炸声之后他飞快地跑去救助鲁滨逊。布朗是一名陆军预备役士兵，接受过野战护理训练，但是当时场面一片混乱，令人窒息：鲁滨逊残存的右臂汩汩地往外流血。右胸已撕裂，大腿上被炸开了一个洞，貌似有一大个大弹片炸穿了他的大腿。显然墙上的残屑中有部分是鲁滨逊的头发和骨头渣。

令人惊叹的是，他不仅依然活着，而且还在挣扎求生，紧急救援人员将他送往医院的途中，他一路惨叫着。他在联邦调查局探员弗朗克·贝内特（Frank Bennett）的陪同下进了急诊手术室，贝内特奉命守在鲁滨逊身边，确保从被害人身上取到的证物被移交，包括在手术室里取下的弹片、鲁滨逊断臂上的碎布片，最后还有受害者的身体。鲁滨逊于当晚 8 点 30 分左右去世，当时离爆炸案发生已将近三个半小时。

同一天，由于一系列日常琐事缠身，有一个潜在的受害者迟迟没有拆开邮件，因此逃过了一劫。有一个包裹送到了全美有色人种协进会杰克逊维尔（Jacksonville）分部。如果不是命运之神垂怜的话，时年 64 岁的分部主席威尔耶·丹尼斯（Willye Dennis）可能就把包裹拆了。参加完一场记者招待会之后，她的车出了故障。因为一时找不到拖车，所以她也没法及时赶回办公室。第二天她在回到办公室之前，一个好友兼全美有色人种协进会的同事给她打了个电话，提醒她说不要轻易打开来历不明的包裹，因为他看到连环爆炸案的相关报道。为了安全起见，丹尼斯联系了当地治安官办公室。

治安官办公室的拆弹专家约翰·谢德安（John Sheddan）与亚特兰大烟酒枪支爆炸物管理局取得了联系，请管理局描述了炸弹的外观。从他所打听到的情况来看，他坚信他们手上的是一枚尚未爆炸的炸弹。好歹第十一巡回法庭的那枚炸弹已经拆除，于是他对如何拆除自己眼前的这枚炸弹已经有了自己的想法，当然，这仍然要冒巨大的风险。

他有把握可以成功拆除这枚炸弹，不仅所有炸弹的外包装是一致的，而且包裹中的爆炸装置都留下了炸弹制造者的“识别标记”，这样可以给他的拆弹稍稍减轻一点压力了。这些都是管状炸弹，但是与大多数探员见过的管状炸弹并不相同。不明嫌疑人处心积虑地用橡皮筋将铁钉绑在了雷管上，其目的在于保证爆炸后会产生大量杀伤性弹片，使破坏力最大化。而且该“艺术家”想尽了一切办法来提升爆炸威力。虽然传统的管状炸弹基本上恰如其名——雷管里装满了炸药，每条雷管尾部都安上了市场上有售的螺帽，但这些管状炸弹中的雷管两端还焊上了铁片。此外，还有一根小铁棍通过小孔插入了铁片中，然后固定好。在“门外汉”看来，这无非就是对管状炸弹的基本设计做一些小小的改装而已，有什么大不了的？但是这些改装可以起到强化炸弹的结构的作用，可以让炸弹在引爆之后延迟数微秒爆炸。如此一来，炸弹威力大增，更加致命，打开包裹的人则会面临更大的危险。

这也会让炸弹的制造过程对于炸弹客来说风险大增。一不小心，在组装的过程之中炸弹就会引爆。如此一来，炸弹制造者也会被列入受害者的行列了，当然这还得看现场附近的证据而定。

我们在讨论“识别标记”元素时，我们指的是炸弹制造者所做的事情不一定是犯罪必需的，但是对他来说是重要的，因为他可以通过这一行为获得情感上的满足。本案的“识别标记”元素包括小心翼翼捆绑在一起的铁钉、条状小铁棍，以及雷管两端加焊的铁片。这些爆炸装置即便没有这些“识别标记”元素也是致命的，但是炸弹客仍想确保万无一失，这对于我们了解罪犯对受害者的气愤程度、憎恶程度和仇恨程度都大有帮助。他的目的不是恐吓他人并做出某种政治声明。他甚至不是想把人炸成轻伤，他想杀人，或者至少致人残疾，摧毁受害者。

我说过，**大多数**涉及本案的、来自联邦调查局、烟酒枪支爆炸物管理局和其他机构的资深探员从来没见过这种管状炸弹。但是人们发现，由于炸弹的设计如此非同寻常、其“识别标记”如此别出心裁，所以这些都向当地一些探员揭示了不明嫌疑人的身份，他们发现这些非同寻常的元素和他们几年前见过的一个爆炸案竟然如此相似。这个爆炸装置给烟酒枪支爆炸物管理局的专家留下了深刻印象，他只要一拍脑袋，随手就可以画出这一爆炸装置的草图。这个伙计可谓阅“弹”无数，但唯独对这种炸弹记忆犹新。草图上的炸弹和眼前的这些炸弹几乎一模一样，所以第一次参加专案组会议的探员在看过当年的爆炸装置的图之后，误以为图中所示就是眼前的炸弹。

早在 1972 年，一个名叫黑兹尔·穆迪（Hazel Moody）的年轻女子在自家看到了一个包裹，打开之后她受了重伤。该包裹的寄件方是一个汽车经销商，该经销商收回了他们夫妇俩买来的、差不多也把贷款全付完的一辆名爵（MG）汽车。她以为包裹里装的是她丈夫买的飞机模型配件，不料竟是危险的爆炸装置。炸弹引爆之后，黑兹尔的头发马上就着火了，结果造成她脸部、脖子、左臂一度、二度烧伤。她的左眼严重受伤，右手全被炸烂了。医生花了很长时间和精力才把她眼中的炸药清理干净。黑兹尔的丈夫——人称罗伊（Roy）的小沃尔特·勒罗伊·穆迪（Walter Leroy Moody Jr.）最终被定了罪，被判入狱五年。刑满释放十多年后，穆迪还在上诉。他最近遭受的一个挫折是：1989 年 6 月，第十一巡回上诉法庭驳回了他的上诉。

现在，到了 1989 年，许多佐治亚州人认为不明嫌疑人一定是穆迪，或者是拜他为师的狱友。但是后一种情况不太可能：制造这种炸弹需要精湛的技巧和制作技艺，而且要深入了解其设计背后的化学和工程学原理，这绝非区区一名小喽啰能够学会的。

同时，这也是涉及此案的许多炸弹专家和侧写员一开始不会相信一种早期的、不正确的但是却一致到令人痛苦的理论。8 月的时候，亚特兰大全美有色人种协进会东南区域办公室发生了一起包裹催泪弹爆炸事件，比近期发生的连环爆炸案早四个月。该装置无迹可循——虽然这枚炸弹并不是致命炸弹，但它和后来的炸弹一样，上面既没有

DNA也没有指纹。爆炸发生之后，几位探员推测：说不定这是某个想让自己的制造炸弹的技艺更加精湛的人的热身活动而已，而且他也想测试一下这个民权团体目标的检测和防御能力。

几乎与此同时，费城、宾夕法尼亚、圣保罗（St. Paul）、明尼苏达（Minnesota）、小石城（Little Rock）、阿肯色（Arkansas）、亚特兰大等地电视台都收到了一封奇怪的来信。这封信的名字叫“宣战”，但是读起来并不像是对全美有色人种协进会发出的挑战书，（选择这样一个时间发送这样一封信纯属巧合吗？）而更像是对第十一巡回法庭发出的挑战书，而美国公众则成了替罪羊。信的作者大肆控诉遭遇的不公，以及“法庭在判案时没有做到不偏不倚、公平公正……存在阶层歧视，而且错误地认为其受害者无法有效地进行报复”。这个人现在显然已经准备报复了，威胁说要在人口密集地区投放毒气，直到“泛滥的恐怖气氛迫使法庭[1]采用一种不偏不倚、公平公正的方式对待所有人，并将其作为重中之重”。

幸运的是，并没有出现催泪弹之类的袭击事件，但是华盛顿各调查部门领导开始关注受害者并决定将重点放在调查一些白人至上论团体。涉案人员及单位包括两个全美有色人种协进会办公室、一位对民权案件（虽然该案并无特别争议之处）做出判决的法官和一个承担过全美有色人种协进会法务工作的黑人律师。有些人因此认为我们所面对的是一个对黑人怀有仇恨的人或团体。

在任何一个像此案一样全国瞩目的案件中——尤其是涉及跨部门、跨辖区的案件——可能会涌现出仇视处决心理，它们会让事情变得更加复杂，本案也并不例外。火上浇油的是，白人至上团体收到了炸弹

1 原文为“addopt”，为错误拼写，应为炸弹制作者笔误。——编者注

客的一些公报，包括寄给杰克逊维尔的包裹炸弹（后被成功拆除）中的信和寄给哥伦比亚广播公司（CBS）亚特兰大分部深受观众喜爱的女主播的信。现在寄送炸弹者自称是美国人争取称职联邦司法系统组织（Americans for a Competent Federal Judicial System）的成员，该组织既公然反对美国法庭系统，也反对黑人领导，恐吓信息大致如下："想活命，你就要采取行动，防止黑人强奸白人女性。"寄给女主播的信更是充斥着种族主义的论调，因为其中提到了一个众所周知的、颇有争议的奸杀案，在该案中一名白人女性遭到了一伙黑人的轮奸。该信要求该女主播播出信件中涉及该组织投诉的部分内容，否则她就会被"暗杀"。

为什么这封信在我们许多人看来并不能马上证明是像其表面所示出自白人至上团体的炸弹制造者之手呢？因为信中提到的奸杀案中的黑人罪犯的指认和逮捕工作发生在全美有色人种协进会亚特兰大办公室最初的催泪弹爆炸事件之后。另外，和大多数敲诈案和恐吓案一样，当你看着这样的公报之时，信中的"我们"其实通常就是"我"。这些罪犯小学成绩单上不会写着："善于与他人合作。"他们十有八九生性孤僻。一个个只会满嘴跑火车的心怀不满的失败者抱成团的时候，他们最擅长的通常就是抱怨连天，但是他们很少会采取行动。爆炸案发生地一些研究专家认为：这些团伙组织性不强，同时他们也不具备实施此类犯罪的能力。更何况，如果他们具有这种能力的话，他们是不会对此保持缄默的。在本案中，没有一个人拍着自己的胸脯，大吹特吹自己所取得的"成就"。很可能本案的凶手是一个对于法院体系怀恨在心的人，他把种族主义当成了一个烟幕弹，躲在背后，不让我们发现其真面目，为自己的行为找一些合理化的理由，甚至想赢得公众的支持，让公众支持其"事业"。

但是，我认为，无论这是不是一个白人至上团体，都不如保持一个开放的心态来得重要。所以，许多时候，我看到调查偏离了方向、抓捕行动和定罪滞后，同时也未能及时阻止进一步犯罪，而原因就在于指挥官一开始视野就不够开阔。还记得吗，我们最初认为亚特兰大儿童杀手是一个白人乡巴佬。

所以，我派比尔·哈格迈尔（Bill Hagmaier）前往亚特兰大，作为现场顾问兼联络员。每隔一段时间，他就会返回匡提科或打电话回来，因为有时不仅仅涉及调查支援科，还会涉及专门负责纵火案和爆炸案的部门。我很感谢戴夫·伊措韦（Dave Icove）和格斯·加里（Gus Gary），他们为破获本案提供了独特的专业技能。格斯也去见了一个地方探员。

根据我们对连环爆炸案的了解及侧写认为炸弹制造者是一个白人男性，年龄在45岁到46岁，可能独自生活工作，虽然他可能也有一个可以吐露心思的密友。不明嫌疑人是一个整洁、干净、自律、注重细节的人，这一点我们从他制造的炸弹中就可以看出。从他写的那些信件的措辞和我们对于一般炸弹客的了解来看，他不是那种敢拿着真刀真枪和别人面对面对峙的人，他看起来可能有点柔弱，或者有些“女性化”。不明嫌疑人受过一些高等教育——甚至学历还更高，他可能会觉得自己怀才不遇。作为一个被社会抛弃的人，我们认为他不可能是白人至上论团体的成员。但是他可能会有自己的理念，他也很希望别人能够了解自己的理念，所以他才发出了种种公告。寄给女主播的信中提到了种族主义犯罪，但是这种做法有点操之过急，似乎他觉得媒体对自己的关注和报道程度还不够，他必须要继续有所作为，才能够赢得公众对其“事业”的支持。为了让侧写更加全面，我们还指出炸弹客有一辆深色的皮卡或四门轿车。

比尔在调查开始两周之后正式提交了这一侧写，作为连环爆炸案跨部门、跨辖区首场会议的议程之一。该次会议在亚特兰大的理查德·罗素联邦大楼（Richard Russell Federal Building）举行。会后，很多人觉得很奇怪，觉得这个侧写诡异得很，居然和罗伊·穆迪（Roy Moody）相符。穆迪 55 岁到 56 岁，为人孤僻，和第二任妻子苏珊（Susan）生活在一起，这个妻子要比他年轻很多。他上过大学，据说当年他一度想当神经外科医生，但由于情况不尽如人意，所以他又去上了法学院。不过，1972 年，他因犯下重罪被定罪之后，他在律师行业就永无出头之日了。他没有稳定的工作，和哪个女人在一起，他就靠那个女人的收入生活，同时他也会想着法子做一点赚钱的营生，他还开过一家邮购公司，但是这家公司一再受到美国邮政的审查。他确实对经商有自己的理念，所以他屡屡上诉，把自己的亲兄弟、前妻以及曾经和他打过交道的银行都告上了法庭。据说他是一个危险分子。1983 年，他被指控有谋杀员工之嫌（未遂），他事先还给这些人购买了“企业主管人员保险”。[1] 后来由于陪审团一直议而不决，所以撤诉了。1989 年，随着探员们开始走访过去几年和他打过交道的人，探员发现很多受访者都提出，前提是不能向穆迪透露他们的居住地，也不能提及官方找过他们，他们担心这样会招致穆迪的法律报复和人身报复。

所以，穆迪的“识别标记”马上让当地警方将他锁定为嫌疑人，有了我们的犯罪心理侧写，他们更是坚定了自己的怀疑。在提审和起诉策略方面，我们也提供了一些帮助，此人终于被捉拿归案。事情到此就结束了，对吗？远远没有。不幸的是，刑事侦查工作很少会如此

1 “企业主管人员保险”（Key Man Insurance），就是一种针对企业体为对抗因所属高级主管的死亡或残疾而无法处理公务所造成公司财务损失所投保的保险。——译者注

简单、如此直截了当，本案也并不例外。在接下来的一年中，执法人员收集了大量指向穆迪的间接证据，比如，有目击证人看到他在商店购买制作炸弹所需的材料。至于动机问题，他反复强调自己对法庭积怨很深，尤其是第十一法庭最近驳回了他的上诉。但是这些细节没能拼凑在一起，直至他年轻的妻子苏珊·麦克布赖德·穆迪（Susan McBride Moody）觉得足够安全了（自然是免受穆迪的伤害）说出了她所知道的一切。

苏珊在爆炸案发生时年纪比丈夫小一半，她被诊断为患有“受虐妇女综合征”（Battered Woman Syndrome），警方和她达成了一个交易，只要她能够指证自己的丈夫，警方就会撤销对她的指控（包括妨碍司法公正、藐视法庭）。所以，她除了告诉法庭他是怎么打她、怎么控制她、怎么不让她与家人见面的（反正有控制欲的罪犯会对言听计从的受害者所做的所有的一切典型行为他都做过）之外，她还指认说他会接连几个小时把自己一个人关在一间卧室里，瞒着她不知道在屋子里干什么，还差遣她去买致命炸弹中的各种配件。他告诉她在买东西的时候要懂得自我伪装，要戴手套，还得用假名，要开车去离家很远的商店。她提到自己帮他寄了一些东西，不过这些东西她看都没看。她也告诉警方，她曾经听到那间压根就不让她进去的屋子里传出了一声爆炸声，同样他也是在那间屋子里做化学项目，不过他后来放弃了该项目。（可能这就是为什么恐吓信中所说的毒气袭击没有真正实施的原因。）她还描述说她的丈夫在 1989 年 12 月曾经重新装修过那个房间，把旧地毯拆除了，木地板和地毯也全都换了，还重新粉刷了墙面。她的证词好比是一个充满各种细节的宝藏。

审判穆迪的故事和他的背景一样，也是迷雾重重，过程也是一波三折，他一会儿要自行辩护，一会儿又推翻了自己的辩护，他拒绝考虑以患有精神病作为辩护理由。我的同事帕克·迪茨曾多次采访他，诊断他患有偏执型人格障碍，但没有将其归为有认知错觉的一类人。或者，正如一个分析过他的心理学家所言：“穆迪先生并不是那种会说法官长着两个脑袋的人。他是那种会说法官是想方设法想抓住他的人。”

1997年2月，穆迪因谋杀万斯法官在亚拉巴马被判处电刑。此前因为与连环爆炸案相关的联邦罪行，他已经坐了七年牢。

小沃尔特·勒罗伊·穆迪的故事很好地说明了“艺术家”也会毁在自己的“艺术作品”手中。我们可以从炸弹客的装置设计、“送货”方式、信件写法、媒体攻略、受害人选择等看出他很聪明，而且他的动机是仇恨。随着我们对穆迪了解的逐渐深入，我们看到我们所做的评估一一被证实了。

穆迪的智商据估计在130左右，律师和法官发现其辩护词确实很能打动人；很显然，他也会设计和制造一大堆爆炸装置。但他并不是主控人、支配者、控制者、诉讼律师或者是他所相信的炸弹制造者。毕竟，最后他之所以玩完是因为他失控了——控制卑躬屈膝的妻子、控制他坚持要用的法庭策略，最终控制自己的炸弹装置。

像纵火犯和某些类型的杀手一样，炸弹客其实是懦夫。他们喜欢在避免直接冲突的情况之下造成破坏。不仅受害者完全是随机的，而且他们与罪犯之间完全没有任何直接联系。在许多案件之中，罪犯从来没有把自己置于危险的境地。如果说他们真的冒了什么风险的话，那通常是在组装某种内在不稳定的装置的过程之中；细节可能成为一种“识别标记”元素，我们上文看到过的穆迪就是如此。但是，虽然他们全部都是懦夫，但是就是在这种卑鄙的下三烂之中还有一些重要的区别和差异。

蒂莫西·J. 麦克维（Timothy J. McVeigh），27 岁，因制造了默拉大楼（Murrah Building）爆炸案，在定罪后被判处死刑。他就是那种最为基础的、最直接的罪犯。

他的动机很强烈——苦大仇深，大到引爆了一个他明知会炸死、炸残很多人的炸弹。他犯罪技巧不强，犯罪手法不精。爆炸发生一个半小时之后，他在 120 公里外的俄克拉何马城比灵斯（Billings）束手就擒。有一个州骑警把他拦了下来，因为他所驾驶的破旧不堪的 1997 年款水星车（1997 Mercury），连个车牌都没有。骑警从车窗往里一看就发现了一把枪，旋即骑警就把他逮捕了，然后把他押解到俄克拉何马佩里（Perry）监狱。这就好比银行劫匪开车逃窜时在街角就被拦了下来，因为他挨着其他车并排停放，想走都走不了。

记住，当时人们普遍认为该案幕后凶手是一个外国恐怖集团，所以，麦克维并不是他们所寻找的侧写对象。只有那些最有才华且经验最为丰富的观察者，和反恐专家小路易斯·R. 米泽尔（Louis R. Mizell Jr.）一样优秀的人才会马上明白那个日子的重要意义：爱国者日（Patriots Day）[独立战争中的康科德之战（the Revolutionary War Battle of Concord）周年纪念日，这是民兵运动爱好者非常珍视的一个纪念日] 以及大卫教派（Branch Davidian）在得克萨斯韦科（Waco）纵火自焚的两周年纪念日。同时，联邦调查局从毁坏的赖德（Ryder）汽车租赁公司的卡车残骸中找到了车辆识别号，该卡车曾用于运送炸弹，警方顺藤摸瓜找到了租车公司的地址。那里的文员描述了租车人的特点，联邦调查局探员根据描述勾勒出了嫌疑人的侧写，然后将侧写分发给整个地区。枢纽城（Junction City）梦境汽车旅馆（Dreamland Motel）老板对侧写进行了识别，并给探员提供了一个名字——麦克维。探员们将名字输入国家犯罪信息（National Crime Information）系统之中检索之后发现麦克维当时因为无关罪名被关押在佩里监狱，但很快就要出狱了。警方在对麦克维的衣服进行检查之后，发现他的衬衣上有导火索残留物。

那么，此人究竟是何方神圣呢？他为什么要引爆炸弹呢？这显然是饱受折磨、悲痛欲绝、怒火中烧的数千名幸存者、他们的家人与朋友要求知道的真相。于是又回到了我们的老问题：什么样的人才会做出这样的事情来呢？

蒂莫西·麦克维的背景会让我们回想起奥斯瓦尔德、惠特曼、富兰克林等杀手，通过对其一生的了解，我们也会洞悉其动机。他出生于 1968 年 4 月 23 日。上面有一个姐姐，下面有一个妹妹。他在纽约州彭德尔顿（Pendleton）一个全部是白人的社区长大，该社区位于纽约州角落的布法罗—尼亚加拉瀑布（Buffalo–Niagara Falls）地区。麦克维的父亲比尔（Bill）在一家专门为通用汽车公司制造加热和空调系统的工厂工作，他喜欢打保龄球和做园艺。《达拉斯晨报》报道称，直到麦克维因爆炸案被捕的时候，人们才知道比尔还有一个儿子。比尔是一个非常好的人，但他对自己的孩子们闭口不谈。

这篇报道还提及，联邦调查局探员在搜查比尔在彭德尔顿的家，寻找潜在的证据时，比尔坐在起居室里安安静静地看着一本保龄球杂志。

1978 年，在麦克维 10 岁，他的姐姐帕特里夏（Patricia）12 岁，妹妹珍妮弗（Jennifer）4 岁的时候，他们的母亲米尔德丽德（Mildred）离开了这个家庭，她显然是因为厌倦了与比尔在一起的生活。两年之后，她带着珍妮弗搬到了得克萨斯。帕特里夏承担起了大部分照看弟弟的责任，麦克维从此也对母亲恨之入骨。几年后，他应征入伍（陆军），他称自己的母亲是“那个一无是处的婊子”，他的一个战友想起他曾经说过这样的话。

麦克维个子小小的，骨瘦如柴，他是一个彬彬有礼的孩子，但是很少和别人说话。没有人认为他在中学时代谈过女朋友。他当时的很多同学和老师根本想不起来有这么一个人。其实这种人通常就是这样的。他已经符合那种愤怒的、偏执的犯罪心理侧写了：反社会、反性爱、家庭破裂、一无所成、各种障碍无所不在，而且只要有人忽视了他，他就有一种报复的念头，他也希望有朝一日能够“证明”自己。

1986 年，他从纽约洛克波特（Lockport）星点中央高中（Star Point Central High School）毕业的那个月，他的父母终于离了婚。此后，麦克维还是和父亲生活在一起，他考上了尼亚加拉社区学院（Niagara Community College），但是他在这个学院只上了几周——其实他诸事不顺，这只是其中最早发生的一个例子罢了。他在当地的汉堡王找到了一份工作，第二年他考取了持枪证，然后去了布法罗（Buffalo），在那里他找到了一份押运车保安的工作。他对枪支的兴趣与日俱增，只要有钱他就买买买，他收集到的枪支也越来越多。

1988 年，麦克维入伍了，他生平第一次找到了家的感觉。他喜欢军规军纪，喜欢井井有条的感觉，也喜欢军事技巧课，当然还有枪支。他的梦想是成为特种部队的一员。在佐治亚州的本宁堡（Fort Benning）参加基础训练时，他遇到了两个人，这两个人未来在他的生活中和实施犯罪的过程当中都起到了关键作用：特里・尼科尔斯（Terry Nichols）和迈克尔・福捷（Michael Fortier），这两个人都参与了爆炸案的密谋。尼科尔斯也性格孤僻，自幼就情感匮乏。他和麦克维惺惺相惜，都因彼此的障碍而互相怜悯。

在接受了基础训练之后，该部队并入了陆军第一步兵师（Army's First Infantry Division）[又称“大红一师”（“The Big Red One”）]。该师驻扎在堪萨斯（Kansas）赖利堡（Fort Riley）。麦克维被分配到一辆布拉德利战车（Bradley Fighting Vehicle）上担任炮手。奇怪的是，那里也没有一个人记得麦克维有交过任何女朋友，也很少有人记得他曾经大笑过或微笑过，这个特点在偏执狂身上非常典型。

1990 年年底，麦克维入选了特种部队选拔项目，但是，在 1991 年 1 月的时候，陆军第一步兵师被运送到了波斯湾（Persian Gulf）参加沙漠风暴行动（Desert Storm）。麦克维随军参战，表现优异，获得了铜星勋章（Bronze Star）。他只要身处中规中矩的环境之中且有人欣赏他的所作所为，就会相对稳定。这就好比我们看到的这样一种现象，许多罪犯就是要在一种规规矩矩的牢房中服刑“改造”。在我看来，麦克维很可能是一个模范犯人，原因同上。

他于 3 月离开了波斯湾，参加了北卡罗来纳（North Carolina）的布拉格堡（Fort Bragg）的又一次选拔，看看可否加入特种部队。他通过了所有的智商测试和能力测试，但是在经过几轮艰苦的行军和演习之后，他没几天就退出了，他说自己在体能上还没有做好准备。由于没有实现成为绿色贝雷帽[1]（Green Beret）的一员这一梦想，麦克维可能觉得自己已经和特种部队无缘了；他个性的另一个方面——被剥夺了正常权利、孤僻、偏执的一面——现在终于可以自由放飞了。正所谓“此处不留爷，自有留爷处”。

在前往波斯湾之前，麦克维重新燃起了生活的激情，但是在特种部队梦破灭之后，他似乎对军旅生涯失去了兴趣。1991 年秋天，在 24 岁那年，他接受了陆军部队的建议，提前退了役。尼科尔斯因为吃不了苦也退了役，他的妻子又和他离了婚，留下一个 7 岁的孩子乔希

1　绿色贝雷帽是美国陆军的一支特种部队。——编者注

（Josh）由他抚养，这个情景和麦克维童年时代的遭遇如出一辙。麦克维搬到了父亲家，找了一份保安的工作。他在尼亚加拉瀑布会议中心（Niagara Falls Convention Center）的上司称，她只能分配他看守后门，因为他在待人接物方面能力实在低下。

麦克维开始写投诉信给当地的报纸，信中他怒气冲冲地抱怨种族关系、税收、枪支管制、犯罪问题和政府腐败。没有了军旅生涯那种种规矩的约束，他必须找到另一个团体，一个能够给予他规矩和组织的团体，或者转而采用个人僵化的个性以实现自我管理。过了一段时间之后，这种僵化的个性就让他觉得筋疲力尽了。

1993 年 1 月，麦克维离开了家，开始在全美各地流浪，他所有的家当都塞进了他的那辆旧车里。他在其战友迈克尔·福捷在亚利桑那州（Arizona）金曼（Kingman）的家中小住了一阵。他更多的时间和特里·尼科尔斯和其弟弟詹姆斯（James）待在詹姆斯在密歇根德克（Decker）的农场。尽管他有极右的、生存第一主义（survivalist-oriented）政治观，麦克维除了是美国全国步枪协会（National Rifle Association）和共和党的正式成员之外，没有再加入其他团体了，我们原以为像他这样的偏执狂可能还会成为其他组织的正式成员。麦克维对于枪支杂志的痴迷程度堪比系列奸杀杀手对性虐待狂与受虐狂色情资料的痴迷程度。

根据公开发表的报道，他最喜欢的电影是《红色黎明》（*Red Dawn*），这是一部 1984 年的电影，导演是约翰·米利厄斯（John Milius），主演是帕特里克·斯韦兹（Patrick Swayze）和查利·希恩（Charlie Sheen），说的是一个小镇上的一群高中生变身游击队员，反抗入侵者占领其社区的故事。像麦克维这样的人在一段时间内可能会"夸夸其谈"聊以自慰，但是到了二十八九岁的时候，我们注意到，他们就会望着镜子里的自己，意识到自己恐怕已经无法一夜成名了。这时候我们就应该有所担忧了：他们开始想象成为《第一滴血》（*First Blood*）中的主角兰博（Rambo）的情景。麦克维身穿迷彩服，脚蹬黑色作战靴。他退出了美国全国步枪协会，因为他觉得该协会不能坚决抵制对攻击性武器的禁令。他警告过妹妹珍妮弗——她和弟弟有很多相同的观点——联邦调查局正在窃听他们的电话，而且告诉其他人陆军偷偷地在他的屁股上植入了一个电脑芯片，这样他们才能将他牢牢地控制在手里。

1993 年 3 月，麦克维在政府与自称是先知的大卫・科列什[1]（David Koresh）的团伙对峙之际来到了韦科。但是到了韦科之后，一个大学新闻学专业的学生采访了他并给他拍了照，日后这个学生走上了从事广播新闻学的职业道路。照片显示，他在叫卖保险杠贴纸，上面的标语是“让害怕你的枪的政府害怕”“禁枪——让政府轻易占领街道”“有枪是公民，没枪是靶子”。

现在看来，韦科是引发麦克维走上疯狂之路的触发点，也是他疯狂的原因和借口，他借此发泄了怒气和沮丧的情绪。他全力出击，向自己真正的敌人发起猛攻。他犯下了暴力行径，却栽赃他人。其他人在默认之余向他发起了挑衅。韦科是一面旗帜，在这面旗帜之下，他希望能够号召他人追随自己。

当年 9 月，在他经常参加的一个枪展上，有一个探员听到麦克维告诉别人，可以把信号枪改装之后“击落烟酒枪支爆炸物管理局的直升机”。最早向科列什的据点发起攻击的就是烟酒枪支爆炸物管理局。麦克维对联邦调查局以及《布雷迪枪支管制法》（Brady gun control act）

1 科列什是大卫教派的主要领导人之一。——编者注的通过原本已经极为恼火。因为在 1992 年 8 月爱达荷（Idaho）红宝石山脊（Ruby Ridge）的对峙之中，联邦调查局射杀了白人分裂主义的代表人物兰迪·韦弗（Randy Weaver）的妻子维基（Vicki）和儿子塞缪尔（Samuel）。1994 年 8 月，当国会通过了《综合罪行法案》（Omnibus Crime Bill），认定 19 种攻击性武器不合法，麦克维担心新的世界秩序会越来越让人无法接受。

就是在那个时候，麦克维和特里·尼科尔斯开始实施计划，并准备按书中的模板制造一个大炸弹。他们用硝酸铵和一种以粪便为基础的化肥作为关键成分，就能够造出又大又简单，而且成本低廉的炸弹，真是物超所值——足以摧毁书中的那种建筑的炸弹。和其他炸弹客不同的是，他们认为爆炸装置本身并不重要。唯一重要的事情是“使命”。

要知道麦克维和尼科尔斯并不是没事找事。促使他们采取行动的事件（如红宝石山脊事件、韦科事件、《布雷迪枪支管制法》以及昭示新世界秩序来临的种种迹象）也为全国各地风起云涌的武装运动、生存第一主义运动起到了煽风点火的作用。比如密歇根民兵组织（Michigan Militia）就是其中一个组织较为严密的团体，他们分发了目录，其中有一些信息是关于创立准军事化团体、生存技巧和如何获取武器等。

但是，在此我们要对夸夸其谈者和付诸实践者做一个区分。在麦克维案的审理中，他妹妹作证称，在爆炸案发生前 5 个月，哥哥告诉她，他不再处于“宣传阶段”了，他已经进入“行动阶段”。我们在约瑟夫·保罗·富兰克林身上看到了同样的行为，他根本就受不了那些只会高谈阔论的持白人至上观的种族主义者，他已经做好准备，随时都要采取行动。

在这两个案件中，你看到的是这样一种罪犯，他因为其他人的高谈阔论被点燃了热情，现在他准备加入到星期天的那场盛大活动中去了。接着他意识到，原来所有人都只会高谈阔论；星期天并没有什么大事件。好吧，既然无法集体成就这项事业，那他只好单枪匹马去做了，同时也好给自己赢得个名声。所以我们就看到了一个和曼森家族类似的现象。查尔斯·曼森对其跟班天天扯各种废话，而且鼓吹什么战争即将来临。但是在采访他之后，我坚信，他就是那种只要有观众就会一直夸夸其谈的人。当其追随者特克斯·沃森（Tex Watson）决定要将他的那番胡言乱语付诸实践的时候，他的那些狗屁东西真的就炸开了花。正是出于同样的想法我们才得出了以下的结论，即 1989 年的邮件炸弹事件并不是由这些团体制造的。

随着爆炸计划越来越成型，蒂莫西·麦克维整天就独自一人坐在他在金曼的房间里，百叶窗全都拉上了，尼科尔斯和福捷开始退缩了。但是麦克维坚持要推进计划。最后他于 4 月 12 日离开了汽车旅馆，此前他已经从“真划算”（True Value）五金店购买了两大袋硝酸铵化肥，每袋 45 斤，用来做实验。在复活节的那个周末，即 4 月 16 日，他和尼科尔斯去了一趟目标地点，对那里进行了踩点。但是尼科尔斯生性胆小，他只是一个跟班，不敢再继续了。然而，此时一切都阻止不了麦克维了。4 月 17 日，麦克维用假名租了一辆车，因为他压根就没想过要归还车辆。他在堪萨斯租的这辆车是长 6 米的赖德车，载重达 2268 公斤。他是在堪萨斯的麦克弗森（McPherson）买的化肥。4 月 19 日，他把这辆车停在了默拉联邦大楼前，然后引爆了炸弹。他在车上留了一张便条说蓄电池坏了，所以警察没有把车拖走。和他心目中那个虚构的厄尔·特纳一样，死伤多少人他都不在乎。事实上，我们其他人并不愿意看到有人伤亡，因为他的行动，有些孩子可能因此永远都不会长大，有的孩子则永远失去了自己的父母。但是这一切和他毫无关系。事实上，以上所有这一切和他毫无关系。

被捕的时候，他称自己是战犯。他压根儿就不想为自己的所作所为承担责任。

如果蒂莫西·麦克维没有把自己送到警察手中的话，要破这个案显然要难得多。但是，这就好比设想如果穆迪设计了一款和 1972 年的炸弹截然不同的装置，那结果会怎么样呢？在这两起案件中，开始的时候我们仍然要根据目标的重要性、爆炸装置的类型、爆炸者显然想或试图逃脱惩罚，而不想和受害者们一起葬身火海这些特点找到侧写的着手点。另外还有麦克维选择的这个日子。接着，只有一点或几乎没有制造炸弹的经验的人在实施真正的犯罪之前都要测试一下自己的装置，所以必须找个地方测试。测试一般选择在郊区，但一般说来总有个别人会注意到这个事情。

在调查爆炸案时，我们一般会考虑三个基本因素：炸弹客的动机、凶手的性格特点以及犯罪分析。

炸弹客的动机与人类一系列负面冲动有关。和纵火犯一样，权力是一大动机。我们见到过严格意义上的以使命为导向的人，他会因为制造和设置炸弹而激动不已，然后他还会寻找某种高尚的事业作为借口。我也见过技师式的罪犯，他们会因为设计之精美而得意扬扬，还有以谋财为动机的，包括敲诈者或旨在谋财的炸弹客。还有一些人因为政治纷争、宗教纷争、种族纷争和劳工纠纷而卷入了爆炸案，和纵火案如出一辙。还有一些罪犯为了报复而制造了爆炸案。还有一些人制作炸弹的原因是想以一种轰轰烈烈的方式结束自己的生命。当然，还有一些人制造炸弹的动机是综合的。蒂莫西·麦克维很显然是属于那种权力性、使命导向型、政治型和报复型的类别。和我们所讨论过的其他犯罪类型一样，从根本上来说，我们想知道的是**为什么**要制造、投放和引爆炸弹。

炸弹客的个人性格和特点往往需要通过推断才能得知，因为爆炸案通常没有目击证人，炸弹客和受害者往往很少有联系，或者并没有直接联系。但是从我们的研究和采访来看，我们一开始会做一些基本的假设，然后随着事态的发展或调查的深入，我们会做一些微调。炸弹客一般是白人、男性，智商达平均水平或高于平均水平（这是他与杀手之间的重要区别之一）；他成绩较差但是在密谋与计划方面一丝不苟；他很怯懦（甚至比杀手还怯懦），不敢与人面对面，也不具备运动技能，他往往性格孤僻，自认为人格方面不够健全或者社交能力方面有所欠缺。

如果我们认真研究一下麦克维这样的人，我们就会发现这个侧写和他相当适合。虽然麦克维在年轻的时候和参军时也称得上是运动健将，但是在过去的几年当中，他的军事素质有所下降。而且，虽然有好几次，他的火暴脾气确实有失控的感觉，但是他一离开陆军部队之后，就变得十分孤僻了。所以，我们看到，随着他距离亲手制造炸弹越来越近的时候，他与我们的既定的侧写也越来越贴近了。

最后一个重要的调查考量是罪案分析，这包括对于爆炸装置本身的分析。罪犯有什么样的专业知识？参加过什么培训呢？有无独一无二的因素、工艺或设计元素？这是一个定时炸弹、遥控炸弹，还是陷阱炸弹？我们把该装置与罪案联系在一起时，在你看来，制造炸弹者和炸弹设置者是同样一个人，还是两个或更多人合谋的结果？通过对爆炸装置进行评估，我们会对此做出确定。举个例子来说，不明嫌疑人到底仅仅是一个童年时代喜欢玩火的少年，还是一个有爆破经验的成年人，抑或是一个纯粹的“怪人”呢？

受害者呢？受害者是受到池鱼之殃的，还是目标指向明确？是随机的，还是可以预见的？在这个特定的时间、在这个特定的地方，受害者面临的风险因素是什么？不明嫌疑人在制造或投放炸弹的过程中究竟会面临多大的风险？对比一下组装炸弹的穆迪和载着一大卡车粪便的麦克维，哪一个面临的风险更大？

目标建筑交通便利，还是地处偏僻？它是个人所有、社区所有、公司所有，还是政府所有的？炸弹是在一天中的特定时间引爆的吗？他们知道引爆时现场是否有受害者？这是一个单一的事件，还是一系列事件之一？

所有这些问题都可以帮助我们确定是**谁**做的？**为什么？**

1955 年 11 月 1 日，美联航 629 航班 DC-6B 飞机在飞往俄勒冈波特兰的途中，在万里无云的科罗拉多上空爆炸了，此时距离飞机飞离丹佛斯泰普尔顿机场（Stapleton Airport）仅 11 分钟，全机 39 名乘客、5 名机组成员全部殒命。据我们所知，当时航空恐怖主义还闻所未闻，所以美国联邦航空管理局（Federal Aviation Administration）和联邦调查局探员认为现在只剩下三个可能的原因了：机械故障、飞行员失误、人为破坏，虽然此前美国民航飞机从未遭遇过人为破坏。

在仍然浓烟滚滚的坠机现场，探员们发现了可以证实其最担心的场景的证据：小小的金属碎片中含有碳酸钠，还有镍、硫等炸弹爆炸后的痕迹。实验分析也发现了二氧化锰的痕迹，它来自用于引爆炸弹的电池。这是联邦调查局化验科第一次用残留物来鉴定爆炸物。

探员们梳理了乘客名单，寻找动机。其中一个乘客，戴西埃·金（Daisie King）为本次旅行购买了价值 3.7 万美元的旅行保险，这笔保险被她 23 岁的儿子取走了，而且正是她儿子在丹佛把她送上了飞机。约翰（又名杰克）· 吉尔伯特 · 格雷厄姆［John（known as Jack）Gilbert

Graham］表明自己是受益人。当联邦调查局探员在搜查格雷厄姆家时，他们在一件衬衣的口袋里发现了一截铜线，外面包着黄色的绝缘体，和他们在坠机现场的炸弹引信上发现的电线是一样的。一名店员也回忆起曾把甘油炸药和起爆雷管卖给他，而且他的妻子格洛丽亚（Gloria）记得他曾把一个小小的包装好的礼物装进他母亲的行李之中，说是等打开行李时她就会看到这个礼物。

格雷厄姆认了罪，但后来否认了自己的认罪。他被判一级谋杀，在坠机事件发生后 14 个月，他在科罗拉多州立监狱（Colorado State Penitentiary）被处以死刑。

这是第一起此类案件，但遗憾的是这并不是最后一起此类案件。检方所说的动机，陪审团所采信的动机是直截了当的：贪婪。从根本上来说，这是一种以谋财为动力的犯罪。但是事后人们发现，或者这也是一桩混合动机案件。因为在格雷厄姆被执行死刑之后，曾经给他看过精神病的科罗拉多精神病院（Colorado Psychopathic Hospital）的医生们揭示了格雷厄姆杀死他母亲是为了仇恨，而其他乘客的死成了他领取保险金的理由。

格雷厄姆的父亲在杰克还是一个孩子的时候就死了。戴西埃改嫁后并没有把杰克带上，并没有让他走进自己的新生活和新情感之中。相反，她把杰克送到了丹佛的一个慈善孤儿院——克莱顿男子学院（Clayton College for Boys）。杰克一直都没有走出这段被遗弃的经历。在她的第二任丈夫死后，据说戴西埃对自己的儿子的态度更是飞扬跋扈了。在发生爆炸案的那个月，他告诉母亲他想让母亲陪自己和妻子以及两个孩子一起过感恩节。母亲却说她要去阿拉斯加（Alaska）。这最后一次的拒绝象征着对于杰克来说他的母亲早已形同陌路。他觉得自己已经受够了。

在整整十多年的时间里，那个美国的头号通缉犯、连环杀手是一个受害者正眼都不瞧的人，无论这个人是死是活，都是如此神秘，如此行踪莫测，所以，人们只知道联邦调查局给他的一个案件代码：大学炸弹客事件，因为他早期制造爆炸案的目标是大学和航空公司。和蒂莫西·麦克维及其同伙制造的大型的、粗暴型的爆炸案以及穆迪制造的零星但几乎同时爆炸的爆炸案不同的是，此人制造的爆炸案在空间上距离很远；这个人会等待，会长时间地采取行动。他有更加具体的导向。他很聪明，他极其残忍，他的动机笼罩着一层层迷雾。

那是在 1980 年的春天，在连续发生了四起爆炸案之后，我应邀参加该案件的侦破工作。汤姆·巴雷特（Tom Barrett）是底特律的一名新探员，现在在芝加哥外勤处（Chicago Field Office）工作，他往匡提科打了电话找我。“在森林湖（Lake Forest）发生了一起爆炸案。”他解释道“那是 6 月 10 日发生的事情。美联航主席珀西·伍德（Percy Wood）打开一个寄给自己的邮件之后受了伤。”汤姆有充分的理由相信这不是第一起爆炸事件，而是一宗连环爆炸案中的第四起。

我问该航空公司是否有收到恐吓信之类的东西。

“没有。”汤姆答道，“也没人提出要赎金之类的东西。没有显而易见的动机。我知道您在与性有关的凶杀案方面做了大量的工作和研究，而且精通凶手心理侧写。您觉得这会是一个什么类型的人呢？”

根据当时的研究，我已经在心中把纵火犯和杀手联系在了一起，而且很快，我又要进入产品投毒这个领域了。由于爆炸也是一种和受害者没有直接联系的犯罪行为，所以我觉得我们很可能会在这个领域也取得很大的进展。

还有另外一个考虑，至少在潜意识方面我是这样想的。虽然我们并没有就相关主题做很多工作，但正是连环爆炸案间接促使我们在联邦调查局内部成立了犯罪心理侧写这一个学科。从20世纪40年代末直到20世纪50年代中期，纽约市的公共建筑已经发生了30多起爆炸案，包括纽约中央车站（Grand Central）、宾夕法尼亚车站（Pennsylvania Station）、纽约无线城音乐厅（Radio City Music Hall）。作为一个在布鲁克林区长大的孩子，我很清楚地记得当时的报纸称炸弹客是“疯狂炸弹客”。

由于一时茫然失措，所以1957年警察只得到格林威治村（Greenwich Village）找一个叫詹姆斯·A. 布鲁塞尔（James A. Brussel）的精神病医生请教。布鲁塞尔医生在研究了爆炸现场的照片，分析了炸弹客写给报社的恐吓信之后得出了几个结论，在现在看来这些结论平平无奇、直截了当，但在当时看来可谓是行为科学上的巨大突破。布鲁塞尔得出结论称：不明嫌疑人是一个偏执狂，他憎恨自己的父亲，痴迷于自己的母亲，他是一个怨气冲天的员工或者是城市公共水电公司——爱迪生联合电气公司（Consolidated Edison）的前员工，他写下的那些尖酸刻薄的话大多针对这样一个目标。他还得出结论称：疯狂的炸弹客住在康涅狄格州，他有严重的心脏病。他给警方最后的建议是：“去找一个大块头、中年、出生在国外、是罗马天主教徒、单身、和兄弟或姐妹生活在一起的人。你找到他的时候，他穿着一件双排纽扣西装、扣着扣子。”这段话现在早已闻名遐迩。

在查阅爱迪生联合电气公司卷帙浩繁的档案资料时，探员们偶然发现了乔治·梅特斯凯（George Metesky）这个名字。梅特斯凯认为自己可以向公司索赔工伤赔偿，但是医生的观点和他不同，医生们认为他的伤并不是永久性的。不管怎么说，当警察去找这个单身的、中年的、出生在国外、天主教徒，患有心脏病，住在康涅狄格沃特伯里

（Waterbury），和两个未婚的姐姐生活在一起的大块头时，他们发现他穿着睡衣。他们让他把衣服穿好，几分钟之后，他再度出现时穿的是双排纽扣的西装，当然扣子全都扣着。

霍华德·特坦恩（Howard Teten）是联邦调查局国家学院行为科学领域最早的教员之一，他找到了布鲁塞尔医生，并将其原则用于破案，当然只是非正式尝试而已。这正是连环杀手和我进入故事的缘起。

回首过去，这或许和我为什么告诉我的老朋友汤姆·巴雷特手上的这起爆炸案或许我们真的会帮得上忙的原因。

我们可以从很多角度来讲述大学炸弹客事件，其中有许多有趣的细节散见于汗牛充栋的书籍当中。我们可以轻易地从专案组的视角或者是主体的视角来呈现这个故事。但是从剖析动机的角度来看，我认为处理本案最明了、最简短的方式是我们在匡提科的处理方式——随着系列事件的演进，我们对其的了解、理解和阐释能力都会有一个大飞跃。最终，其他人才逐渐参与进来，我的部门如此，专案组也是如此，他们会增加一些最新的分析。但是我仍然继续提供咨询服务，我继续对该案保持着浓厚的兴趣，直到我离开联邦调查局为止，那时大学炸弹客事件的嫌疑人仍然是一个危险的不明嫌疑人。

巴雷特给我的卷宗显示：美联航主席珀西·A. 伍德在打开寄至其家中的包裹时，手上、脸上、大腿上均受了伤。除了炸弹之外，包裹中还有一本小说——《冰兄弟》（*Ice Brothers*）。

我试着把该案的信息和最初的三起罪案并案侦破。第一起罪案发生于 1978 年 5 月 26 日，地点在西北大学（Northwestern University），该大学位于芝加哥北郊的埃文斯顿（Evanston），该案迷雾重重。有一个包裹是寄给纽约特洛伊（Troy）伦塞勒理工大学（Rensselaer Polytechnic Institute）的一名工程学教授的，人们在爆炸案发生前一天，在芝加哥的伊利诺伊大学（University of Illinois）工程系的停车场发现了该包裹。然后人们就根据寄件人地址中的人名，把包裹转交给了西北理工学院（Northwestern's Technological Institute）的巴克利·克里斯特（Buckley Crist）教授。克里斯特说自己并没有寄过这个包裹，所以就把包裹交给了校警。校警打开后，包裹就炸了。校警特里·马克（Terry Marker）受了轻伤。该爆炸装置是一个管状炸弹，是由火柴头制作的，装在一个雕刻而成的木盒子里。我们认为克里斯特教授是凶手的目标。这一下子就让我们对这个不明嫌疑人肃然起敬，他着实聪明，用了这么一种"两度折返"的方式来寄送包裹。另外，我们也在想，是什么使得有人对这个卓越的学者起了杀心，想把他炸飞呢？据我们所知，该学者并没有已知的敌人。

第二起案件中的炸弹更加直接：一个用胶带绑着的雪茄盒，就放在西北理工学院二楼的研究室之间的一张桌子上。一个土木工程专业的研究生约翰·G. 哈里斯（John G. Harris）打开了这个盒子。盒子炸了，他受了点轻伤：小割伤、小烧伤。从爆炸残留来看，这是一个由火柴头、电线和手电筒电池做成的炸弹——这又是一个简单的土炸弹。但是，这一次并无证据表明该炸弹客心中有一个具体的目标。

第三起案件的目标发生了转移。1979 年 11 月 15 日，美国航空公司（American Airlines）直飞芝加哥至华盛顿特区航段的 444 次航班因机舱冒烟，不得不在弗吉尼亚杜勒斯国际机场（Dulles International Airport）迫降。这架波音 727 飞机上有 12 名乘客因为吸入烟雾被送诊。从芝加哥寄出的一个邮寄包裹中藏有炸弹，该炸弹在飞机飞到一定的高度之后就会引爆。所幸爆炸威力不大，还不足以把飞机炸个洞，但是炸弹已经使行李舱着了火。包裹上的地址被火烧了，所以探员无从知晓其目标究竟是谁。和第一次爆炸案一样，这一次炸弹客也诡计多端，在经过精心设计之后，该炸弹可以在空中自动引爆。

所以我们现在要面对的是一个不仅制造炸弹的水平不断精进，而且其寻找目标水平也不断提升的罪犯。该装置的目的不仅仅在于使人致残，或把某个不走运的教授或工程学学生的手掌或手臂炸飞。不明嫌疑人已经开始酝酿大动作了。和整整24年前的杰克·格雷厄姆一样，这个人想炸毁整架飞机，只是他的技术还不够完美而已。

我们只做出了基本的侧写，这是一个有强迫症的白人男子，生性孤僻，年龄在28岁至32岁，智商中上。除此之外，随着炸弹的发展以及自身邪恶程度的升级，我们知道这是一个技术水平很高，犯罪水平也很高的罪犯。我们没有理由相信这种进展不会再持续下去。相反，我们觉得随着他的经验越来越丰富，他的爆炸技巧也会越来越精进。我觉得没有理由改变我从其他类型的系列犯罪中总结出的基本信念：越早的案件能够告诉我们的信息越多，也就是说当时罪犯的水平还不会过于精湛。我觉得不明嫌疑人会把最初的罪案局限在一种他觉得舒服和熟悉的水平之上。对于我来说，这说明罪犯来自芝加哥地区，他是一个学者，或者是从事与大学有关的工作。可能他不一定来自西北大学，那或许只是一个方便的、邻近的符号而已——但是我相当肯定一定和芝加哥以及学术圈有关。

由于目标的变化，也随着炸弹本身越来越精致，一些探员开始觉得航班作为目标的概率越来越显现。或许我们所面对的是一个对航空公司怀有不满的员工——或者是一名机械师——他在邮寄最早的炸弹时只是在“实践”而已。他可能并不知道自己的包裹最后会落在一架美国航空公司的飞机上，所以炸弹本身可能只是针对整个航空业的——而第四个炸弹，因为是直接邮寄给美联航主席的，所以就更能说明问题。我个人则并不确定为什么伍德先生会收到炸弹，但是我仍然坚持自己的观点，即与学术圈有关。

正是因为有了第四宗爆炸案，所以才成立了专家组，联邦调查局也专门给本案编了一个代码：大学炸弹客事件。

下一个爆炸案在时隔一年多之后才出现。包裹炸弹被安放在盐湖城犹他大学（University of Utah）的商学课堂上。这枚炸弹被成功拆除，且未造成人员伤亡。由于手头还有很多案件要处理，所以我就没有把过多的精力放在思考大学炸弹客事件上了。但是第五宗案件发生后，我回顾了本案的相关事实，我更加坚信不明嫌疑人一定是有学术背景和学术取向的。这次未遂的爆炸案说明嫌疑人有机动能力，而且在跨出其主要活动区域即芝加哥地区之后仍然觉得舒适。机动性一般可以为侧写中的预估年龄增加几岁，因为如果他可以流窜作案，不明嫌疑人就会越来越老练，而且在犯罪时也会觉得很有安全感。

我开始对动机有了一种感觉。目标并非具体的，但显然是指向大学的。炸弹客的怒火是指向当局的：一般意义上的高等学府、教授、教室，或具体指向航空公司老总。但是重点在于，虽然炸弹客冒险走出了芝加哥这样一个舒适区域，但是大学又代表着另外一种类型的舒适区域。罪犯在安置炸弹时需要行走于教室之间，他觉得相当舒适。他会融入大学的环境，虽然他也是一个紧张兮兮的偏执狂，但是在大学中他并不会感到不自在，或者会被别人识破、觉得他与大学环境格格不入。在我看来，这并不是一个对航空公司怀有怨恨的机械师。一个如此聪明的人学习制造炸弹比一个擅长机械的蓝领行走于学术圈中要来得容易得多。

炸弹专家告诉我们该爆炸装置还不够精密，但是炸弹客显然花了很多时间组装这个炸弹。你不可能在某天早晨一醒来就说：“我觉得我要成为一名炸弹客。”你必须有所实验、必须有所实践。我坚信，如果我们可以让芝加哥城内外的人都知道这个人在实施犯罪之前的行为，而且知道有个人在实验引爆炸弹，那么总有些人会告诉警方一些信息。我也思考过，这种罪犯很可能也符合其他连环暴力罪犯的特征，因为他也会关注媒体，也试图影响媒体。

第二年春天——1982 年 5 月——有一个包裹是寄给宾夕法尼亚州立大学（Pennsylvania State University）的帕特里克·费希尔教授（Professor Patrick Fischer）的，包裹被转到了他在田纳西（Tennessee）纳什维尔（Nashville）范德比尔特大学（Vanderbilt University）的办公室，他的秘书珍妮特·史密斯（Janet Smith）在打开包裹时，炸弹爆炸了。她身上多处炸裂，被送往范德比尔特医院（Vanderbilt Hospital）救治。和其他几宗爆炸案相同，这次用到的炸弹也是一个装在木盒里的管状炸弹。雷管里装满了无烟火药和火柴头。费希尔于两年前转到了范德比尔特大学，但是有可能他的名字和地址只是一个幌子，寄件人可能希望把包裹寄回到寄件地址，因为在 4 月 23 日他在犹他（Utah）普罗沃（Provo）寄出包裹之后，已经取消了邮寄。寄回地址是杨百翰大学（Brigham Young）电子工程专业教授勒罗伊·贝恩斯翁（LeRoy Bearnson）的地址。

但是我们开始思考其他的问题。可能这有点牵强，但也是不能忽略的。贝恩斯翁教授的中间名是伍德，刚好和美联航主席的姓是一致的。炸弹中也含有“伍德”，即其材质“木头”的谐音[1]。这会是一条线索吗？我们心想。

不明嫌疑人正在向我们炫耀，他够灵活，可以改变其作案手法，

1 英文中，“木头”与“伍德”的发音和拼写相同。——编者注

可以改变其“送货”方式——重新回到邮寄炸弹这一手法上来了。或许这是因为上一次他亲自安放炸弹时险些落网。另外，他的技术能力也让我们肃然起敬。这些炸弹在邮寄时必须足够稳定才不会意外引爆。

我觉得应该还有很多机会可以做到积极主动。由于他是邮寄这一装置的，所以我们可以假定引爆地并不是他所在的地区。但是，为了获得自我满足，他会密切关注媒体报道。在大学里制造一个小爆炸或许只有当地报纸才会报道，这就意味着他必须获得城外的媒体的报道。我觉得我们应该开始检查芝加哥附近的收录有此类报纸的图书馆，正如我们对待泰诺投毒案嫌疑人时那样。

7 月 2 日，距离上一次事件两个月不到的时间，他再度出手了。这一次，电子工程与计算机科学教授第欧根尼・安杰拉（Diogenes Angelakos）注意到有一个像罐头一样的东西，他寻思可能是某个学生或者是哪个建筑工人落下的，落在了加州大学伯克利分校科里礼堂（Cory Hall）四楼。他一捡起这个东西，它就爆炸了。安杰拉教授受了重伤。

这又是一个小小的金属管状炸弹，这个炸弹是人为放置的，不是邮寄的。所以不明嫌疑人又开始行动了，在此处行动也让他备感舒适。此次的目标也并非具体的，但是，同样它也是针对一所大学的技术院系。这个炸弹危险性更大，我们怀疑不明嫌疑人现在会回过头来朝着这个路子继续干下去。

接着是将近三年的间隔，其间任何事情也没有发生。我们觉得炸弹客可能自杀了，或者不小心把自己给炸飞了，或者是把自己雪藏起来从事别的犯罪了。但是在 1985 年 5 月 15 日的时候，在伯克利的科里礼堂又发生了一次爆炸。有人在一个电脑室的三层书架上放了一个炸弹。工程学研究生、飞行员约翰・E. 豪泽（John E. Hauser）把炸弹捡了起来。弹片切断了他右手两根大动脉，还炸伤了他的几根手指和一只眼睛。这个炸弹的威力比之前的那个炸弹更大，其中含有硝酸铵和铝粉。

还不到一个月时间，即在 6 月 13 日，有一个从加利福尼亚奥克兰（Oakland）寄出的包裹出现在了华盛顿奥本的波音飞机装配分部（Boeing Aircraft Fabrication Division）。其实该包裹在上一次伯克利爆炸案发生之前就已经寄出了，但是却在波音的内部邮件系统中丢失了。这枚炸弹被拆弹人员成功拆除了，未造成人员伤亡。由于这枚炸弹寄出的时间和上一枚炸弹安放的时间相同，我们在想这是不是大学炸弹客采取的主动出击措施，想以此混淆警方的视线——他知道我们肯定会把目光聚焦于伯克利。但是，他依旧在湾区作案，所以我们就知道罪犯在哪个地方会觉得舒适了。

那一年的 11 月 15 日，一个包裹炸弹寄给了密歇根大学心理学教授詹姆斯 · V. 麦康奈尔（James V. McConnell）在安阿伯（Ann Arbor）郊区的家门口。包裹外贴着一封带着盐湖城邮戳的信，这封信只有一页纸，上面写着："我希望您能看一看这本书……每一个和您地位相当的人都应该看一看这本书。"麦康奈尔年轻的助手克劳斯 · 苏伊诺（Nicklaus Suino）在麦康奈尔的厨房里打开了这个包裹，麦康奈尔和苏伊诺都受了伤。苏伊诺的手和脚都被弹片划伤，被炸药烧伤。麦康奈尔则部分听力受损。

在此案中目标是具体的：一个在学术界因为其关于行为改变（behavior modification）的观点而广为人知的学者。现在不明嫌疑人把大学之网撒得更广了。把目标转向私人家中再一次显示了不明嫌疑人是懂得随机应变的，他会不断演进，会走在调查的前头。

不到一个月之后，危险系数大增。1985 年 12 月 11 日，加州萨克拉门托（Sacramento）一家电脑店的老板休·坎贝尔·斯克鲁顿（Hugh Campbell Scrutton）捡起了一个纸袋，他心想可能是门店后面的停车场的施工垃圾。炸弹里全都是一颗颗钉子，他手一碰马上就被炸死了，碎片炸裂了他的胸膛和心脏。大学炸弹客开始重操旧业，自行“送货”，现在他所使用的炸弹更加致命，他已经成了一名杀人犯。他四下流窜作案，而且在光天化日之下也像个没事人似的。我认为电脑商店仍然与学术界有关，因为电脑和教育有关，在大学里至关重要。

下一个目标——第 12 个目标——是另一家电脑店。这一案件的作案手法与前一起案件类似，虽然直到 1987 年 2 月 20 日才发生，但这一次又回到了盐湖城。加里·赖特（Gary Wright）是一家名为卡姆斯电脑店（Caams Computer Store）的老板，他在商店停车场受了伤，他想绕开一堆木屑，这堆木屑中还冒出了一些不大不小的钉子。但是这一次，有人看见有个人在爆炸发生前一小时把木屑扔在了停车场。警方拿出了著名的大学炸弹客合成画像。

他仍然在熟悉的地区作案，只是这一次他可能失算了。如果他意识到这一点，如果他知道有人可能会看到他，那么作为一个懦夫，我们觉得他应该会低调一段时间。但是，就在那个时候，他开始实验一种威力更大、更加精密的装置。他已经杀了人，他还会卷土重来，杀更多的人。他没有提任何要求，也没有和任何人沟通。所以，如果他没有被制服的话，他一定会重来。他是不会自行停止的。

正如我们所预见的一样，有很长一段时间，这个大学炸弹客杳无音信。有人甚至觉得可能出于某种原因，这个人已经改行了。但是到了 1993 年 6 月 22 日，一个盖有加州萨克拉门托邮戳的包裹寄到了加州大学旧金山分校遗传学教授查尔斯·爱泼斯坦（Charles Epstein）在蒂布龙（Tiburon）的家中。爱泼斯坦教授在打开包裹的过程之中受了重伤。

随着案件的逐步发展，过去曾经行之有效的犯罪模式就会反复出现，而风险大的做法很容易就会摒弃。现在大学炸弹客又逃脱警方视野了，他继续使用匿名邮件，目标依旧是他备感舒适的地区内的专业学者。

我们有些人认为可能是有某些原因让这个大学炸弹客重操旧业的。这个人对自己是相当满意的，多年以来，无论是国家层面的还是地方层面的执法机关都拿他毫无办法，这足以弥补他个人的不足和对生活的失望。尽管可能只有他自己知道这件事，但他也算是一个人物了，这也是迄今为止最大的爆炸案。然后有人抢了他的风头。1993 年 2 月 26 日，恐怖分子试图炸毁下曼哈顿巨型世贸中心双子塔，爆炸造成 6 人死亡，1000 多人受伤。一下子，大学炸弹客不再是“这条街上的老大”了。

但是尽管如此，距离上一次大学炸弹客事件发生后仅两天时间，即 6 月 24 日，耶鲁大学计算机科学家大卫 · J. 格伦特尔（David J. Gelernter）在康涅狄格州纽黑文（New Haven）的办公室中收到了一个包裹炸弹。炸弹使其腹部和胸部严重受伤，右手被炸飞，单眼失明，一耳失聪。

我们的炸弹专家告诉我们现在的爆炸装置复杂程度和精密程度都已经很高了，很可能每个都需要花上 100 个小时精心安装才能完成。这个人需要非常聪明，非常投入才行，而且得花很多时间，只有那些不需要向任何人汇报其行踪的人才能做到。

大约在同一时间，政府设立了一个悬赏金额高达 100 万美元的奖赏，能为抓捕和起诉大学炸弹客提供有利信息的人均可获得。专案组还开通了 24 小时免费热线：1-800-701-BOMB，这个热线最终处理了超过两万条线报。

1994 年 12 月 10 日，杨 & 鲁比卡姆（Young & Rubicam）广告公司副总裁兼总经理托马斯 · 莫瑟（Thomas Mosser）在新泽西州（New Jersey）北考德威尔（North Caldwell）的家中收到了一个包裹炸弹，打开之后，他当场丧生。那个包裹和磁带大小相等，是寄自旧金山湾（San Francisco Bay）的。回信地址是一个子虚乌有的旧金山州立大学教授的地址。正如帕特里克 · 费希尔遭遇的罪案一样，这一次不明嫌疑人又错失了目标，他把包裹寄到了莫瑟的旧单位——伯森 - 马斯特勒（Burson- Marsteller）公关公司，其实他一年前就离开了这家公司。把爆炸案转向新泽西州似乎是罪犯再次想干扰警方的侦查方向，原本爆炸集中于芝加哥和旧金山。

这一次爆炸案的具体动机是什么人们尚不清楚，直至第二年 4 月 24 日，《纽约时报》收到了一封信，信中称，莫瑟的公司之所以被锁定为目标，是因为它企图“操纵人们的态度”。炸弹客试图表明一种复杂的反技术理念，但是我觉得这纯粹是在玩智力游戏，纯粹是一个烟雾弹，想掩饰其愤怒和沮丧。他一开始和外界沟通，我觉得要将其绳之以法只是一个时间问题了。

《纽约时报》收到信件的当天，又发生了最后一起爆炸案——1993 年，大卫 · 格伦特尔（David Gelernter）教授严重受伤。当然，这是令人发指的罪行，但是它也意味着，大学炸弹客还在继续与外界沟通，而这便是极好的消息。

在信中，不明嫌疑人对电脑大肆攻击，说电脑给人类带来了各种各样的问题，从“侵犯隐私”到“过度经济增长带来了环境恶化”，然后他又开始指摘基因工程。

可能最具辱骂性也最能说明问题的是，在写给格伦特尔教授的信中他写道："高学历的人并不像我们想象的那么聪明。如果你有一点脑子的话，你就会意识到，外面有很多人痛恨你这样的技术狂正在改变这个世界，你还不至于会傻到打开一个来源不明的包裹。"

炸弹客写给《纽约时报》的信长达数页，其中解释了他为什么要杀害莫瑟，他还故意自称是某个政治团体的一员，但是"出于安全考虑，我们不会公开我们组织成员的电话号码"。和穆迪一样，我们知道这里所谓的"我们"完全是胡说八道。

但是就在同一天，我们还有一个烂摊子要处理。加州森林协会（California Forestry Association）主席吉尔伯特·P. 默里（Gilbert P. Murray）在该协会设在萨克拉门托的总部打开一个邮件炸弹之后就被炸死了。这又和"木"有很多的联系。默里算是碰巧罹难的一位受害者，因为包裹是寄给其前任威廉·丹尼森（William Dennison）的。

我们觉得炸弹客之所以选择这个时间绝对不是巧合。五天前，俄克拉何马城默拉联邦大楼被摧毁了，人员伤亡无数。炸弹客用的是土制炸弹，但是该罪案使大学炸弹客此前犯下的所有罪案都相形见绌。但是，大学炸弹客一定认为自己的炸弹更具艺术性，更专一，也更加成功。毕竟，他制作爆炸案已经十来年，迄今为止还逍遥法外。失去中心舞台对于他来说是无法忍受的，我们对此十分肯定，他不得不以自己所知道的唯一的方式夺回聚光灯——写信给媒体：信件充满怨气，扬言要大开杀戒。现在我们基本可以肯定的是：他迟早会因为太过自我而玩完。

接下来，在 6 月 27 日这一天，他又开始写信了，这一次他把信写给了杰里·罗伯茨（Jerry Roberts）。罗伯茨是《旧金山纪事报》（*San Francisco Chronicle*）社论版编辑，炸弹客警告罗伯茨说，他的恐怖团体，也就是此前他所称的"FC 组织"，会在未来六天之内在洛杉矶国际机场外炸毁一架飞机。他的这个承诺一直没有实现，我们也觉得他不会真正将其付诸实践，但是这使得美国民用航空业陷入了混乱之中，因为这样一来他们必须强化 7 月 4 日美国国庆日的安保。这一定正中炸弹客的下怀。后来炸弹客在写给《纽约时报》的一封信中承认自己只是在吓唬人。该信的回信地址是：弗雷德里克·本杰明·艾萨克·伍德，伍德街 549 号，伍德莱克（Frederick Benjamin Isaac Wood，549 Wood Street，Woodlake）[看懂了吗？联邦调查局伍德（F. B. I. Wood.）]。

从那以后，大学炸弹客经常写信给《纽约时报》《华盛顿邮报》和伯克利大学的另外一名教授。然后他最后提出了自己的要求。如果国内的大报纸，尤其是《纽约时报》和《华盛顿邮报》会刊登他长达 3.5 万字的“宣言”的话，他就会停止制造爆炸案。在该“宣言”中，他把自己和现代技术社会的种种过结以一种极其枯燥、学术的方式写了出来。他慷慨地放弃了该作品的版权，愿意将其转让给任何一家愿意刊载其“宣言”的报纸。

该“宣言”再一次证实了我此前的判断，即这是一个自认为怀才不遇、十分聪明但是一无所成的学术界人士，他以反技术事业为幌子，把自己的怒火发在了整个社会之上，尤其是大学世界之上。“制造炸弹的一定是个懂技术的人。”言下之意，他们认为连环爆炸案是一个飞机机械师所为。尽管专案组有许多人坚持这样一种观点，但是这一“宣言”很好地说明了嫌疑人关注的是什么，哪怕暂时还无法揭示其身份。

在整个“宣言”之中，他展示了个性中很能说明问题的那些部分。我们一而再再而三地看到，他就是不想和任何人扯上关系（他不把受害者当人看待）——他假想的敌人、整个社会，事实上是除了他自己之外的每一个人——来为自己的恐怖主义行径和破坏行径辩护。这个人性格中有不少缺陷，对每个没有缺陷的人都充满了仇恨，除非他能做到不把任何一个其他人当人看，否则相比之下他一无是处。

他在该“宣言”中提到我们无力限制技术的力量。他真正想说的是他自己的无力感。从第一枚炸弹开始，他一直都在表达自己的怒火和敌意，他一直在出击。“宣言”剩下的部分充斥着反技术的言论和对现代价值观的不屑——而技术和价值观仍会不断发展，他认为这会证明他的行为是正确的。

关于报纸是否应该接受这种敲诈，是否应该满足其虚荣，人们各执一词，莫衷一是，也痛苦异常。要回答这样一个问题并不容易，但是我们犯罪行为学专家（我这时候已经从联邦调查局退休，不再参与讨论）大都觉得这个人越是犯罪，被别人认出的机会就越大。

后来，事实确实就是如此。9 月中旬，《华盛顿邮报》和《纽约时报》专门拨出版面刊登“宣言”之后，上纽约州的一个社会工作者大卫·卡钦斯基（David Kaczynski）一直饱受困扰，他觉得“宣言”和他行为怪异、和自己日渐疏远的哥哥的言论和想法有很多相似之处。西奥多（Theodore）时年将近 55 岁，他学术受挫，像个隐士一样生活在蒙大拿（Montana）林肯（Lincoln）郊外一个没有电的小木屋里。大卫不仅为“宣言”中的异类哲学所震撼，而且他觉得某些微妙的措辞和西奥多喜欢用的不谋而合，比如：“你不能既想让马儿跑又不想让马儿吃草。”他把公开发表的“宣言”与西奥多写给他的信作了对比，这些信是他们的母亲万达（Wanda）把芝加哥的房子卖了之后，搬到离大卫和他的妻子琳达（Linda）家较近的地方住之后西奥多写的。看到眼前的一切，大卫越发紧张了。

大卫联系了西奥多，说自己想去看看他。西奥多拒绝了，大卫和琳达接着咨询了琳达的一位老朋友——苏珊·斯旺森（Susan Swanson），斯旺森现在是一名私家侦探。斯旺森在看了相关的证据后，也和大卫一样颇感震惊，但是她希望征求一下其他专家的意见，所以她给克林特·范·灿特（Clint Van Zandt）打了电话。灿特是联邦调查局的一名退休探员，他是绑架案方面的谈判专家，退休前曾在我在匡提科的部门做过犯罪心理侧写员。灿特把信件和"宣言"作了比对，他得出的结论是：两者至少有60%的相似度，信件和"宣言"应该出自同一人之手。然后灿特又请了一名专家来确认或推翻他的结论，而另一名专家比他更加肯定这些信件和"宣言"均出自同一人之手。灿特告诉斯旺森，如果她或者她的客户不愿意来联邦调查局的话，出于道义，他也非去找他们不可。

大卫接着坚定地做出了或许可以称得上是他一生最艰难的决定，这也是一种勇敢的决定、一种拯救生命的决定。相比之下，他哥哥所做的决定同样坚定，但那导致了许多生命的丧失和破碎。我对大卫·卡钦斯基和琳达·卡钦斯基夫妇的崇敬之情可以说无以复加。面对这样一种大义灭亲之举，他们做出了艰难的、英勇的决定，在这样做的过程中，他们也成长为道德模范和模范公民。

在此我觉得我很有必要谈一谈，为什么拖了那么久我们才确定西奥多·卡钦斯基是大学炸弹客，才将其绳之以法？联邦调查局乃至整个执法部门都遭受了很多的批评，大意是：最后，它们这么多年来所做的一切都是"白搭"，卡钦斯基落网纯属"运气"。我必须说，我完全不同意这样一种观点，而且我觉得下述这种前提（**"这恰恰是我们要将罪犯绳之以法的方式"**）很有问题。如果说我对调查的整个过程有什么意见的话（我本人对此确实有意见），那就是：我们完全没有及早采用"主动出击技巧"。如果我们这么做了，那么可能早在几年前我们就得到了类似的结果。

对于炸弹客而言，除非你碰巧就掌握了他先前的典型“作品”，知道这种“作品”是何人所为，比如罗伊·穆迪案，否则你想根据法证结案比登天都难。唯一的例外就是真正有目击证人看到有人在现场安放炸弹，或者罪犯在现场留下了印记。所以，你抓到这个人的最好的方法就是取得公众的帮助。相比于其他暴力罪犯而言，炸弹客会留下更多行为印记。我一直敦促联邦调查局去做的一件事就是尽快把这个人所做的事公之于众，向公众描述一下我们可以预见的嫌疑人的行为类型，描述一下我们想象得到的那种针对学术界下手的情形，看一看是否有人可以认出嫌疑人。

我们能否预见到大学炸弹客藏身于蒙大拿的一个小木屋呢？绝对做不到。但是，我们可否预见到他来自于芝加哥地区，是科学界或技术界的一个优秀学者呢？可否预见到他没有知心朋友，不近女色，在某段时间离开了大学世界，断送了自己的似锦前程呢？事实上，我们真的预见到了。西奥多·卡钦斯基作为大学炸弹客之前和期间与许多人接触过。如果我们能够与其中一个取得联系，我们可能就会早很多发现他。

联邦调查局探员和精英人质救援小组（elite Hostage Rescue Team）开始涌向蒙大拿林肯地区——西奥多·卡钦斯基的藏身之地。他们把小木屋围了个水泄不通。1996 年 4 月 3 日（星期三），唐纳德·塞奇泰尔本（Donald Sachtelben）探员和一名司法部律师向海伦娜（Helena）的联邦法官提交了一份书面申请，以申请搜查令。一拿到搜查令，他们立即驱车 32 公里左右回到了林肯。塞奇泰尔本和一队探员接近小木屋后，敲了敲门。卡钦斯基开了门之后，他们迅速将其制服。爆破小组扫荡了东西塞得满满的小木屋，确保屋里没有机关。

全面检查小木屋并对屋内用品进行分类花了好几天时间。探员们在屋内发现了很多笔记本，里面画满了爆炸装置的详细草图。还有手写笔记，描述了可用于制造炸药化学化合物，还有此前实验的记录，用于制造管状炸弹的雷管、用于盛放制造炸弹所需的化学药品的容器、电池、电线、一整套工具、“宣言”草稿、打字机以及其他可以把卡钦斯基和不明大学炸弹客联系在一起的信件往来等。还有一个部分已经完成、随时可以寄出的管状炸弹以及一个目标清单。这就是他所谓的一旦发表他就会收手，但显然他并不打算收手。

他被关进了加州萨克拉门托监狱，那里也是斯克鲁顿（Scrutton）和默里（Murray）这种凶手被羁押的地方，他被关进了单人牢房。在接下来的调查中，随着卡钦斯基在过去几年间的行踪被确定之后，他与许多爆炸案越来越摆脱不了干系。相关的证据越来越多，其生活中的触发式的事件也与他的行为一一做了匹配。与此同时，西奥多继续拒绝和大卫及其母亲扯上任何关系。

最后我们发现西奥多·卡钦斯基真的和我们预想的差不多，只是我们没想到他那么聪明而已。他打小儿就是一个少言寡语、孤僻的孩子。他和女人之间一直都处不好关系。他上过哈佛，而且作为伯克利的一名数学教授，他原本前途一片光明。在某个时间点，由于无法面对正常生活的压力，他便径自退出了学术圈。

如果我们把西奥多·卡钦斯基和蒂莫西·麦克维或约瑟夫·保罗·富兰克林相比，我们就会发现他是一个背景完全不同、智力水平也完全不同的人，虽然他们都有共同的情感问题。这帮助我们解释了为什么他们每一个人都涉足暴力和恐怖主义犯罪，但犯罪方式各不相同。这三个人在其成长过程中都少言寡语，与社会格格不入。无论是西奥多还是麦克维都没有女朋友。两人的同学都记不住他们，甚至西奥多在哈佛的同班同学都记不住西奥多。在其被捕之后，他班上有很多同学绞尽脑汁在想为什么自己就是记不起来他究竟坐在什么位置。

富兰克林和麦克维都从枪支中获得了慰藉和赋权感；卡钦斯基和穆迪一样则是从炸弹中获得了慰藉和赋权感。穆迪从表面上看很风光，成功人士的一切光环他一样不缺：年轻美貌的妻子、车、飞机、豪宅、成功的企业。但是对于穆迪这样一个希望可以全面掌握自己生活的人来说，这一切并没有多大的意义，而美国的法庭体系，正如他曾经视为目标的汽车经销商一样，拒绝承认其支配地位，承认其智力超群，承认自己有能力安排一切，而无视法律。与其他人相比，西奥多智力过于超群，根本不可能有种族偏见或宗教偏见。他故意把自己的仇恨装进反技术社会的外壳之中，这和麦克维恐惧新世界秩序的偏执做法是相似的。麦克维和穆迪是非常精细的。从各种报道来看，卡钦斯基的私人生活乱成一团糟，同时各种恶习缠身，但是在其智力生活中却一枝独秀。（而在智力生活之中，麦克维和富兰克林就完全是一团糟了。）卡钦斯基和完全陶醉于自己的法律修辞中的穆迪一样，只是偶尔才会让人看得明白。其中一个极端的但是具有代表性的例子是西奥多写给他弟弟的一封信，在信中他同意让大卫寄一本书给自己，作为自己的生日礼物。但是，西奥多严肃地警告说，书的宽度不得超过 15.5 厘米，因为这会让自己多跑一趟邮局。同时，大卫必须接受西奥多的条件，即如果西奥多想要一本不同的书，大卫也必须同意。

西奥多强迫自己的家人，如果有急事要找他（但是这种情况是不大可能发生的），那么他们写给他的信就要做一种特别的标识，否则，他可能几周甚至几个月之后才会去看信。当大卫用这种方式告诉西奥多他们的父亲去世之后，西奥多斥责大卫说：如此小事，岂可滥用这一通信系统？

卡钦斯基一直有写日记的习惯，他把如何改进炸弹、炸弹效果如何都记得一清二楚。比如，他写道：1985 年，他把爆炸装置放在了萨克拉门托电脑店，“把炸弹做了伪装”，然后又一五一十地记录了商店老板被“炸成碎片”。在他的日记当中，完全看不到一丝悔恨，而且叙述的焦点永远只有他自己。他 1980 年的日记中写道：“在经过复杂的准备工作之后，我成功地让美联航主席受了伤，但是他只是直接或间接对航班负责的一大帮人中的一个。”

至于动机，西奥多·卡钦斯基只是单纯地想杀人，使人伤残，让人变得和自己一样不快乐。他在 1971 年这样写道：“我计划要做的事情的动机仅仅是个人报复。”他还足够清醒地承认说：“当然，如果我的罪行……能够引起公众的一点关注的话，那它就会激发公众对于技术问题的关心……（但是）我肯定不是一个利他主义者或者是为了人类利益（不管是什么样的利益）而努力的人。我仅仅是出于报复而采取了这样的行动。”

1966 年，当他还是密歇根大学的研究生的时候，他已经考虑到了这一点。正如他在日记中所写的，“我的第一个想法就是杀死我痛恨的某个人，然后在警察把我抓住之前自杀”。但是，他又做出了决定“我不会这么轻易束手就擒。所以我想，我要杀人，但是我至少要做出一些努力，不让人发觉，这样我才能够继续杀人”。

他与家人的通信往来很不频繁，这也同样很能说明问题。1991 年夏天，他给母亲写了一封信，“假设在未来几年时间，我们来打个比方吧，你只要一碰香蕉，就会有一种强烈的电击的感觉。此后，你一看到香蕉就会紧张，哪怕你知道香蕉没有通电，也不会把你电死。好吧，同样地，青少年时期，我在家中、中学和哈佛所经历的许许多多的拒绝、羞辱和其他痛苦使我很害怕与人相处”。

正如许多罪犯一样，这种根深蒂固的人格障碍在他心目中总是与同样强烈的那种不可一世和优越感相互竞争，它们似乎要比其他任何人都更好，更值得拥有。他认为他“比其他大多数人都更加优秀……它只是像呼吸一样自然而然地让我感觉到我是与众不同的”。

他接着说道：“我饱受煎熬，因为我从来没有机会体会一个女人的爱。”然后，他责怪自己的母亲没能够让自己形成与人交往的好习惯。他说自己恨她，“因为你对我的伤害永远都无法抹去”。

顺便说一下，没有任何证据表明西奥多的父母（旺达和西奥多 · R. 卡钦斯基）对他有任何的虐待或疏忽。他们育有两个儿子，其中一个成了臭名昭著的罪犯，另一个则成了一名社会工作者、一个乐于帮助身边人的人。事实上，1970 年，在他心生怨恨之前，西奥多在写给父母的信中称他们是天底下最好的父母。

和麦克维这个从方方面面来说都是一个模范士兵、视军队为家的人不同的是，我们永远都不可能在侧写中说大学炸弹客有军队背景。虽然军队其实是他掌握爆炸技能的合情合理的地方，这样一个人如果参军一定会饱受折磨。他肯定不会适应军旅生涯，最后他一定会因为某种不光彩的事情被逐出军队，或者期满退役，而且他很可能很早就与军队格格不入。同样，他对“木头”的痴迷根据我们的判断也不会来自于军队，否则他要用来做炸弹的就会是某种更具功能性的东西，可能是某种塑料等。

1997 年 12 月 22 日，为期五周的陪审团成员遴选工作在萨克拉门托宣告结束。卡钦斯基面临与大学炸弹客相关的四起案件的十项罪名。1998 年 1 月 5 日，他同意解雇律师，自行辩护。不久后，他又试图在个人牢房上吊自杀。警方担心其再度自杀，将其置于严密监视之下。

在 1 月的第二周，他接受了法庭指定的精神病专家萨莉 · C. 约翰逊（Sally C. Johnson）的检查，约翰逊医生发现尽管他有各种精神疾病，但是他仍然可以出庭接受审判。卡钦斯基再次要求自行辩护，因为他不赞同辩护律师的以精神失常为由为自己辩护。在与美国地区法院法官小加兰·E. 伯勒尔（Garland E. Burrell Jr.）经过多轮讨价还价之后，他最后终于在开庭前的那一天赢得了自我辩护权。

企图自杀、争取司法权、先是拒绝后又接受心理检查——所有这一切，在我看来，都是不断要求操纵、支配和控制的企图。

1998 年 1 月 22 日，在陪审团等待聆听庭审的过程中，西奥多·约翰·卡钦斯基宣布对萨克拉门托的十起罪案负责，对新泽西的三起罪案负责，他和司法部达成了一个协议：豁免其死刑，判处终身监禁，不得保释。

法庭为西奥多·卡钦斯基和大卫·卡钦斯基安排了十多年来第一次见面的机会。西奥多已经 16 年没有和自己的母亲有任何联系了。这让我们想起了大卫曾经对给他做笔录的联邦调查局探员提到过：西奥多曾经给父母写过一封信，信中有一句话是这样的："我等不到在你死后往你的尸体上吐口水那一天了。"

CHAPTER Ⅸ

第九章

YOU MAKE THE CALL

小试牛刀——你也能熟悉心理侧写术

人们常说犯罪行为侧写是“生活模仿艺术”的一个例子——这种观点并不是由真实生活中的犯罪专家们提出的，而是由埃德加·爱伦·坡（Edgar Allan Poe）、威尔基·柯林斯（William Collins）和阿瑟·柯南·道尔（Arthur Conan Doyle）一类的小说家提出的。我做犯罪侧写师的时候，常常应邀分析过去一些著名的真实谋杀案，其中最经常让我分析的就是开膛手杰克（Jack the Ripper）和莉兹·玻顿（Lizzie Borden）的案子，这并不奇怪。但是居然还有人让我谈谈时代非常久远的案子，如 1483 年理查三世涉嫌在伦敦塔杀害他两个侄子一案；甚至还有人缠着我们，让我们谈谈该隐（Cain）和亚伯（Abel）案。

一从联邦调查局退休，于我而言，侧写工作周而复始，终于回到了原点。这是我第一次分析一个子虚乌有的谋杀案，它来源于一个最伟大小说家之一的想象。

我没有太多经典文学或戏剧方面的背景。小时候，我一直想成为一名兽医。在空军部队的时候以及大学期间，我不知道自己未来想做什么。后来我想成为一名联邦调查局探员。因此，我受过的大多数教育和训练都和这个目标有关。但是和我一起写作本书的马克·奥尔沙克就有着这样的文学背景和对文学的兴趣。事实上，他对戏剧充满着热情，他认为演员和探员的工作十分相似。在我们刚认识的时候，他的这个观点就深深吸引了我。他认为，演员和探员都要进入一个“现场”，并且搞清楚这个“现场”中的“人物”之间究竟发生了什么。探员称之为线索或证据，而演员称之为潜台词。

帕特里克·斯图尔特（Patrick Stewart）是一位卓有成就的著名英国演员。作为皇家莎士比亚剧团（Royal Shakespeare Company）的一员，他的事业十分成功。他曾扮演过《星际迷航：下一代》（*Star Trek: The Next Generation*）中的让－卢克·皮卡德（Jean-Luc Picard）舰长，也出演过各种各样富有挑战性的现代角色。马克为美国公共电视网（PBS）的新星系列（Nova series）创作并拍摄了一部有关于我们科室的纪录片——《一个连环杀手的心理》（*Mind of a Serial Killer*）。作为马克的好友，斯图尔特还给这部纪录片作了旁白。1997 年秋天，斯图尔特到华盛顿特区莎士比亚剧院主演《奥赛罗》（*Othello*）时，马克安排我们见了面，让我凭借调查和研究家庭暴力的经验给角色提一些建议，因为角色乃戏剧最终所系。斯图尔特想知道是什么促使一个男人杀了自己全心全意深爱着的妻子。

我说我很高兴能和这么著名的演员会面，但我不确定我能帮到他多少，因为我对这一戏剧并没有多少了解。马克说其实这样更好，因为这样我就能把它当成真实发生的案件来客观地对待。

马克向我简单介绍了这出戏。奥赛罗是非洲摩尔人（Moor），是中世纪时威尼斯的战斗英雄和高级军官。他爱上了城里一个贵族的漂亮女儿苔丝狄蒙娜（Desdemona），后来他们就结婚了。伊阿古（Iago）是奥赛罗的副官和所谓的好朋友。奥赛罗一步步受他蒙骗，认为苔丝狄蒙娜背着自己和伊阿古的上司迈克尔·卡西欧（Michael Cassio）有染。最后，出于嫉妒和痛苦，奥赛罗在苔丝狄蒙娜的卧室里杀了她。对于这个戏剧中和O. J. 辛普森（O. J. Simpson）一案明显的相似之处，我十分震惊。我还曾就此案向高盛家族的律师丹尼尔·彼得罗切利（Daniel Petrocelli）咨询过民事审判过程。

当我在马克家里见到斯图尔特并与之共进午餐时，我对这个戏剧就了解这么多。斯图尔特热情温暖、富有魅力、机智真诚，同时迫不及待地想揭开此前他已经多次扮演的人物的神秘面纱。我说话的时候，他就在剧本背面做着笔记。我跟他说，我们交流时，我会把他当作陈述案件情况的地方探员。

在考虑这个“案件”时，我首先想到的就是，伊阿古想要把奥赛罗美丽绝伦的妻子占为己有，但帕特里克和马克不这么认为。

“那么他的动机是什么？”我问道。

“奥赛罗把伊阿古认为自己应得的升职机会给了卡西欧，所以他很愤怒。”帕特里克回答，“于是他实施了这个阴谋，让奥赛罗认为苔丝狄蒙娜对自己不忠，借此毁了奥赛罗。”

我们还讨论了在奥赛罗认为杀掉深爱的妻子是他唯一的选择之前，他必须经历的心路历程。

帕特里克问我，我认为关键的行为问题是什么？“约翰，奥赛罗听到关于妻子不忠的传言时是什么感觉？他会相信这些传言吗？他会维护妻子的名誉吗？”

通过帕特里克和马克的介绍，我对奥赛罗有了一定的了解，我认为他不会因为别人对苔丝狄蒙娜的名誉和忠诚进行诽谤就感到愤怒。随着伊阿古的煽动，奥赛罗的不安和觉得自己配不上妻子的自卑感就显露了出来。当然他的妻子有可能对他不忠，但他内心深处更担心的是自己配不上妻子。或许当初苔丝狄蒙娜的父亲强烈反对他们结婚是正确的。奥赛罗是外国人，还是个少数族裔，因此人们并不认为他是威尼斯的精英阶层，大家不得不尊重他是因为还要依靠他的保护，总归也算对奥赛罗不薄了。但是，像很多犯罪分子一样，伊阿古本身就是一个厉害的侧写师，他知道怎么对付他的上司奥赛罗。

帕特里克问我随着剧情的发展，奥赛罗接下来会想些什么，即他杀人前的心态和行为，我说奥赛罗可能会在心里默默地准备，让自己在情绪上适应这件事。最后，在他杀害苔丝狄蒙娜之前，他一定会说出这句经典的台词：“如果我得不到她，别人也休想。”

“告诉我案发现场的情况吧。”我说。

“案发现场是城堡里苔丝狄蒙娜的卧室。”帕特里克回答道。

“奥赛罗准备怎么杀死她呢？”

“奥赛罗会在床上把她掐死。在我们的作品中，苔丝狄蒙娜是一个美丽娇小的女人，比我（指戏剧中的角色）矮得多，我就跨坐在她身上，掐住她的脖子掐死她。”

用手掐死一个人听起来是“合理的”。这是一起由个人恩怨引起的家庭内部凶杀案。这种直接的、面对面的凶杀案往往表明凶手和受害者之间非常熟悉。我告诉帕特里克，奥赛罗这样的人此时此刻不可能会把她看成是一个人，这样才能从情感中超脱出来。因此，我建议他在掐人的时候，可以闭上眼睛或看向别处。我们称这为“温柔的杀害”（soft kill）。

处于这种情形下的人至少最初会试图掩盖罪行来逃避惩罚，因为他确信自己的行为是对的、正义的。这和我对彼得罗切利表达的观点是一样的，即 O. J. 辛普森可能会通过测谎仪的测试，因为我认为他已经说服自己“必须”去杀了自己的妻子。

那天下午之后，我对莎士比亚的侧写能力感到了由衷的敬佩。这位剧作家早就在 400 年前就预料到了如今在相似的环境中真实发生的罪行。

“他被发现了吗？”我问道。

他们告诉我，苔丝狄蒙娜的女仆，也就是伊阿古的妻子埃米莉亚（Emilia）在奥赛罗掐死苔丝狄蒙娜后碰见他们的情形。埃米莉亚看到有人杀了她的女主人后就开始大声尖叫，接着伊阿古和一些威尼斯的官员就到了现场。就在那时，伊阿古的阴谋败露在了奥赛罗和众人面前。

我“提醒”他们说，此时对于奥赛罗而言危险一触即发。或许奥赛罗最在意的是军队，现在他颜面尽失，在卡西欧和其他人面前丧失了道德权威。他戎马一生，而此时，由于下属伊阿古从中作祟，他违背了自己最大的信仰。

“此时你会面临真正的自杀威胁。”我说。

帕特里克眼睛一亮，说道：“事实确实如此！”在武器被收走后，奥赛罗用藏在房间里的一把匕首刺死了自己。像奥赛罗这样的人就算是死也要死在自己的手里。

作为一名犯罪侦查分析师，我的一部分任务就是把自己设想成凶手，这样我就可以想象到当受害者意识到自己要被杀害时都遭遇了什么。几个星期后，我和我的妻子还有孩子们坐在剧院观众席上第一次观看了这场戏剧，这场戏剧的高潮部分就是那天下午我在马克家里设想的杀人现场，这真的是一次既有趣又感人的经历。帕特里克·斯图尔特完美地把犯罪侦查分析融入了表演中，让理论鲜活了起来，真是太精彩了。

现在你已经知道了一些我们的思考方式和工作方式，探究了动机剖析问题，接下来让我们来看一些案例。帕特里克这样一名出色的演员是怎么把莎士比亚笔下的那个谋杀案告诉我的，我就会怎么向你介绍这些“案例”，现在你就是匡提科的一名犯罪心理侧写师。当然，由于篇幅有限，我只能给出一些简单的案情，但是每个案子中都有一个或更多的因素让你对犯罪分子的动机或身份做出一些判断。

案例一

亚特兰大警察局的一名探员打来电话，报告了一个食品投毒案。

哈里·埃利森（Harry Ellison）是当地一家生鲜超市的店长，他接到一封匿名信，信上说商店里的一罐婴儿食品被投毒了，而且下个星期还有食品会被投毒。为了证明自己不是开玩笑而且说到做到，信上还说这罐食品的底部有红色的 X 标记。美国广播公司当地电视台的一名女主持人也收到了这封信的复印件。

收到这封信后，埃利森立即封锁了婴儿食品部，嘱咐店里的收银员们取消所有顾客购物车中待支付的婴儿食品罐头。他向亚特兰大警方报了案，并通知了食品连锁店的地区经理。

警察到店后在埃利森的指导下检查了食品架，他们在一个架子的后面找到了一个标着恐吓信上所说的红色 X 标记的桃子罐头。这时，电视台的记者们也到了现场并开始录像。这个事件上了 6 点钟新闻，造成了小范围恐慌，数百名父母退掉了从这个地区的各个商店里买的各种不同品牌的婴儿食品。

经过检查，那个罐头的真空包装被破坏过。警方也对货架上以及仓库中的货物进行了严格的检查，但是没有发现其他被投毒的商品。食品连锁店的地区经理指示其他连锁店对所有现货进行检查，也没有发现问题。

化验分析表明被投毒的罐头里有丸状老鼠药，老鼠药和食品是分开的。这种老鼠药在这家超市也可以买到。

到目前为止，没有人因此受到伤害，但是那个写信的人威胁说下个星期他还要对另一种食品投毒，所以整个社区都陷入了恐慌之中。

人们可能会问，是谁做的呢？他为什么要这么做？这个人有多危险呢？

你想确认一下：恐吓信是写给店长的吗？

“是的，那个人甚至知道店长名字中间的首字母是K。”调查这个案子的一个探员说。

店长的名字贴在店里的某个地方吗？

“我觉得没有，我也想不起来，但是我会去看一下再打给你。”回电话时，他表示埃利森先生的名字并没有张贴在商店里。

你告诉探员，在这个案子中，犯罪侧写并不能确定不明嫌疑人的身份，但可以让我们知道哪种人会这么做，他为什么要这么做，在哪里可以找到他，以及他到底有多大的威胁。

首先，让我们先考虑下最后一点。那个罐头就像信中所说的那样被做了标记；商店和媒体事先得到了警告；只有一罐食品被放在货架的最后头。这表明，这个嫌疑人和泰诺投毒者不同，他并不想伤害任何人，他在尽力确保没有人会轻易地拿到这个特别的罐头。而且，这绝对不是一次精心策划的投毒。大多数父母习惯一天之内打开几个罐头，当他们拧开盖子时就会注意到罐盖已经鼓起。如果出于某种原因他们没能注意到这一点，他们把勺子伸进罐子里时也会注意到奇怪的药丸。因此，即使误食之后婴儿会有性命之忧，但真正发生这种情况的概率是极小的。

信里也没有提到钱方面的要求，说明这并非谋财型产品投毒。即使恐吓信表明这个不明嫌疑人不是在开玩笑而且会说到做到，威胁说要进一步投毒也应该与某些要求有关。信是寄给其中一家店，而不是寄给整个连锁超市的，这一点很重要。更明确的是，这封信是指名寄给一个店长的，而他的名字并没有对外公布。不明嫌疑人连那个店长名字中间的首字母都知道，这在很大程度上说明他对这家店和店长怀恨在心。

他的动机是什么？他不想伤及无辜，他也不想要钱，那他想要的是拥有某种满足感。他想要扰乱这家零售店的秩序，然后让埃利森先生陷入尴尬的境地，以表明他连自己的店都管不好。因为某件事，他想要让埃利森的处境变得很糟糕或者让他面临失业，以此来惩罚他。因此，这个不明嫌疑人要确保电视台的人也在场，这样投毒事件就可以得到最大限度的曝光。

你告诉探员，警方要做的事情就是询问埃利森先生他最近遇到的一些私人问题。不明嫌疑人可能是某个因为店长的私人问题而被迁怒的人或者他认为自己在此过程中受到不公待遇的人。投毒事件曝光后，不明嫌疑人很有可能会到店里来看一下，会和埃利森先生打招呼并且关心地问他近况如何。他可能会说一些“你看起来很累啊”或者是“你最近还好吗”之类的话。为了这个计划更让自己满意，不明嫌疑人会看看他的目标受到了什么样的影响。

探员按照你说的去做了，他说埃利森先生提到因为地区办公室认为他们店交易量不大，不需要有这么多员工轮班，所以最近他们店进行了一次裁员，每个班组都分流三名员工，被分流的员工是由埃利森依据公司指示亲自选定的。对这次分流怨言最大的一个人确实到过店里问候过哈里·埃利森。警方对他进行了讯问，很快他就承认了罪行。

案例二

辛辛那提警察局的一名探员打来电话，报告了一起看来特别无厘头的仇视性犯罪案件。一天晚上，弗雷德里克·多林（Frederick Dorling）和玛莎·多林（Marsha Dorling）回到家中，发现他们的房子被破坏得乱七八糟：家具和衣服都被割破了，客厅地板上都是垃圾，抽屉都被拉开然后胡乱地丢在了卧室里，墙上是用记号笔写的反犹太人和反黑人的标语。弗雷德（即弗雷德里克）是黑人，玛莎是犹太人，他们是附近唯一一对跨种族结合的夫妻。他们没有孩子，养了一条公的罗威纳犬，名叫马克斯（Max），案发时被他们带出门了。这表明，嫌疑人一定对他们一家人很熟悉，而且能够看到他们进出家门。案子只引起了一小部分媒体的关注，但已经足以让警方高层着急破案了。

你问对方辱骂性标语到底写在什么地方。

“大部分在卧室的墙上，也有一些写在一进前厅就能看见的大镜子上。”

“外面有吗？”

“显然没有。”

“具体造成了哪些损失？”

“家具上的各种罩垫、多林先生的一些西装和多林太太的一些衣服都被人用厨房刀具割破了。书房里的大电视机被扔到地上摔碎了，同一个房间中的立体音响系统也被一块一块地扔到了地上。所幸那个房间墙上挂的全家福老照片保留了下来。”

“有什么东西被偷走了吗？”

“他们可以确定的是，丢了一些珠宝、几只手表、不到 500 美元的现金，还有一架摄像机，这些东西对他们不是特别重要。玛莎说她只在乎她母亲送给她的那套古董银器，这套放在瓷器柜里的银器被打翻到了餐厅的地板上，但是仍旧完整。”

你可能觉得这个案子有些棘手，然后你得问一些关于保险的标准问题。

“他们的房屋保单包括清理房间、维修墙壁和家具。但是我们确认过了：他们不会从这件事中获利。”

好吧，那么接下来你就得问他们是否收到过恐吓信或者接过恐吓电话了。

“没有这么明目张胆的事，没有。但是他们确实表示在这个地方住得不太好。比如，从来没有人邀请他们参加邻里的聚会，但同一个街区的其他每一个人都受到过邀请。他们觉得每次在超市看到认识的人，那些人都对他们爱搭不理的。你知道的，别人都不太赞成他们结婚。他们非常希望这件事不是住在同一个街区的人干的，但他们还是很担心。”

那么，发生这件事之后，其他人又是怎么对待他们的呢？

“他们说好多了。和他们以及和我交谈过的每个人看起来真的觉得这件事让他们感到很尴尬，一些居民甚至自发组成了夜间巡逻队，真是让人感动。”

听到这些，你感到很欣慰。这就是我们鼓励的事情——邻里就应该守望相助。

“那么，从我告诉你的这些信息来看，你觉得在这个案子中嫌疑人应该是哪种人或团体呢？”

你建议他们在进行下一步调查之前再对多林夫妇进行一次调查。

“好的。”这个探员吃惊地说，“我会再打给你的。”

不到一个星期之后，他回了电话，说了一件更让他吃惊的事情。他把多林夫妇分开，分别对他们进行了很长时间的询问。最后，他们承认家里的破坏是他们在自导自演。

在探员描述案件的过程中，是什么让你对他们产生怀疑的呢？

当我面对一个在家里发生的破坏财物案或纵火案时，我首先想到的就是受害者，接着我就想知道案发现场是什么样的：特别是什么东西被偷走了、哪些东西被毁坏了或是造成了什么损失？这样的案子通常是十几岁的孩子一时冲动犯下的，但这个案子发生在狗不在家的时候，而且房子外面没有涂鸦破坏的痕迹，这就让我起了疑心。但是，最让我生疑的是，既然所有东西都毁坏了，为什么唯独书房里的全家福和古董银器这两样东西是完好无损的？换句话说，唯独两样有情感价值、不能用金钱替代的东西没有被破坏。

动机是什么？很明显，用他们自己的话来说就是和邻里相处得不舒服。他们想要获得他人的认同，在尝试过其他更为传统的方法之后，他们觉得需要用一种更加引人注意的方法：通过公众和媒体对这个仇视性案件的关注，让其他人感到尴尬，从而让他们接受自己，因为他们早就应该接受这对夫妇啊。

此类案件的发生十分可悲，令人遗憾，但是你确实会看到此类事件时有发生。

案例三

加利福尼亚烟酒枪支爆炸物管理局（ATF）有一名探员打来电话，咨询费弗－大瑟尔州立公园（Pfeiffer–Big Sur State Park）发生的连环纵火案。过去三个星期，公园就发生了四次纵火事件。幸运的是，所有火灾都发生在清晨，而且在火势失控之前就被发现并扑灭了。但是官员们认为纵火犯不会就此停手，他们也不想靠运气保证公园及游客的安全。这个探员希望得到一些指导以找到不明嫌疑人。本周他们有了一个突破，她希望这对破案有所帮助：媒体并不知道相关消息，但是公园巡护员发现了第五次纵火的证据，所幸第五次纵火没有成功。

她向你介绍了前几次纵火案的情况。第一次火灾发生在公园里最茂密的森林外一个岩石遍布的山坡上。她和公园巡护员们都认为，由于没有足够的下层植物，火势不会变得更猛或向外蔓延，实际上保护了公园里的林区，而且从公园防护塔里很容易就可以看到烟。

“我们觉得这个人不是很聪明。”这个探员补充道。

“为什么？”

“是这样的，他似乎并没有从第一次纵火中得到什么经验。第二次火灾是在一个破破烂烂的地方发生的，尽管那里的沙土混合物多于岩石，也不是一个适合引发森林火灾的地方。你可以想象一下，那周围有很多干燥的木材。但从他选择放火的地方就可以看出，他直接略过了特别适合放火的地方，自己给自己找了麻烦。如果他等到黄昏再行动的话，一定事半功倍，因为那时烟不容易被注意到，而且当值的公园巡护员也更少。”

第三次和第四次纵火时，纵火犯作案的频率提高了：只在上一周内就放了两次火，如果加上没有成功的那一次，就是三次了。

“他这周急着再放一次火而没有等到下周是件好事。”探员又说道。

“为什么呢？”

“因为公园议会正在考虑削减公园的预算，一些公园巡护员的名额要被砍掉了，我没有别的意思。巡护员们对裁员表示强烈抗议。他们讨厌人们认为他们的工作就只是坐在塔里，用双筒望远镜看着天上的斑点猫头鹰而已。下周，为了抗议裁员，他们打算集体称病威胁。但是现在，那些计划都搁置了。”

这一周发现了什么新的证据呢？

虽然纵火犯的犯罪频率变高了，但是从火灾被发现的时间和公园巡护员在现场发现的残留物来看，他的作案手法没有变。点火装置被发现时还是完好无损的，那是一个小牛皮纸袋——就像孩子们用来装带到学校的午餐用的那种纸袋——底部铺了一层沙子。一根蜡烛直直地插在沙子里，蜡烛的底部周围都是小纸条。蜡烛烧尽的时候，纸条就会点燃，然后火灾就发生了。这种方法被用了五次，其中四次成功了。这个方法很可能再次奏效，幸好有个家伙就喜欢在清晨徒步，他还恰好在路上闻到了蜡烛燃烧的味道。“我们调查了这个发现点火装置的人，想搞清楚他发现装置的时候怎么刚好就是一个人。但是他两周前就回东海岸公干去了，也就是说其他几次火灾发生时他并不在附近。”

“我们真正感兴趣的是你对这个标志性的点火装置的看法。”这个探员强调，“你是怎么看待这个纸袋加蜡烛的装置所起到的作用的？你可以想象一下，这个装置帮助纵火犯在三周内就引发了多场火灾，再加上本身存在的野火，所以这个案子引起了高度的关注。来自各方的许多压力都要求抓住这个纵火犯。简要跟您汇报一下，发现这个证据之后，有一个巡护员提出了一个理论，说那可能是某种怪异的宗教仪式。他希望能够将之公之于众，这样其他公园巡护员才可以比对一下，看一看最近几个月有没人发现形迹可疑的徒步者。”

“但是那并不是你应该调查的方向所在。”

“为什么不是呢？”

“你应当把注意力放在这个特别关心这件事的公园巡护员身上，我这么说是出于以下几个原因。首先就是受害者，虽然在这个案件中的‘受害者’是自然界，但纵火犯点火的地方都不可能造成很大的损失。不明嫌疑人并不是因为想破坏公园才纵火的。更确切地说，他在尽力把纵火造成的损失减到最小。这是一个关心大自然的人，身处其中、被大自然所环绕都会让他感到舒适，他不是那种会看着自己招致的毁灭而获得性快感的人。”

点火的方式也可以告诉我们不明嫌疑人的许多情况。这个人可不是个傻子，他做事很有办法、很有条理，他把需要用的东西都带到了现场。他的点火装置让他有足够的时间离开现场，火势也不会在他离开的这个空当就蔓延开来。当人们发现着火了的时候，他已经和其他人在一起了。甚至他选择的放火时间也说明了他的关切：一来他能获得他所需要的（及时洗脱嫌疑），二来在酿成大祸之前要让人及时发现火势。他想要用这片森林来说明他的观点，一种他觉得特别重要的观点，但不是以破坏树木为代价。

预算面临着被缩减的威胁，公园巡护员们因为裁员感到挫败，这时，一些“恰到好处”的火灾就会显示出这些人多么重要，这些人的工作潜藏着多么大的危险。他们只有把这片土地的安全和纳税人的安全放在自己的饭碗之前，人们才会更加感激他们，因此在抓住纵火犯之前，他们是不能称病抗议裁员的。

最后，你知道我常常对那些自行介入调查的人感到怀疑，因为这无异于向我亮起了红旗，警告我这是某个公园巡护员在犯事后的行为。他因为自己的焦虑不安暴露了自己。他和你我一样并不认为纵火犯是个狂热的宗教信徒，他可能会想：“糟了，要是他们在蜡烛上发现指纹怎么办？”他会以一种不引起别人怀疑的方式从探员那里探听一点消息，了解一下他们都发现了什么。

我们建议这名探员从行为角度入手，我们还给出了一些我们认为不明嫌疑人犯罪前会有的行为：首先，他会直言不讳地表达出对削减预算这一提议的不满。然后，他会确保每一次火灾被发现时他都和别人在一起，他还会去救火，这样他就有机会确认现场和他有关的证据是不是都被销毁了。埃迪·李·亚当斯也是这样，他返回欧拉·坦普尔（Ola Temple）的房子以确保它已经烧毁，他的足迹也被掩盖了。既然不明嫌疑人的其中一次纵火被过早地发现了，我们就有理由相信随着日子一天天过去，他也会一天比一天焦虑，他会不停地介入调查，甚至缠着调查人员问这问那。

当局把这名有嫌疑的公园巡护员叫来和他们讨论了一下案情。他们给他看了一张公园的地图，上面用红点标明了每一次火灾发生的地点。房间里的墙上挂了一些被放大到海报大小的照片，这些照片是从不同的角度拍摄的最后一次纵火中发现的那个完好的点火装置。调查人员给了他一个台阶下，“我们知道你并不是真的想要破坏森林，毕竟保护森林是你毕生的工作”。

调查人员没花多长时间也没费多大气力，他就崩溃了。毕竟，他虽然是一个连环纵火犯，但不是一个职业罪犯。他也不喜欢自己做的事情，他这么做只是想要保住自己的工作，只是想让人们明白他和他的工作都不是理所应当的。他和案例一中的犯罪分子不同，那个人情绪很不稳定，所以我认为他是不可能在食品服务业好好工作了。但是通过适当的劝导和指导，本案例中的这个人是可能被“救赎”的。尽管他是一个连环犯罪分子，我认为他也不会再有什么威胁了。

案例四

联邦调查局俄勒冈州波特兰市地区外勤处的一名侧写协调员打来电话，提到一个绑架案。对我们这些执法人员而言，绑架案是最难解决也是让人心里最着急的案子之一，因为我们忍不住会想如果案子发生在自己的家人身上，那该有多可怕。

那是 1 月第二个星期天的早上，21 岁的妮科尔·辛格（Nicole Singer）正在给她两岁的女儿伊丽莎白［大家都喊她埃尔西（Elsie）］穿大衣、戴帽子和手套，准备带她去拜访自己刚交的男朋友汤米·罗恩（Tommy Rowan）。汤米·罗恩 28 岁，是一名成功的建筑承包商，同时也热爱航海。当妮科尔经过她们花园公寓的厨房时，她注意到洗碗池旁边的沥水板上有一个放餐具的容器，那里面有一把切肉刀正刀刃朝上地放着。妮科尔怕如果她不把刀放好的话，埃尔西可能会去拿刀，然后伤到自己。于是妮科尔便走过去把刀放在抽屉里。但是就在她去拿刀时，她手一滑，刀割破了她的手掌。

伤口虽然不是很深，但是很长而且马上就流了很多血。妮科尔厉声让埃尔西到客厅里去等她，然后她就冲到浴室里处理伤口。虽然她并没有锁浴室的门，但还是掩上了门，这样埃尔西就不会因为看到血而难过。在浴室里的时候，妮科尔至少有两次问了埃尔西在外面还好吗，她都回答她很好，最后一次她小声地抱怨说太热了。妮科尔让她脱下帽子和手套，把大衣的扣子解开，但是不要脱掉，因为她们已经快迟到了。

妮科尔止血后清洗了伤口，用绷带包扎了手，她估计这花了 20

分钟或 25 分钟。她叫了埃尔西，但是没有得到回应。妮科尔在公寓里找了一圈，都没找到她。妮科尔吓坏了，她冲出门，沿着走廊狂奔，东找找，西看看。她还到楼梯间和大厅找了一遍，但还是没有找到埃尔西。

然后，妮科尔就跑回公寓打了 911。当她告诉接线员“我的孩子被绑架了”时，她已经接近崩溃边缘了。尽管妮科尔十分激动，接线员还是听明白了她的意思，巧妙地拿到了她需要的信息，并且安抚了她。她打完电话不到六分钟，穿着制服的警察就到达了现场，马上开始寻找埃尔西，但是没有找到。其中一个警察注意到前门是半开着的，他问辛格女士当孩子在等她包扎伤口时，门是关上的还是半开的，是锁上了还是没锁。辛格女士仍然十分激动，但她说门肯定是锁着关上了的，但由于她出去找孩子的时候没关门，她现在也不能确定了。有个警察猜测说要么是某个人进了公寓把埃尔西带走了，要么是埃尔西觉得无聊就自己跑出去了，妮科尔再度崩溃了。警察开车把她送到最近的一个医院急救室，医生给她重新包扎了手上的伤口，缝了五针。

警察、当地治安人员和许多志愿者在这个地区进行了大规模的搜查，都没有找到埃尔西，也没有发现任何证据。第二天，联邦调查局介入了这个案子，探员们建议警方给辛格女士和她的男朋友罗恩先生做一个测谎试验。两个人也对此表示同意。罗恩先生很担心辛格女士的精神状态，在和联邦调查局探员谈话的时候，他表示他们俩已经在商量结婚了，他之前没结过婚。他们都通过了测谎试验，仪器显示整个过程中辛格女士一直处于十分激动的状态，对于自己把孩子长时间单独留在客厅的行为感到很内疚。

星期三，妮科尔·辛格打电话给负责这个案子的探员，说那天她收到了一个用牛皮纸包着的小包裹，上面没有寄件人的地址。妮科尔打开包裹，发现里面是埃尔西的一只手套。当警探和联邦调查局探员对她进行询问时，她说她确定这只手套就是埃尔西的，而不是别人的或者是看起来很像的手套。她说她之所以这么确定是因为手套的手腕处有一个被钩破的地方，她之前就打算修补这个地方。

除了手套，包裹里也没有什么便条或者是信件。

这时，你就可以告诉侧写协调员，他最好再对妮科尔做一次测谎试验，因为这根本就不是什么绑架案，小女孩已经死了，而妮科尔就是凶手。

为什么你会怀疑妮科尔说的话呢？

有几点值得怀疑。首先，一个母亲居然会把自己的孩子单独留在不知道是否安全的公寓里，但是在这一点上我们姑且相信她是无辜的。其次，她打 911 的时候，告诉接线员“孩子被绑架了”。对父母而言，孩子被绑架是一件非常可怕的事情，因此大多数家长会有意或无意地回避这一点，可以拖多久面对现实就拖多久。正常的情况下，处于这种巨大压力之下的父母只会说孩子丢了、找不到孩子、孩子跑出去了等类似的话，而不是直接说孩子被绑架了。正如我说的那样，这也不是什么铁证，但是这会让你多加思考。

我们还应该关注一下辛格女士的处境：她是一个年轻的单身母亲，现在她和一个没有孩子的单身男性越走越近了。

真正暴露她的是那只邮寄来的手套。你仔细想想就会发现这根本说不通。事实上，孩子被陌生人绑架通常只有三种情况：第一种是为了钱；第二种是出于某种目的想要伤害小孩，要么是出于变态的性需求，要么就是在进行有针对性的或是对整个群体的报复行为；第三种就是有情绪不稳定的变态想要有一个自己的孩子。第一种情况中的犯罪分子必须同孩子的家长联系，然后提出他的要求并准备交易；第二种和第三种情况中犯罪分子则不会和家长有什么联系；只有在极少数的情况下，比如你遇到一个真正精神失常的人或虐待狂时，你会发现他们也想和家长交流，但那种情况十分罕见、极其不同寻常。

除了证明小孩在他手上以外，绑架者没有理由把手套寄回来。而且这种情况下，一般会附带有某些要求或者提到赎金。如果没有必要的话，绑架者不会想要一直挟持着人质的。

妮科尔觉得一个真实的绑架案就是这样发生的，然后她就自导自演了这个案子。但是她其实对绑架案一无所知，所以她暴露了。

测谎其实是一种不准确、不完美的手段，我们无论如何都不能盲目相信测谎结果。本案中，有两个充分的理由可以说明为什么测谎人没有起疑心。首先，如果妮科尔确信自己做的事情是“正确的”和“必要的”，她就能轻易通过测谎实验。还有一种更大的可能，就是测谎仪认为妮科尔的“内疚”是因为她承认自己因疏忽把孩子单独留在房间里。

在做第二次测谎试验时，测谎人知道内疚是有不同种类的，他知道自己要找什么，所以这次的结果就不一样了。警方告诉妮科尔·辛格她没有通过测试，现在是首要嫌疑人，警方还告知了她的米兰达权利（Miranda Rights）[1]，这时她开始崩溃了。联邦调查局的探员让她好好“解释”一下自己的行为，让她看起来不那么像一个冷血无情的杀人犯，她承认了自己的罪行——她掐死了埃尔西然后埋了她，而且故意弄伤了自己的手。

动机是什么呢？不过是处境使然，不幸的是，这种动机很常见。

1　米兰达权利，是美国刑事诉讼中的犯罪嫌疑人保持沉默的权利，起源于 1966 年美国最高法院“米兰达诉亚利桑那州案”（Miranda v. Arizona）中由美国首席大法官厄尔·沃伦（Earl Warren）所撰写的判决书。——译者注

她是一个年轻的单身母亲，这个孩子的存在让她错过了十八九岁时候的快乐时光。她遇到了汤米·罗恩，他想和她结婚，组建一个他们自己的家庭。但是要么是因为罗恩已经明确表态过，要么是因为她自己的感觉，妮科尔认为罗恩觉得他们的生活里容不下埃尔西。因此，如果妮科尔想过上这种她梦寐以求的生活，埃尔西必须离开。妮科尔是一个可悲的凶手，她所做的事情或许在心理上可以解释。

但是这并不能让她的罪行得到原谅。

这些案子相对都比较简单。如果你认真地读了这本书，你很容易就能破了所有这些案子。但是你只能基于我给你的事实做出判断。同样地，在进行案件评估时，我们也只能依据从别人那里得到的信息。偶尔，我们也可能通过自己的观察获得信息。

在联邦调查局做犯罪心理侧写师和心理侦探的职业生涯中，我明白了每个人都是自己过去经历的产物。在这个地球上的阅历、遗传特征和生理“线路连接”把我们塑造成了一个又一个独一无二的人。通过研究这些因素，我们就可以进行心理侧写。这也就是为什么我们可以预测，某些不合群的白人男性在他们 20 多岁的时候有可能会犯某种罪，而另一种表面上相同的人会犯另一种罪或者不会犯罪。因此，我真正明白了我们不能仅凭表面的一些细节就做出评价，因为人类往往比表面上复杂得多。

人之所以成其为人，就是因为我们每个人都能在生活中建立自己的模式，以此来实现我们的长远目标，度过每一天的生活。如果我们打破了这些模式，那一定会有一个理由。

为什么会发生这种事情呢？证据说明了**什么**？**谁**会这么做呢？这就是动机剖析全部意义之所在。

致 谢

与往常一样，我们要向为完成本书做出努力的“第一团队”致以最诚挚的谢意：富有远见、善解人意、循循善诱的编辑莉萨·德鲁（Lisa Drew）；莉萨的助理杰克·克利希维奇（Jake Klisivitch）；全书的总策划、总设计、本研究的主持人安·汉尼根（Ann Hennigan）；我们的经纪人、经理、密友杰伊·阿克顿（Jay Acton）；我们的内部顾问兼《心理神探》系列丛书的参谋长、马克的太太卡罗琳（Carolyn）。

我们也要特别感谢斯克里布纳尔出版社（Scribner）出版人苏珊·摩尔多（Susan Moldow），本书的选题来源于她的提议。一路走来，苏珊扮演了至关重要的角色，她始终给我们提供支持和指导，总是信念坚定。这样的出版人寥寥无几，有机会与她共事，我们着实感到非常幸运。

感谢许许多多在执法、法证分析、受害者权利及其他相关领域内工作的朋友和同事。你们的工作极为重要，也给了我们巨大的灵感。

博比·阿克顿（Bobby Acton），请继续耕耘下去。你是下一代的心理神探，我们需要你。

肖恩·李·亨尼根（Sean Lee Hennigan），你那温暖、乐天、永远阳光的个性源源不断地给予我们力量和鼓舞。

最后，我们想在此怀念一下苏珊·柯林斯（Suzanne Collins）、斯特凡妮·施密特（Stephanie Schmidt）、德斯蒂尼·索萨（Destiny Souza）和所有其他的天使们。如本书确有可取之处，希望他们能为我们美言几句。

约翰·道格拉斯

马克·奥尔谢克

北京市版权局著作权合同登记号　图字：01-2021-6216

图书在版编目 (CIP) 数据

心灵猎人．FBI 神探的心理侧写术 /（美）约翰·道格拉斯 (John E. Douglas)，（美）马克·奥尔谢克 (Mark Olshaker) 著；王绍祥，林臻译．—北京：中国法制出版社，2022.4

书名原文：The Anatomy of Motive: The FBI's Legendary Mindhunter Explores the Key to Understanding and Catching Violent Criminals

ISBN 978-7-5216-2464-9

Ⅰ．①心…　Ⅱ．①约…②马…③王…④林…　Ⅲ．①犯罪心理学—通俗读物　Ⅳ．① D917.2-49

中国版本图书馆 CIP 数据核字（2022）第 028864 号

责任编辑：李　佳　　　封面设计：汪要军

心灵猎人．FBI 神探的心理侧写术

XINLING LIEREN. FBI SHENTAN XINLI CEXIESHU

著者 /［美］约翰·道格拉斯　［美］马克·奥尔谢克

译者 / 王绍祥　林　臻

经销 / 新华书店

印刷 / 三河市国英印务有限公司

开本 / 880 毫米 ×1230 毫米　32 开　　　印张 / 11　字数 / 300 千

版次 / 2022 年 4 月第 1 版　　　2022 年 4 月第 1 次印刷

中国法制出版社出版

书号 ISBN 978-7-5216-2464-9　　　定价：58.00 元

北京市西城区西便门西里甲 16 号西便门办公区

邮政编码：100053　　　传真：010-63141600

网址：http://www.zgfzs.com　　　**编辑部电话：010-63141832**

市场营销部电话：010-63141612　　　**印务部电话：010-63141606**

（如有印装质量问题，请与本社印务部联系。）